新版 いと小さく貧しき者に

コロニーへの道

Fumio Fukatsu
深津文雄

いのちのことば社

まえがき

一九八七年の春に、北海道のキリスト教系の大学の社会福祉学科を、六年もかかって卒業した私は、妻と二人で「かにた婦人の村」に来た。妻がその二年前の夏に「かにた」で実習した縁で、当時、施設長で法人の創設者でもあった深津文雄先生から就職の誘いが妻に来た。ずうずうしく、「私も一緒に使っていただければ、きっとお役に立ちましょう」と履歴書と手紙を送ったら、面接の予定もなしに、「あなたたちが卒業する大学にはチャペルがあるでしょう。そこで結婚式を挙げてきたら、使ってあげましょう」と、アーティスティックかつ豪鬼な字の手紙で返事が来た。

一度も行ったことのない、大学チャペルのチャプレンで、キリスト教学の先生でもあった長谷川進一郎牧師の教授室のドアをおそるおそるノックして、経緯を話すと、「深津先生に呼んでもらえるなんて、すごいじゃないですか。ぜひ先生のおっしゃるようにしなさい。手伝いますよ」と、二つ返事でチャペルでの挙式を引き受けてくださった。そんなすごい人なのかぁ、とぼんやり思いつつ、四月一日の初出勤日の朝に、「かにた婦人の村」の食堂で、初めて深津先生と朝食を共にした。

「逸美くんは牛舎、仁美さんは豚舎に今日から行きなさい」と言われて、言われるがまま、私はその日から農夫と化した。四年後、私たちは本物の農家になるべく、北海道に再移住し、その十五年後に戻って来て、今に至る。

北海道で酪農を始めたころに、深津先生ご夫妻が、鱗板《うろこいた》が外壁に打ち付けてある今にも倒れそうな肋屋《あばらや》を訪ねてくださったことがある。「いい暮らしだね。がんばってるね。夢があるね」などと、新規就農者の私たちを最大限の言葉で励まして、粗末な茶菓をうれしそうに召し上がって、飄々《ひょうひょう》と立ち去られた。二十九歳から四十五歳まで、ひたすら自分の暮らしのために労働して、そうしてまた、「ひとをたすけるしごと」に戻って来た。そこには深津先生はもう何年もおられなかったが、深津先生の哲学や願いや、弱者に対する優しいまなざしは残っていた。

深津先生が始めた女性たちの「コロニー」は、制度、政策、保護される人々の変化など時代の移り変わりの中で、役割を終え、建物も老朽化し、何より女性支援の新しい法律である「困難な問題を抱える女性への支援に関する法律」が「売春防止法」に代わって施行され、「かにた」もリスタートせざるをえなくなった。私たちが、深津先生のいない「かにた婦人の村」に戻って来てから、十八年が過ぎた。婦人保護から女性支援に、法律や制度が変わるこのタイミングだからこそ、先生がこの「村」を作ったときの思いや願いを、しっかりと振り返る必要があると思う。そして、この偉業を歴史に刻み、人々の記憶にとどめなければならない。そういう思いで再出版先を探していたところ、「いのちのことば社」と繋がった。
「神様がこさえたのだから、どんな人間にも存在価値はある」という揺るがぬ信仰に支えられ、その信念を貫くべく、ひたすら祈り、行動し、思索し、弱い人たちを励まし続けた稀代の牧師がいたことを、多くの人々に、この本を読んで知ってほしい、と切に願う。

「かにた婦人の村」施設長　五十嵐逸美

二〇二五年二月

〈追記〉深津文雄先生は「かにた婦人の村」施設長を一九八九年に引かれ、後任の施設長には、「社会福祉法人ベテスダ奉仕女母の家」の設立メンバーの一人として深津先生の仕事をサポートし、今も取り組み続けておられるシュウェスター道子が就任しました。天羽道子姉が二〇〇四年にキリスト教社会事業同盟の機関誌に寄稿した、創立後三十九年目当時の様子を含む論考、「コロニーとして誕生した『かにた婦人の村』」を巻末資料として掲載しますので、ご参照ください。

目次

「かにた婦人の村」外観

「かにた婦人の村」の入所者たちとともに

1 忘れないうちに

　ぼくの父は変わっていたそうだ。なにか用ができて、出かけるという段になって、洋服に着替え、ネクタイをしめていると、その手が動かなくなって、「きょうは、よした」と言うのだそうである。その血がこのぼくにも伝わっているのか、どうも出不精で困る。ひとなかに出るということが億劫で億劫で、しようがないのである。

　ひとなかに出て、きょうは良かった、と思うことはまずない。逆さまに、こんなことをしていてはいけない、いけない……という声が聞こえる。だから、好きなようにさせておけば、きっと、どこへも行かず、だれにも会わず、ひとりしなびて、死んでしまうであろう。

　そんなぼくだから、とんでもないときに、とんでもない人と初対面のあいさつをしなければならないので、しばしばあきれられる。そして、たいてい、「もっと、お年をめした方を想像していました」と言われる。思ったより若僧だというわけだ。「……もう今年は、六十ですよ」と答えると、いいかげん頭の白くなった初老の紳士がみな、「……じゃあ、われわれより先輩だ」と言う。とても六十には見えない。五十がいいところだ。十は若く見える……と、ジロジロやられると、ほめられているのか、くさされているのか、わからぬ変な気持ちになってくる。

実は、そのいつまでたっても大人になれない自分を、ひとしれず苦にしているのである。女性の仲間や、子どもの仲間に入り込んで、そこを自分の世界だと思い込んでいる、この男、いったいいつになったら、よその男のようにふてぶてしく、悪徳をもてあそび、赤面しないでいられるようになるのだろうか？　しょせん、熟さずに落ちる青い実なのかもしれない。それならそれで、いつまでも、すねたり、やんちゃばかり言ったりしていないで、チャンと居ずまいを正して、終わらなければいけない。ぼくには、ぼくの生まれてきた意味というものがなくはなかったろうから。

だが、自分を知らないこと、自分にまさるものはない。自分のことは自分が一番よく知っているというくせに、自分について、自分が語ろうとするときほど、得手勝手で、醜いものはない。賢い人はそれをしない。自分について自分が語れば、どうしても言いわけがましくなる。だからといって、むやみとそれを抑えれば、真実は失せて、何もないに等しい。思いっきり自己主張してみてはいけないだろうか。曲がったものだと知りつつ、醜いとは思われつつ。だが、それはどういう形でなされうるのか。

昔、アウグスティヌスは、神への懺悔という形でそれを書いた。ぼくにも、わずかだが、祈る形式の日記がなくはない。すべてを見通したもう神の前に幼児のように裸で立つこと、これにまさる平安はないのだが、今、それを用いたいとは思わない。神の前で言うのには、あまりにわかりきっていて、空々しい部分が多過ぎるのである。

ヴォルフガング・フォン・ゲーテは、八十三歳の生涯のほとんどすべてを四巻の自伝にまとめて、これに『詩と真実』と題したという。おそらく彼が真実を語ったつもりでも、創作になってしまったところがなくはないと認めたかったからであろう。ぼくは今、意識的に「詩」を避けたい。ここで求められていることは、厳しい事実であろうから。

その点、ゼーレン・オービー・キェルケゴールほど勇気のあった人はあるまい。彼は、ありのままにその目を蔽うことをしなかった。しかしそれだからこそ、これを公表するとき、周知のごとく、二重、三重の偽名を用いざるをえなかった。その詭計を、ぼくは責めようとは思わない。それによって、より多くの真実が、より純粋に伝えられたのであれば。けれども、だからといって、その詭計《きけい》をまねたいとも思わない。ここでは、それは見え透いてしまって用をなさないから。

ぼくが今ここでしなければならないことは、ただ淡々と、だれをも憚《はばか》らず、裸の自分を、自分の周辺との関係において語ること、湯あがりで、籐椅子《とういす》にもたれ、子どもたちにでも話しているように、気楽に。何もかも忘れてしまわないうちに。

やがて忘却の波が押し寄せて、浜辺に刻明に刻まれたあらゆる苦闘の跡をことごとく、何もなかったかのごとくに押し流してしまう時が来るであろう。それは、耐えがたく悲しいことではない。むしろ、喜ぶべき、素晴らしいことなのだ。忘却がなかったら、歴史は耐えがたいものであろう。

しかし、その忘却が素晴らしいことであるためには、その反対の記憶が整理されておらねばならぬ。歴史という一つの理性が何を記憶し、何を忘却するか、意図的な検閲をするのである。この歴史に向かって、ぼくは、かよわいぼく自身を差し出す。ほかの人のことではなく、ぼくが自分の責任を負わされた唯一の人間の事柄を。

近ごろ、とみに気づくことは度忘れである。知り過ぎている人の名前が、急に言えなくなる。若いころ、見た夢は、眼を閉ずれば限りなく追うことができた。それだのに、近ごろの夢は、だれの夢を見たとか、何の夢を見たというだけで、つまびらかに追おうとしても、それができない。過敏で困ったぼくの記憶力も、さすがに減退し始めたのである。

忘れないうちに、書くとしよう。勧められたのを良い潮時に。

初めからでは長過ぎるから、せめて空襲で焼けだされたあたりから、コロニーをつくりあげるあたりまで、ひといきに。ちょうど二十年。

二〇章ぐらいにまとまろうか？

2　灰のかなた

〈一九四五年四月十三日〉

一九四五年四月十三日（金曜日）。

この日、われわれは、よもやこんなことになろうとは思ってもみなかった。ヘブル語の文典が、まがりなりにも一応終わって、その前の週から「創世記」の講読に入った。講師はこのぼくで、受講生は、深津春子、山岡喜久男、安藤肇、それに新しく加わった鈴木正久。ところは、東京都小石川区富坂二丁目二〇番地の、いわゆる〈ドイツ人屋敷〉、その門を入ったすぐ右の、高くそびえるスイス風の木造二階建の、長っ細い洋館。その階下の一室である。

ヘブル語で原典を読んだことのある人ならだれでも知っている、あの一種言いようのない誇らしさを静かに胸に収めて、いつどうなるとも知れない危機の時代にも、最後まで本質的なものを見失わないで生きようと、挨拶を取り交わして別れた。それが、かれこれ十時近かったろうか。熱っぽい体を、次の部屋のベッドに横たえて、やっと寝ついた、と思うころ、警戒警報に起こされた。

いつもなら、防空群長だから、ガバッと起きて、身繕いをするなり表へ飛び出すのだが、そ

の日に限ってどうしたものか、起きているのも大儀だった。また、そのままベッドへ潜り込んでラジオに耳を傾けていると、

「敵一機、房総方面より帝都爆撃の公算……」

とやっている。

(なんだ、一機か。そのうち通り過ぎるだろう)と高をくくっていると、近所の高射砲陣地で、えらい音がした。雷が落ちて、木を裂いたような響きである。

(撃ったな!)と、身を起こしたころ、やっと空襲警報が「ウーッ、ウーッ」と鳴り出した。

「春子!」

呼ぶまでもなく、妻は暗がりの中に身構えて、もう子どもをおぶっていた。が、屋外の情勢は危険で、防空壕まで行くことができない。

「待て。いまはまずい。一機やり過ごしてからにしよう」

と様子をうかがっていると、また次がやって来た。B29の独特の、はらわたに染み通るような爆音である。また、きょうは味方の高射砲もやけに撃ちまくる。

やっとわずかばかりの切れ間をみて、妻と子を防空壕へ送り出し、ぼくはひとり残って、布団をしばった。それから、型どおりすべての容器に水を張り終えると、外へ出た。けれども、皆のいる防空壕へは行かないで、門の傍らに掘った小さな穴にしゃがんで、外の様子を見ていた。見るといっても、真夜中で暗く、何も見えるわけではない。ただ、耳をすませて危険の近

づくのに備えているだけである。

そういうとき、ぼくはだれに教えてもらったか、それとも自分で発明したのか、便利な占いを用いた。敵機の爆音がhあたりから始まって、聞いているうちに、h—b—a s—g……と下がって来るときには非常に危険だということ。その反対に、hがいつまでもhのあたりで続いているときには、その飛行機はよそへ逸れて行ってしまうのである。耳をすまして、聞いていると、どうも、きょうの敵機は、われわれの頭上ばかり目がけて通る。

(大丈夫かな? 春子は防空壕へ入っただろうなあ? 山岡さんは、まごついていやしないかな?)と、心配しているうちに、奥から人影が近づいて来た。

「山岡さん?」

「はい」

「いま、ぼく、見に行こうと思っていたところだ」

「じゃ、わたしが見てきます」

彼は、ぼくをいたわるつもりか、一週間前に移って来たばかりの不馴れな構内へ、パタパタと戻って行った。

そのころの「ドイツ人屋敷」には、一八八五年(明治十八年)以来の古い洋館がぎっしりつまっていた。シュピンナー、シュミーデル、ムンツィンガーら、日本のキリスト教に少なからぬ感化を及ぼした人たちの住宅にと建てられたものに違いないが、ぼくが行ったころには、すべての宗教活動は死に絶えて、これらの洋館はことごとくドイツ商社の駐在員に貸してあった。ただ一軒、その真ん中に、洋館とも和屋ともつかぬ十五人ほど入る寄宿舎があった。しかし、それさえもが「日独学館」という名の、ただの下宿屋になり下がっていた。

これを遺憾として、ぼくは明け渡しを要求した。本郷・神田あたりの大学に通う学生が入っていたのだから、たまらない。集団で押しかける、上から物は放る、壁や襖には悪口を書く。でも、期限には、ひとり残らず姿を消した。そのあとを、修理もそこそこに、教会の寄宿舎にしたのが、前年の秋。安藤肇、林茂徳、木曾卓、倉田章一らの学生が入り、そこへ家族を疎開させた大学助教授、岡田謙、山岡喜久男らも、山ほどの書籍とともに、身を寄せたのである。

そのうちに、町内に至近弾が落ちた。焼夷弾だったと思うが、それでも爆風で、教会の窓が飛んだ。急に地上が明るくなって、ガラガラと往来を走る荷車の音がし出した。キーキー叫ぶ女性の声も交じって。

(やったな!)ぼくは、穴から出て、町会事務所まで行ってみた。いったん事あるときは、すみやかにここに集まれば、情報と命令が与えられるはずであった。しかしその日に限って、そこにはだれもいなかった。ドンドン、荷物を持って逃げ出す人が増えた。

「避難命令が出たんですか?」

ぼくは、そのひとりを捕まえて、尋ねてみた。

「いや、もうこうなったら、だめです」

ことのほか、うろたえているのは、平素、防火訓練の副団長をしている、なんとかという屈強な町工場の主人である。「まず、火を消すことを考える」等と、兵隊口調で教えたことなど、まったく忘れはてているらしい。

それでも、ぼくは火元まで行ってみた。電車通りへ下りる前の右側の、ちっぽけな平屋の一群が燃え始めている。が、人はだれもいない。バケツは水が入ったまま、軒先に置かれている。火ハタキも、トビグチも。

「これを、消さないって法は、ないじゃないか！」

ひとりで怒鳴ってみるが、だれもいない。バケツを取って、水をかける。ジュッといって、確かに消える。しかし、これを全部消すのには人手がいる。火は、無人の町をパチパチと、ゆっくり燃え進んでゆく。

ぼくはとにかく屋敷へ取って返して、防空壕の中にいる、外国人を交えた十名余りの者に、情報を伝えた。

「町内に焼夷弾が落ち、南から次第に燃え広がっている。避難命令は出ていないが、みんなドンドン逃げている。われわれも退くか、それともとどまるか」

ボッシュ商会の支店長をしていたクルツ氏が、逃げなくてもよくはないかと答えた。彼は自分の作ったこの壕に自信があったのであろう。地下五メートルのところに、直径一・八メートルの下水管を三本埋めて、出口をコンクリートで固めた、ここの防空壕は、都内にもまれなほど完璧なものであった。

「では、この火をどこでくい止めるか？」

われわれは、解体してしまった町会の防火組織とは別に独自な判断と独自な活動に基づいて、この屋敷を守らねばならない。ぼくはそのための防火群長である。幸い、この屋敷には、いささかの団結があり、豊かな空間と樹木がある。そして、ぼくには、寄宿舎の学生という屈強な手兵がついている。ここでくい止められないことはあるまい。

地形的に見て、いちばん燃え移りやすいところといえば、寄宿舎の台所である。人が、やっと一人通れるほどの路地を隔てて、ゴミゴミした隣家に接している。ここを徹底的に守ろう。徹底的といっても、消防でないわれわれが、すすんで隣家を壊すわけにはいかない。われわれに許されることは、隣家が燃え落ちるまで、自分の家に水をかけて、待つことだけ。そのためには、大量の水がいる。水道はいつ止まるかわからない。幸い、書庫の前に掘った大きな地下水槽がある。しかし、これは消防のためのもので、消防車が来なければ汲み上げられない。

……そうだ、町会であそんでいる手押しポンプを借りてこよう。

そう思って、町会のほうへ歩いたのだが、もう火が回っていて、近づけない。方向を変えて、礫川小学校のほうまで回ってみると、見つかった。校庭の隅に、幾台も並んでいる。よし、それを一つ失敬しよう。牧師のぼくと神学生の安藤と二人で、塀を越え、あの重いものを引きずってきた。これを水槽のマンホールに突っ込み、寄宿舎の諸君に、交替でポンプを押させながら、ぼくは筒先を握って、焔《ほのお》に立ち向かった。

しかし、一時間以上も燃え続けた火は、疾風を呼び、その疾風は赤い火の粉をたたきつける。しばしば息を塞がれる思いだ。何度も体に水をかけ、火の粉をはらって、立ち向かううちに、筒先から水が出なくなってしまった。

「おい、どうした?」 行ってみると、ポンプを押す連中がへこたれている。

「ぼくが押すから、筒先を頼む」と、交替して押し続ける。が、どうも様子がおかしい。行ってみると、筒先が地面に放り出されて、だれもいない。ひとりでは何もできないということを、このときほど痛感したことはない。

空を真っ赤に染め抜いた巨大な焔を見ていると、一か月前にやられた本郷の人々の話を思い出した。焔に取り巻かれて、眉毛もまつげも焦がしながら命からがら逃げたこと。退路を断たれて、たくさんの人が路上に焼死していたこと。ぼくも傲慢にいつまでもこの屋敷にしがみついていると、気がついたときには蒸し焼きになっているかもしれない。退くべき正しい時を判断するのも、ぼくの重大な任務だと気づいた。

そこで、もう用をなさなくなった手押しポンプを捨てて、防空壕へ取って返した。そこへ行けば、みんながおり、相談ができると思ったからである。ところが防空壕のあるところは、南も西も東も、すでに火に囲まれ、ものすごい火の粉の吹雪で、扉の開けたてさえ自由にならない。階段を降りて中をのぞくと、そこはからっぽで、ただひとり春子が背中に子どもを背負って、ウロウロしている。

「あなたが、迎えに来るまで、ここにいろとおっしゃったから」

「もうだめだ。とにかく窒息する。出よう」

風上にぼくが立ち塞がるようにして、子どもを窒息させまいと、二人で手を取って、焰の中を走ったが、子どもの頭布に落ちた火が燃え始めた。

「ばかっ！　成子《せいこ》の頭が燃えているじゃないか！」

妻の手から小さな掛布団をもぎ取るなり、防火用水にザブッとひたし、それを二人の頭からかぶせて、火の見えない方角へ方角へと走らせた。

そうしておいて、もう一度確かめるつもりで、教会へ取って返し、見ると、高い屋根の一角がすでに燃え始めていた。いまはこれまでと、中に入って、重要書類の引き出し一つを抜くと、これに黒の背広をかぶせ、持ち出そうとしたが、手に負えない。気休めまでに書庫の中へ移し、リュックサックを一つ背負って、しばし黙禱……。

「退路を塞がれないうちに、逃げましょう」

と、出くわす仲間に声をかけながら、寄宿舎に入って、飯櫃《めしびつ》を出そうとしたが、もう台所は火の海。集会室の棚にあった聖書と讃美歌を一冊ずつ取ると、まだバケツで注水している山岡君に、

「さあ、もう一度部屋に入って、なんなり、思い出になりそうなものを持って来なさい」

と言った。彼は素直にバケツを置いて、室内に消えた。そのあとを追うように、「帰りには、

向こうの階段からねえ」と注意しなければならないほど、危険は迫っていた。

岡田助教授にも同じように勧めたが、彼は、もうこの段に及んで、未練がましいことはしたくないと、きっぱり断った。

かくて、われわれは人員を確かめながら、あてもない悲しい旅に落ちのびたのである。

まず最初に足を止めたのは、幼稚園の裏口を下りて、細い路地を曲がり、大きな榎の立っている道。そこまで出て、何か重大な間違いはないか、確かめ合った。妻は、ぼくの背中にあるリュックサックが衣類を主にしたもので、食糧のほうが来ていないと言ったが、それは捨てることにした。やがて、重い足を引きずりながら、伝通院の山門へ出た。もう、小石川全体が火の海だろうと思ったのに、このあたりはまだ平穏だった。でも夜中というのに、昼間のように明るく、どこの家も外へ出て、しきりと風向きを占っていた。

われわれは一年前まで小さな幼稚園を経営していたので、このあたりからも、子どもをよこした家がぽつぽつあり、歩いていると、思いがけない人から見舞いを言われた。そのうちに、どこをどう曲がったか、一軒の炭屋の軒先にたたずんだ。すると、そこの主婦らしい人が、ぼくを呼び入れて休ませてくれた。考えてみると、ほとんど眠っていない。そのうえ熱があり、悪寒すらしていた。ここで、少し仮眠を取ろうかと思ったが、何か落ち着かないものを感じて、一行を炭屋の店先へ預けて、取って返した。

といっても、いま来た路地は狭く、とても通れないと決めて、広い通りを迂廻《うかい》することにした。床屋の角を曲がって、パン屋のあたりまで来ると、富坂の電車通りがベロベロに焼けただれて、端を歩けば熱いし、真ん中を歩けば送電線がぶら下がっていた。坂を降って春日町まで出ると、初音町一帯が残っている。懇意にしていた店にたどりつき、そこを足場に、こんにゃくエンマの境内をくぐり、まだ燃えている火の中をまたぐようにして、ようやく自分の屋敷へたどり着くと、高層な教会は今を盛りと燃え狂っている。とても近寄ることなど考えられないので、まだ焼け残っていた門から看板だけはずして、元の道を帰る。と、ついて来た安藤がぼくも行ってみたいと言う。

「では……」と、連れだって、もう一度門を入り、右も左も溶鉱炉のように熱い間を突破して奥へ入ってみると、ずっと家が残っている。教会はしきりに燃えているが、まだ書庫には火が入っていない。これ幸いと窓に飛びついて、こじ開けようとするが、開かない。反対側の窓はどうかと裏へ回ると、そこに発見したのは、ドロドロになって、ベッドを担ぎ出そうとしているエッケル師だった。

この書庫というのは、教会に使っている長い建物の続きで、赤煉瓦の二重壁の鉄の扉のついた完璧な耐火建築物であった。ところが、エッケル一家が来て、教会の階下に暮らすようになってから、三階を二階に仕切り直し、鉄の扉も取ってしまった。それは、この書庫の階下を彼らの寝室として使うためであった。そうでなければ、この書庫は類焼を免れるはずであった。

ぼくも窓から飛び込んで、なんとかならないか考えてみたが、一階の類焼は防げても、二階からの燃え移りを防ぐ方法はなかった。したがって、時間の問題で二階が落ちてくる。その前に、一階のものをみな外へ運んでいるのだった。

ぼくは、そこに、思いがけなくも自分の引き出しを発見した。それを南の窓から放り出し、門の脇の待避壕に入れた。それから、エッケルを助けて、すべての家具を隣家へ移し、池の水を汲んでは燃え移るところへかけていたが、二階から黒煙が立ち始めたので、退くことにした。気がつくと、十四日の朝が、白々《しらじら》と明けていた。いつのまに戻っていたのか、春子が後ろから声をかけた。

「焼けましたね」

「うん……」

それっきり、あとは言えなかった。

歩みを移して、奥へ行くと、ティーデマンに貸している一番新しい二階家は、板塀だけ燃して完全に残っている。寄宿舎はみごとに焼け落ちてしまったが、その向かいの伊藤の和屋は、塀も門も焼いて、むき出しに建っている。オーリーの洋館も、エッタ一のトタン葺きも、幼稚園も、クルツの洋館も、みな健在だ。しかし最後に、防空壕のすぐ脇にあった牧師館という名の二〇坪の和屋は、跡形もなく、玄関脇の古いちょう一本が真っ黒に焦げて、無気味に立っている。

二〇〇〇坪の屋敷にあった延べ六〇〇坪余りの建物のうち、燃えたのはわずか三軒――教会と寄宿舎と牧師館――だけで、それはみなわれわれに属するものなのだ。幸い、閉鎖して、埃《ほこり》だらけにしてあった幼稚園が残った。木造トタン葺四〇坪ほどの、かなり古いものだったが、ないよりはましで、われわれはだれ言うとなく、そこへ集まった。一晩中火と闘って、精神も肉体も疲れ果てていた。が、一行九人の食うことを考えなければならない。

食糧は何にも持ち出さなかった。しかし、教会の庭に埋めた瀬戸物の火鉢があることを思い出した。それを掘り起こせば、何か最小限の食糧と調理具が入っている。みんなに十分とは言えまいが、なんとか飢えがしのげるだろう。とにかくそれを食べて、それから、あとのことはそのあとで考えよう。学生を連れて掘りに行こうとしていると、伊藤家から温かい飯が届いた。クルツ氏も大皿いっぱいのカナッペと紅茶を届けてくださる。エッター氏はママレードの缶詰をドサッと置いていった。こういうものは、平素でも、とてもわれわれ日本人の口に入らぬものばかり。急に元気が出て、ホールの真ん中に、低い机と椅子を並べ、みんなを呼んだ。

「なにか、歌おう。……そうだ、アイン・フェステ・ブルグ！」

「かみはわがやぐら　わがつよきたて　くるしめるときの　ちかきたすけぞ……」

みんな声の限りに、マルティン・ルターの宗教改革進軍歌をうたった。その勇壮な歌声は、ガランとしたホールにこだまし、また涙に途絶えた。

腹がいっぱいになると、とにかく睡眠を取ることにした。煙くさい、焼け焦げだらけのものだが、寝具もなんとかなった。「寝て起きたら、罹災証明をもらいに行こう」と言っていると、「礫川小学校へ、握り飯を取りに来てください」という伝達が入る。

合間を見て、門の傍らの退避壕に入れた大きな引き出しを取りに、ぼくは行った。上にかぶせておいた黒服は完全に焦げてしまっていた。が、中の書類は健在だった。ぼくは、それを抱えて幼稚園へ帰ると、いちばん奥の教室の机の上に並べた。神学校時代から書いた原稿がみなそこにあった。そして最後の晩、読んで寝た「創世記」のテキストもノートも、ヘブル語の辞書もコンコーダンスも、無造作に突っ込んだままになっていた。

夕方、成子《せいこ》を連れて、焼け跡へ行ってみた。まだ大きな材木がくすぶっている無残な光景に二歳を超えたばかりの幼児は、大声をあげて泣き出すかと憂えたが、彼女はなんの感動も示さず、ただ、わたしの口まねをして、

「や、け、た、ね」

と言った。しかし、それを聞いたぼくは喉を詰まらせてしまった。

なぜ役にも立たない借家ばかりが残って、われわれの宗教活動になくてはならぬ教会と寄宿舎と牧師館が燃えたのか？　それは、構造や位置や風向きにもよることであろうが、何よりも第一にあげられるべき原因は、われわれがそれを捨てて逃げたということであろう。伊藤規矩

治が吐き捨てるように言った、「てめえらの家は、だれもいねえから、燃えてしまったじゃねえか」という言葉が、どう考えても正しい。彼はその夜、初めからわれわれと行動を共にせず、老人を逃がし、荷物を移すと、ひとり残って、あの寄宿舎が目の前で焼ける間、自分の家を守った。それればかりではない、隣のティーデマン宅の二階の窓の手すりが燃え始めたのを、上って行って消し止めたという。

平素、防火訓練にまったく参加しないドイツ人たちも、そうだった。あの火の粉の吹雪の中で、自分の家を守ったのだ。それだのに、われわれは逃げてしまった。あきらめがよすぎたのだ。そこに、西洋人と東洋人の違いがあるのだろうか。その場合、伊藤氏は西洋人で、岡田氏は東洋人だと言えるかもしれない。ぼくも平素の豪語にかかわらず逃げてしまった。

なぜ逃げたのか？　退路を失うことを恐れたからである。ひと月前、本郷の罹災者たちを見舞った。そのときの印象が強すぎたともいえよう。しかし、退路があるかないか。これは、空からでも見ないかぎり知りようがない。多くの人命を預かるぼくとしては、どうしても大事を取らざるをえない。

なぜ人並に家族を疎開させなかったのか？　その金がなかったからである。その機会がなかったのである。というのは嘘で、機会もあちこちから提供されたが、どこも、それほど安全ではなく、それほどにして別れ別れに暮らしたいとは思わなかった。間違っているかもしれないが、死ぬのなら、一緒に死にたかった。終わるのは嫌だった。というより、いつ終わるともしれないこの命を、日々充実させて生きたかった。妻なしに、子なしに、もぬけの殻のように、体だけ帝都にとどまる。それで、教会の仕事ができるとは、どうしても思えなかったのである。「最後の小羊を看取ったら、われわれも巡礼に出る。」それが、疎開者たちを送るときの挨拶だった。

しかし、その固執のゆえに、ぼくは教会とそれに属するすべてを失った。明日から、どこでどうしてゆくのだろう。何にもない。いつ終わるとも知れないこの混乱の中で、教会というようなものが、いつまで続けられるだろうか。一人去り、二人去り……消えて、なくなってしまうのではなかろうか。教会堂を失ってしまった教会、教会員がことごとく散って行った教会……。

そうではない。一緒に火をくぐった九人だけでも守らねばならない。彼らは教会の屋根の下に身を寄せ、そこですべてを失ったのである。岡田謙が言ったあの言葉は本当だろうか。「わたしが、この十年間調べてきた民族学の調査を、みんな焼いた」、「一応踏みとどまって、火を消すということだったから、何も出さなかった」。それならば、書物好きな山岡喜久男は何と言うだろうか。彼は何も言わないが。安藤、倉田、木曾の諸君にも、それぞれ断ちがたい愛惜があるだろう。言いがたい不便があるだろう。それに、朝鮮に帰ったきり、戻れなくなった林君の荷物がひと部屋あったはずだ。それよりも、本郷でやられて、逃げ込んで来た幼方静枝の荷物が、牧師館にぎっしりと積まれていたではないか。

ぼくは、この建物のことをまったく念頭に置いていなかった。崖の下にあったこの最小の家

——イエとは言わないで、ある人はこれをコヤと呼んだ——これこそ、上富坂教会の牧師館であり、われわれが最初は行った、いや、今もそこに住んでいる我が家なのである。

が、前年の秋、教会の下にいたエッケルが疎開すると、その後の留守番を兼ねて、そちらに泊まることになった。それ以来、空き家同然にしていたところへ、姜幸男が入り、幼方静枝が入り、もう大したものは置いていなかったというが、それは間違いで、ぼくと春子の財産のすべてが、そこには、そのままあったのだ。たとえば、結婚のときに友だちから祝ってもらった器類も額もちゃんと茶の間に飾ってあった。京都の古物商で見つけた好みの茶器も花瓶も、みんなそこにあった。春子の書物とノートのすべてが、そこにあった。幼少のころからの写真も、日記も、近ごろ、とみに熱をあげていた日本古典の研究書なども、莫大なものがそのままになっていた。それを、ぼくはとんと忘れて、顧みる暇がなかった。いちど牛車が来たときに、積めるほどのものは、茂呂へ移したというが、それが何になろう。

成子はここに住んでいたことを忘れたのだろうか、焚き火にくべた芋でもほじるように、焼け跡をかきまわしている。

「成子のおうち焼けたんだよ」

「ン、やけたね」

春の日も暮れて、焼けぼっくりだけが赤く、溶けた水道の鉛管の端から、水がチョロチョロ流れていた。

3　馬槽《まぶね》のかたえに

〈一九四五年〉

「住めば都」と言うのだろうか、閉ざされた幼稚園の埃を拭い、机を集め、その上にゴロッと横になる生活にも、捨てがたい味わいを覚えるようになった。廊下の果ての保育室の、またその奥の片隅に、ドカッと据えた広く低い仕事机。そこから見える外国人宅の陽の当たらない庭の眺め。寝たままで仰がれる夜空と、そこにかかる弦月。これらは、ぼくの静思をいざなうに十分なものであった。いつのまにか体温で乾かしてしまった、煙臭くニチャニチャする洋服のままで顔を洗い、髭《ひげ》を剃って、主日礼拝を行う。会するもの、わずか七名。しかし、大上段から、「天にいます父よ」と、主の祈りの連講が始まる。

用があって、神田まで歩く。途中、どうしても足が本屋の前で止まる。ぼくが焼いてしまった本が、棚のあちこちから目くばせしている。買うあてもなく、読むあてもないのに、つい手が伸びる。

(チクショウー)この店全部でも買いたい。あす焼けるかもしれないのに、ドングリ目のおやじ、高いことを言う。

(買わないんだ、いっさい買わないんだ。本なんか、もう、こんりんざい買わないんだ、よくよくでないかぎり……）棚をにらんで、外へ出る。が、思い直して、ドライヴァーの『旧約緒論』だけ求める。何か一冊、緒論がないことには、仕事にならないのだ。食う物もろくにないときに、本なんか、それも高い金を出して買うやつは、気が変としか思われまいが。

ありがたいことに、保険金が二万円おりた。葉書一枚が五銭のときの二万円だから、大したもの。焼けた三つの建物に、ミッションが掛けていた保険だから、みんな宣教師の食いぶちになってしまったが、別に文句を言うことはない。それでも、悪いと思ったのか、二パーセントほど出して、家具でも買ってくれと言った。家具はどこにも、捨てるほどあった。ピアノが一台一〇〇円で買えた。たった一度、ベルツ博士の調度が売りに出たと聞いて、牛車を頼んで、買いに行ったことがある。よそでは見られない、趣味のいいものが、ゴロゴロしていた。

そのうちに、ドイツ人がみな、敵にまわる日がやってきた。ムッソリーニが捕まり、ヒトラーが死に、日独伊三国同盟が空文になったからだ。屋敷の中のドイツ人も軽井沢に軟禁された。あとの解約された借家に、われわれはそれぞれ移った。

ティーデマンという自営の軽金属技師に貸してあった二階家は、この屋敷内でいちばん新しいものだった。タイルで張った玄関をはいると、居間も食堂も段通がしきつめられ、こった食卓や食器棚が置いてあった。われわれは、この二間をつないで礼拝堂に見たて、食器棚を正面に据えて聖壇とした。十字架は、ありあわせた青い垂れ幕に、黄色い布で縫いつけた。山岡君が東京工専かどこかで、粗削りなベンチをつくらせて、運んで来た。ぼくは藁半紙に礼拝式序を刷った。そこには、キリエも、グロリアも、クレドも、サンクトゥスも、アグヌス・デイも、みんな入っていた。もういつまでも罹災者ではないんだ、という意気込みがあらわれていた。

われわれは、この家の二階に住むことになった。玄関を入って、正面の階段を上ると、二階には、寝室らしいものが三つあった。北側の静かな部屋を、ぼくたちが取ると、南側の広い部屋を山岡君が取った。あと一つは、エッケルが来たときのために空けておいた。みんな、こんな立派な家に住むのは初めてだと言った。が、ぼくは満州育ちだから、別にびっくりもしなかった。

五月の初めのある日、警察から私服が二人踏み込んで来た。ティーデマンのことに関して、かなり詳しく調べていった。われわれはキョトンとしていた。が、なぜか居合わせたエッケルの慌てようはおかしかった。おそらく、軽井沢にいるはずの彼が、東京にいるところを見られたためだろうと、ぼくは深く気に留めなかった。

軽井沢へ帰ったエッケルから手紙が届いて、ティーデマンが捕まって留置場にいるから、訪ねてやってくれと言ってきた。国籍は違っても、牧師同士の頼みだから、捜しあてて面会した。金儲けなんて簡単なものさと豪語していた彼が、ひどくしょぼくれて、「なんのわけで、自分はここへ連れて来られたのかわかるか?」と問うた。もちろん、ぼくは、「わからない」と答えた。ストコウスキーのような容貌をしたこの男は、そのつぶらな眼を伏せた。日本アルミニウム工場のすべてを設計したというこの男は、戦争が終わると、急に派手になり、アメリカへ行ってしまった。

聖霊降臨祭を期し、聖餐を守り、説教をマルコ伝に切り替え、はりきっていると、また焼けた。五月二十五日の空襲である。今度は、西のほうがそっくりやられた。伝通会館も礫川小学校も富坂警察署も、この日にやられた。その火がわれわれの屋敷に迫って来た。が、今度はわれわれも泰然と構え、沈着に消し止めた。クルツ宅と幼稚園は、焼け落ちる小学校の真下で、どうにもならなかったが。

焼跡を掘って、かぼちゃを植えていると、東大がすぐそこに見えた。これだけ綺麗になってしまえば、もう類焼の心配もなかろうと思うのに、人々はそのころから熱心に疎開のことを考えた。われわれも、お産のことがあったので、一度まねごとみたいな疎開をした。が、かえって、そこが危険なので、二、三日で帰って来てしまった。もう、こうなれば、くそ度胸で、だれも使わなくなった防空壕を独り占めにし、それに寄り頼むよりほか仕方がない。

配給されてくる米が豆粕ばかりで、みんな下痢したり、むくんだり、ひどいなかで、七月二日、安藤君を送った。その暁、春子は陣痛を起こし、リヤカーで聖ルカ（そのころは大東亜中央病院といった）まで、危うくすべり込みで、生まれたのが次女祐子《ゆうこ》である。その命名記にいわく——

「祐子、汝は既に母の胎内にありて、再度戦火をくぐり、父の伝道にしたがいて、その生まれいづべき所さえ知らず。しかるに、時いたり、荒廃の帝都のもなか、深夜警報のもとにて、実に安らかに誕生したりき。われ天祐神助を疑わず。汝長じて、この福音を宣べよ」と。

この子は親孝行な子で、手もかからず、何にもないなかで、すくすく育った。でも、母親は必死だったと見え、おもしろい手紙が残っている。

「お忙しいとは知りつつ、いろいろお願いしてすみません。食料運び、毎朝幸男さんの仕事にしていただくわけにはゆきますまいか。みな同室の人たちが一生懸命さし入れしてもらっているのをみると、誰にも頼むのは悪いし、そちらの状態を考え、一方今が一番大切な時なのに、こんな最小限度以下の食事では全く情けなくなります。

お腹がわるいので豆粕のおにぎりはごめんください。先日とっておいた白米を一合宛小さいおにぎりにして弁当箱につめてください。

馬鈴薯の塩ゆでにしたもの五つ六つ。

何か野菜（なま半分、お香のもの半分）

次に副食物として

ごまめの味つけ

味噌少々

さけ缶をあけて、味つけて、びんにつめ

塩がなくなりました。

乳が出ないと、これより何倍の苦労をするかわかりませんから、そればかり考えて、わがままを言わせてください。どうか、本当におたのみいたします。七月五日夕　春子」

通っているという都電をたぐりたぐり、途中いくたびか待機させられ、夕暮れ近く、やっとわが家へたどり着いたとき、防空服に身を固めた父と母はホッと嬰児の顔をのぞいた。とにかく、東京中どこへ行っても赤ん坊を見ることができなかった時代である。炊きおこわにシュブリークという、まことに珍妙な祝膳が備えられた。シュブリークは、ぼくが覚えた唯一のロシアの料理で、椰子の油で炒めたじゃがいもやトマトを、とちの粉の薄焼きの間に挟んで作った。それでも、ごちそうだった。

ところが、食べ物が悪かったのか、心労が重なったのか、今度は、ぼくが倒れてしまった。七月二十九日の礼拝の説教を終えたあと、いいようのない不快に襲われ、床に入ったが、収まらず、三度吐いたのである。それには、赤褐色をした長細い断片が無数に入っていた。とにかく、重大なことのように思えたので、電話で「大東亜中央病院」へ連絡を取った。絶対安静、断食という指令で、翌日、日野原博士が見え、胃潰瘍と決まった。

「しばらくこのまま安静にして、動かせるようになったら、入院していただきましょう。手術をするかしないかは、そのうえで……」

食事箋を置くと、彼は静かに下りて行った。

（えらいことになったぞ）と、ぼくは観念した。そして、日本人で一番好きだった藤井武を思い浮かべた。彼はたしか胃潰瘍だった。その病苦と闘いながら、妻なしに十年、素晴らしい文学を遺して死んだ。

そういえば、漱石も胃潰瘍か？　子規は？　いろいろな名前が僕の頭をかすめた。そして最後に鈴木正久を思い浮かべた。彼はたしかこの病気で胃を切ったはずだ。それで、あんなにピンピンしている。そうだ、彼を呼んで、その様子を聞いてみよう。彼は、ぼくと同じ晩にまた焼けて、今どこにいるのか。教会へ連絡してみればわかるだろう。

やっと口がきけるようになって、彼を枕辺に呼んだ。その日は広島がやられた翌々日で、話は胃潰瘍から原爆に飛んでしまった。新聞には、原子爆弾などということは何も出ていなかった。ただ「広島が空襲され、被害が大きい」、どこかの片隅に、それが「特殊な爆弾だ」とあったかもしれない。しかし、それが何を意味するか、ぼくはすでに知っていた。女子大をやめて読売新聞に勤めていた田代姫代が、とんきょうな声で、「なんとかいう、ものすごい爆弾だそうです」と知らせてくれたからである。ぼくは、それが原子の作用によるもので、マッチ箱ぐらいで、全艦隊を撲滅しうるものだと聞かされていたので、もう戦争はおしまいだと思った。

この話を鈴木にすると、彼もこれに同意した。彼はもっと早くから、今年の八月いっぱいで戦争は終わると確信していたと言う。「ほう、それは、またどうして」と聞くと、彼らしい独断で、暑さが過ぎて秋風のたつころだからと言う。「では、きみの終戦とは何を意味するのか」と切り込むと、負けるんだ、負けて降参して、その調印まですむのが、九月一日かなあ……と言う。ぼくはその鋭さに感服した。

二日後に、また来てくれた彼は、「なんか食え」と、五〇円置いていった。そんな大金が、中央会堂の牧師ともなると自由にできるものかと驚いた。ぼくの牧師給はやっと、その春、七〇円に上がったばかりだったから。きのうは、「同じようなやつが長崎に落ちたらしい。そのうち東京へも来るよ」と言いおくと、ニタッと笑って帰った。東京はやるまいと、ぼくは思ったが、そのころ、とみに増えたP51というやつには悩まされた。毎日、何回となくやって来て、キューンという鋭い降下音とともに、ダダダダ、ダダダダと、地上めがけて機銃掃射をあびせるのだ。寝ていても、おへそがむずむずする。

ある日、あまりしつこいので、とうとう起き上がって、寝巻の上に防空頭巾をかぶり、防空壕まで歩いたことがある。歩いたというより、這ったというほうが適切かもしれない。なにしろ、警報ごとに、ぼく以外のすべては壕に逃れてしまうのだから、全くの静けさ、全くの孤独、それで、ベッドにつかまり、壁につかまり、階段をやっと降りて、床の上に一度仰臥《ぎょうが》し、また折りを見て、扉をあけ、カンカン照る道を半分歩いて横になり、三〇分近くかかって、防空壕へたどり着くと、人々はぼくを幽霊だと思ったという。

だから、八月十五日正午を期して、陛下の放送があると聞いたとき、これは降服だと思ったし、その声を聞きながら涙は出たが、心のどこかで、良かった、良かった、と思った。そして、何人かの人は厳罰に処せられるだろうが、根こそぎ日本民族がどこかへ連れて行かれるなどということは、まずありえない、と楽観していた。それよりも、これからの日本をどうしてゆくか、その中で果たさねばならぬぼくの役割は何か？

一つ屋敷に分かれて暮らす兄弟姉妹を病室に集めて、その晩小さな祈禱会をした。「神よ、生きてここにあり得ることを、感謝します。多くの犠牲になった人々の代わりに、私たちは、これから何をすればよいか、教えてください」と。そして、一日置いた十七日、やっと少し食べられるようになったので、鈴木、山岡の両君を招いて、敗戦祝賀会を開いた。妹が持って来たトウモロコシをつぶしてスープを作り、長く取っておいたコンビーフの缶を切って。

米軍が湘南に進駐したという報道を聞きながら病院に入った。しかし、手術を担当するはずの塩田博士は、いつまで待っても、切ろうとは言わず、とうとう十二日待って、切らずに帰ってくれと言った。病院が接収されたのである。ぼくは、一三九円払うと、ばかばかしいから、荷物だけ家へ運ばせ、ひとり歩いて、茂呂へ行ってみた。そこで初めて知った。茂呂塾の惨状といったら、なかった。ぼくはただ茫然と立ち尽くし、涙も出なかった。

茂呂塾というのは、ぼくが一九三五年の秋、そこに移住して、独力でつくりあげた、教会と言わない教会だった。既成教会と大人に失望したぼくは、だれも住まない田園の真ん中に、一二〇坪の土地を借り、一五坪の家を建て、そこで農夫の子どもを集めて日曜学校を開いた。その子たちが成長して、茂呂塾児童団となり、その下に保育園、その上に塾生会をもつ、実に愉快な仲間になっていた。一九三七年から、上富坂教会と関わりをもつようになってからも、茂呂塾の責任は捨てなかった。一九四三年、そちらへ移り住むようになってからも、週に三日は通って来ていた。その一五坪の住居も、後に増築した三〇坪の校舎も、蜂の巣のようにやられてしまったのである。

ぼくが、病床から這い出して、防空壕まで這って行った日、茂呂塾の周りには、何十発という爆弾が落ち、その爆風で、屋根も、壁も、扉も、窓もみな飛んでしまったのだという。その後に暴風雨が来たから、残ったものといえば、ピアノ一台。これだけは濡らすまいと、天幕をまきつけて、夜通し妹はついていたという。

「なぜそれをもっと早く言わなかったんだ?」

「兄さんが病気だし、心配をかけても、どうにもなるまいと思って……」

茂呂までたどり着いたら、すぐ床を敷かせて、横になろうと思って来たぼくは、洋服を脱ぐとそのまま、散乱している書棚の整理に取りかかった。胴が折れるほど病み、みぞおちがムカムカしてきたが、爆弾の破片と壁土と雨水とにまみれて、山積みになっている『古事記伝』や『玉勝間』をそのまま見ているわけにはいかなかった。

(焼けたほうが、なんぼましか……)

ぼくは、寝ては眺め、起きては眺め、この壊すことも繕うことも容易でない、空の見える屋根、穴のあいた柱、木舞《こまい》だけの壁、腐った畳、くい違って戻らなくなった土台に取りすがって、いくたび嘆息したことか。
しかし、法外な闇値で長い年月をかけたとはいえ、物的な損害は取り戻すことができた。けれども、あの可愛かった七人の塾生は、永遠に帰ってこなかった。一人召され、二人召され、残るは、歳ゆかぬ二名のみとなった。が、戦いが終わって集まってみると、酒は飲むし、煙草は吸うし、語ることは、陸軍ではこうだ、海軍ではこうだという要領だけで、昔の清く芳しい感動など言い出してみるのも空しかった。ぼくは、カレーライスを苦々しく呑み込むと、あとを妹に託して、さっさと富坂へ引き上げてしまった。

その秋の悲しみは、日本民族の心の浅さに尽きた。負けたことがないと自負していた国民が、ひとたび負けると、こんなにも卑しく惨めになり下がれるものかと情けなくなって、説教しながら、何度か泣いた。永遠ならざるものを永遠とし、絶対ならざるものを絶対と信じ、偽りに偽りを重ね、虚勢に虚勢を張って、それが崩れ去ったとき、もう何も残らないのだ。よく一国の指導者たちが自殺した。東条首相、阿南陸相、橋田文相、小泉厚相、近衛首相……。死んで解決がつくものなら、そんな簡単なことはない。つくづく聖書が恋しかった。吸い込まれるように、聖書を読んだ。ことに「哀歌」とか「伝道の書」、「ヨブ記」には、眼を開かれた。が、聖書ならどこでも良かった。焼けてすぐ取り上げた「主の祈り」であろうと、仮礼拝堂に入って一年取り組んだ「マルコ伝」であろうと……。そうだ、聖書だけ、徹底的に読みつぶしてやろう。比類なきまでに。そして、この迷える日本人に本当の聖書を知らせてやるんだ。

そこへ、見慣れぬ女手の書簡が舞い込んだ。

「突然、私よりの手紙をお手にあそばされ、きっと驚きになられることと存じます。……兄、憲臣、今朝しずかなお召しにより亡くなりました。一か月と一週間ばかり、ほとんど下痢つづき、全く気力もなくなり、何とも致し方ございませんでした。……ついぞや貴男様より頂戴いたしましたお手紙を、ずっと枕元の岩波の中にはさみ、時おり『深津君は、いい男だなあ！僕も元気になったら、東京へ行って、再び伝道のみちに入るのだ』と申しておりました。……昨年より、義姉が亡くなり、また子どもも義姉もあのような死に方を致しまして、またそのうえ兄も、よくよく苦しみの多い生涯でした……」

差出人は松谷千代子とある。ぼくは愕然とした。この、悩みつつも、巣鴨教会をあとにして、行って大阪鉄工所を救おうとした、若く有為な聖書学者の実践を、神はやはり嘉《よみ》したまわなかったのだ。南方へ行って台湾沖で沈んだ畏友、中村愈とともに感動して読んだ聖書のあちこちが思い出される。中村と松谷とぼくと、この三人がいれば、日本の教会の将来憂えるに足りずとまで誓って散った友は、もういない。ふたりとも賢そうで、バカだったなあ。なぜぼくはそれを止めなかったのだろうか。自分では固く拒否しながら、しかも親友にそれを許したということは、いったいどういうことなのか。

物も心も、極度に乏しい年の瀬に、アドヴェントがやってきた。怪しげな常緑樹の枝を集めて環に作ると、聖壇の前に吊るした。食べたいほど、もったいないローソクを一本灯すと、不思議にもすべての騒音はやんで、乏しくも貧しく人となりたまいし神のひとり子の光輝が、暗い心に差し入ってくる。

よし、こういう時だからこそ、まごころを傾けて、ご降誕を祝おう。

「光は闇に輝く！」

八年前、今は焼けて失せた元の教会の階下の一室で、初めてヘンニッヒから示され、感激して歌い、感激して訳したパウル・ゲルハルト 詞、ヨハン・ゼバスチャン・バッハ 曲の「イッヒ・シュテーエ……」を、今年こそみんなで歌おう。こんなふさわしい歌は、またとあるまい。

一　まぶねの　かたえに　たちて
たまいし　いやしろ　ささげまつらん
わが　たま　なべてぞ
とりて　よみしたまえ

二　きみが　いつくしみ　わがみに　みち
輝く　みすがた　こころに　はゆ
いつきまつる　しゅよ

きみをし　さかりて
いずこにか　やすらわん

三
かわらぬ　まなざし　ほめまつるに
たうべき　ことのは　われは　しらず
つきほし　さやけく
みそらに　てるとも
いかで　たぐうべきや

四
輝く　あかぼし　まぶねに　ふし
いやしき　ほしくさ　みそばに　ちる
こがなの　ゆりかご
にしきの　うぶぎぞ
きみに　ふさわしきを

五
わら　とりのぞけよ　かいばも　また
われは　たずねこん　めぐし　うばら
たえなる　みそのの
いろか　めでたきを
つみて　しかまほしき

六　ましろき　さゆりを　もろへに　たて
みいこい　やすけき　まもりと　なさん
なえたる　しずくさ
めでて　たずねたもう

七　きみは　よの　さかえ　求めまさず
われらに　かわりて　なやみたもう
きみが　まずしさに
ほまれを　しりえば
いかで　いさめまつらん

4 骸《むくろ》の倫理

〈一九四六年〉

悪夢のような一九四五年が去って、新しい年が天皇の人間宣言とともにやってきた。いつもなら、元旦に早く起きて、自分なりの祈りに襟を正すのだが、この年ばかりは、寝穢《いぎたな》い土方と大工のあけくれだった。宣教師一家が、押し詰まった年の瀬に、やみトラックで降りてきて、広くもない家に共に住むというから、こちらは部屋をあけたり、荷物を動かしたり、水道をひっぱったり、流しをこしらえたりで、ごったがえしていたのである。

賢い人間なら、このときこの家をそっくり明け渡して、よそへ行くべきであった。ぼくも一度、そう言いだしてみた。しかし彼は、「いや、その必要はない。いっしょに暮らすのが楽しみだ。きみはいやなのか」ときた。さすがのぼくも、そこで、いやだ、とは言いかねて、それほどに思うならと、ほだされてしまったのである。というよりも、あの困窮の時代に、皆がやっているとおり、どんな狭いところでも満足して暮らさねばならぬ、という一種の意地のようなものが働いたのであろう。礼拝堂に使っていた続きの二間の脇に、庭に面してつくられていた五畳の和室と、その手前のサンルームに、一家四人を閉じ込める算段をした。

二階には、もう山岡君はいなかった。彼は、三軒目の化け物屋敷に早く引き上げて、そこに再建の寄宿舎を主宰していた。田代さんは、とっくに山北へ帰って、金時座の花嫁におさまっていた。焼け出されたクルツ氏が、上京した折りの足だまりにと、一番大きな寝室を押さえていた。ぼくも、どうにもならんので、中二階の小部屋を書斎にもらった。だから、宣教師夫婦と四人の子どもは、離れ離れの二部屋に入ったわけである。階下の食堂と居間は、したがって、日曜日には教会になり、ほかの日には、二つの家族の食堂にも応接間にもなった。

そんなことで、牧師の仕事も宣教師の仕事もやれるわけがない。さっそく文句をつけたのは教会員だった。礼拝の間中、隣の台所から、調理の音や匂いが飛び込んでくる。礼拝が終わって、少し話をしていると、お手伝いさんに追い出される。

どこで手に入れたか、大きな鋸と鉞《まさかり》を担いできて、「屋敷の中にあるすべての焼けぼっくりは自分のものだ」と宣言したときには、一同唖然とした。いくら青い目の人間に無理難題を言われることに慣れていた時代とはいえ、お互いに命をかけて火を防ぎ、そこに残った乏しいものを、ゆずり合って使っているところへ、今ごろ疎開先から帰って来て、これはみな自分のものだと言い張る。なるほど、それは、そうだろう。しかし、それならば、もっと早く処分しておけばよかったということなのか。「ここは、ドイツの金で買った屋敷で、ドイツ人の利益のためにある、日本人はひかえていろ」と言うのなら、初めっから、日本人の伝道などしなければよい。ことごとに、「ミッションのもの、ミッションのもの」と言い張るが、ミッションとは、名も知れぬ無数の外国人が、日本人の本当の幸せのために、祈りをこめて献げたものではないのか。

ところが、この中国から来た宣教師は、多くの家族を抱えて、疲弊した祖国へ帰されるのはごめんだから、慌てて疎開から戻ったという。

そこへいくと、ヘンニッヒは違う。独身のせいもあろうが、素直に、ドイツへ帰るという。電報一本で、この混雑の中へ飛び込んで来て、占領軍のしかるべき人物に面接し、その交渉をするという。その相手というのが、なんとR・L・ダーギンだという。ダーギンなら、ぼくもよく知っている。大連のYMCAにいた人だろう。「会いたいなあ」と言うと、その旨を伝えてくれた。

三井本館という、それまでだって訪れたこともない立派なビルディングの玄関を押して来意を告げると、ひどく取り澄ました日本の女性がペラペラと英語で電話をかけてくれた。そして通されたのが二階の奥のどっしりとした部屋で、そこににこやかに座っているのがダーギン先生だった。彼は、頭が小さく、いつまでも若く、軽快に見えたが、相当の年ではなかったか。

ぼくが、まだ中学二、三年のころ、よく遊んでくれた先生である。パイオニア・クラブといったか、大連YMCAの中に少年部ができたばかりのことである。今度は、マッカーサー元帥の政治顧問として来たという。別に取り入って頼むこともないから、親しくしたアメリカ人のその後の消息などあれこれと尋ねながら、雑談していた。

「ライシャワー先生は、どうしておられますか?」

「ライシャワー？　ああ、元気ですよ。今、ニューヨークのユニオン神学校で教えています」

そう聞いたとき、ぼくはなぜか意外な気がした。彼は日米開戦の直前、病身を妻にいたわられながら、憂いに包まれて離日したからである。彼も胃潰瘍だった。彼が血を吐いて入院した日、ぼくは偶然にもその住居を訪れた。留守番から、事の重大さを聞かされ、その足で東京衛生病院に回った。面会は許されなかったが、別室で夫人と話せた。「疲労と心痛がたたって……」と言っていた。塩田博士が呼ばれて、診察をしている間、安井てつ女史と二人きりになったので、東京女子大のことなど聞かされた。「国内で、月に六万円集めなければ、やってゆけないのですよ」と言っていた。

診察を終えて出てきた塩田氏は、「たいしたことはない。収まったら切ろう」と言った。夫人は、戦争になったらと心配した。塩田氏は、「いやあ、そんな、戦争なんか起こらない」と言った。その言い方が、あまりに断定的だったので、みんな笑った。夫人は、いくら名医でも、戦争を診断することはできまいと、また暗い顔をした。その鋭い目と、眉根によった縦じわを見ていると、彼女が日本伝道のために失ったものの大きさをひしひしと感じた。彼女は、そのひとり娘を幼少時の中耳炎で、聴覚を失わせた。彼女はその自慢の長男を、上海のカセイ・ホテルの爆撃で失った。そして今また、その最愛の夫を、女子大学経営の危機に失おうとしている。

「イエス・キリストにおいて勇敢であれ」と言うと、彼女は眼鏡の奥に光るものをたたえて、唇をくいしばった。

しばらくして、もう一度、病院を訪ねたときには面会が許された。「切るにしても、アメリカへ帰って切る。それよりも日本の教会はどうか」と心配そうに聞かれた。ぼくは、そのころ毎週のように出席していた教会合同委員会の模様を話した。すると、彼はやおら上半身を乗り出して、

「そうだ、あんなバカなやつは、ありゃしない。文部省へ出かけて行って、どういたしましょう、どういたしましょうと、聞いて回る！」

と、語気鋭く叱咤した。この人はなんでもはっきりと言う人で、ぼくの学生時代にも、くだらない教師の鬱憤をぶちまけると、いっしょになって憤慨してくれる先生だった。ぼくは、卒業後すべての先生に見放されたが、この人だけはなにかわかってくれるものがあり、目をかけてくれた。(もう、病気が悪くて、とっくの昔に引退し、亡くなった）とのみ思っていた。それが、元気で、今なお教壇に立っておられるという。

「手紙をお書きになれば、送ってあげますよ」と、ダーギン氏は優しく言ってくれた。だが、この日の用件は、そんなことではなかった。不幸にも、しばらく敵味方に分かれて暮らさねばならなかった懐かしいだれかれと、回復された旧交を温めるなどということよりも、さらにさらに切実な、これからの時代にキリスト者はどう生きるか、そのことを彼は相談したかったのである。

連合軍最高司令官政治顧問がぼくを呼んだ理由は、実はこうであった。日本の戦争指導者に対する裁判は、日に月に進みつつある。好ましからざる人物の公職追放も徹底的に行われるであろう。しかし、宗教界をどう裁くか、これは難しい問題で、自分としては、やりたくない。だからといって、旧態依然でいられたのでは困る。できれば、自主的に改革し、生まれ変わってもらいたい。その発言者になる気はないか、ということだったのである。

ぼくは事の重大さに実は驚いた。しかし、その場ですぐ「それをするのは、ぼくの使命だと思う」と言い切った。そして、その足で本郷中央教会を訪ね、鈴木正久に会った。彼もびっくりして、大村勇と相談しようと言った。この青年指導者協議会などで、いくたびか顔を合わせた先輩は、さえない表情をしていたが、とにかく……ということで、いっしょに第一ホテルへ押しかけた。そこが進駐軍に接収されていて、その一室がダーギンの宿舎だったからである。

要は、青年牧師が立ち上がって、新しい教団をつくるということだ。これも、いちいちダーギンに伺いを立てていたのではしかたがないから、一つ全国に檄を飛ばして、若い世代の総意を結集しようと、連日、阿佐ヶ谷教会に集まって、その方策を練った。その決定に基づいて、日本基督教団統理に会うことになった。

そのころの教団は、神田美土代町のＹＭＣＡの向かいにあった。エレベーターを使ってはならない時代で、狭いボロボロの崩れかけた階段を、三階まで上がり、突きあたりの扉を開けると、そこに統理は座っていた。柏井光蔵かだれかが、いとも慇懃に来意を告げた。大村勇も何

か長々と説明していた。すると突然、統理が色をなして、

「きみたち、総会を開け、総会を開け、と簡単に言うが、いっぺん総会を開くには、いくらかかるか知っとるか。全国からの旅費や宿泊費をこめると三万円いるんだよ。それがきみたちにつくれるか?」

と、われわれをにらみつけた。みんなシュンとした。三万円といえば、確かに大金である。ところが、そういうとき、とっさに口を切ってしまうのがぼくの悪い癖で、

「統理、今、金がなくて、総会は開けないというようなことをおっしゃいましたが、一教団の統理として、規則で定めてある総会を、何年経っても開けないようなら、それだけの理由で、統理をお辞めになるべきではないですか?」

と言ってしまった。彼は「うむ」と言ったきり、これには答えなかった。が、ぼくを綽名《あだな》して「キョウサントウ」と呼んでくれた。

確かに天罰があたったのであろう、ぼくはその五日後に、胃痛が激しく、床に就いた。だから、福音同志会と名づけられたこのグループが、どこで何度集まり、どこへ何を頼みに行ったか、まったく知らない。ときどき葉書が舞い込んで、きょうは東京教区長に会って教区会を開くことを承諾させたとか、全国でも教区会を開いて、総会議員を選ぶことになったとか、教団の規則を作り直すから、寝ていて考えるようにとか言ってきた。ぼくは、そんなことをしてみても、同じ顔ぶれで同じことをするだけだろうと、あまり乗る気になれなかった。

それでも、一度、「弓町かどこかで教区会があるから」というので、言ってみた。牧師が集まって議論するとき特有の、行ったり戻ったりが絶えなかった。たまりかねて、なにか発言すると、妙に座が白けた。ときには、明らかな反感をむき出しにして、くいついてくる者さえあった。ぼくは昼飯を食いに出るふりをして、家へ帰ってしまった。鈴木も何を考えたか、いっしょについて来た。

家には、だれもいなかった。妻は子どもを連れて、茂呂のパン焼き講習に行ったのだろう。ぼくは、あり合わせの食物を出して、鈴木とパクつきながら、こう言った。

「政治をやるには体力が要るね」

すると、彼はひどく親切げに、どこか痛むのかと尋ねた。痛まないでもないが、痛むところはほかにあった。なんだかやりきれなくなってしまったのだ。ダーギンと約束したことは、こんなことだったのだろうか。これでは、まるで先の人の足を引っかけて、自分が権力の座に座る、というだけだ。大いならんとする欲望、これは、ぼくが厳しく、戒めてきたものなのに。

「きみはフォーサイスという人を知っているだろう」と鈴木は切りだした。フォーサイスという人は、英国の組合教会の名議長だったという。しかし今、フォーサイスが名議長だなんて、だれも覚えている者はいない。フォーサイスはその著書のゆえに歴史に名を残したのだ。われわれもこの辺で退いて、もっと本質的なことと取り組まねばならぬ……。聞いていると、ホロリとするようなことを言う。ぼくは、この時代に弱い肉体を与えられたことの逆説的な恵みを、そこに見いだし、床の中で、新教出版社が置いていった原稿用紙でも埋めることに、生きがいを見いだそうと思った。

どんなものができるのか知らないが、小塩力が『新約聖書辞典』を出すからといって、ぼくに割り当ててきた項目は〈じゅうじか〉、〈さいし〉、〈バプテスマ〉だった。〈バプテスマ〉は、いささか自信があった。秋山憲兄がたきつけたんだな、と思った。焼けた教会の一室で、中村や松谷と「マルコ伝」をやったとき、そこにいて、ぼくの洗礼者についての発表を聞いていたのは彼だったから。

〈祭司〉は、教職を否定し、また肯定せねばならなくなったぼくとして、ぜひやってみたいものだった。が、生やさしいことではない。〈十字架〉だけはまったく自信がなかった。というより、恐ろしかった。できれば、だれかに代わってもらいたいと思った。その代わり、書きたい項目はいくらもある。それだのに編集者は、ぜひぼくに、と言う。この意味は何か。きっとぼくみたいな型破りの人間に、この型にはまりやすい項目を担当させたかったのだろう。よし、それなら、やってみよう。今までのすべての通念を乗り越えて。

本なんか全然なかった。ただ聖書を調べた。索引を作り、類語を統計し、分類して。そして、原稿用紙の数枚に絞るのである。なかなか思うように書けない。ありきたりのものはいやだ。だからといって、脱線したくはない。やっと書いて、送ったら、編集者からダメを出された。もう少し陰影をつけろというのである。いやになって、放っておいたら、夏になって、催促してきた。「貴兄のだけがまだ揃わない」と。ぼくはその出版記念会で、文句を言ったのを覚えている。「新約聖書辞典というから執筆したのに、新約聖書神学辞典と変えられてしまった。神学がつくのなら、書くんじゃなかった」と。

ぼくのこの神学嫌いがおもしろかったのか、小塩力はそれ以来、いろいろなことを言いつけてきた。ことに、彼が新教出版社の小さな雑誌を主宰するようになってからは、何か書かされない月とてなかったと言ってよかろう。よく調べ、よく考え、真剣に書いた。彼もそれを非常に高くかって、あるときは「天衣無縫」などと、最上級の言葉を使って、ほめそやした。ほめられることには、まことに弱いぼくではあった。

牧師が、そういう調子だから、教会員も負けてはいなかった。上富坂教会の名物の一つは、受難聖週の連夜晩禱だった。マルコ伝の受難物語をありありと思い浮かべるために、人々は毎晩集まり、ある者は競って感話した。こうして迎える復活祭は実に美しかった。愛餐会を開いて、新しい計画を立てた。とにかく、信徒も神学を学ぼうということになり、毎月第一日曜には、いっしょに食事をして、聖書学から始めることにした。〈旧約聖書の成り立ち〉、〈創世記の解釈〉、〈イスラエル民族史 上・中・下〉、〈共観福音書の理解〉、〈パウロの生涯と書簡〉等々。これらは、いつも、簡明であることを尊んだ。神学校あたりで一年も二年も長々とやるところを、濃縮して一時間か二時間でまとめた。したがって、年表や図表のそれらしいものがいろいろできた。

この年のほのぼのとした話題は、なんといっても湊集会であろう。長野県諏訪郡湊村花岡の山岡喜久雄の郷里に、その妹とし子を中心とするささやかな集会が生まれたのである。戦火を逃れ、都をあとにする信徒たちと、ぼくは、いつも祈った。どこへ行っても、どんなときにも、生きた信仰のあかしが立てられますように、と。それが、山深い湖のほとりで、弟を失った兄と、兄を失った妹の、秘めやかな決意によって実ったのである。

「新しい年を迎え、兄と二人、この故郷に福音を伝えねばならぬことを痛感し、祈りを重ねましたが、このたび急にそれが実現することになりました。一月十三日、聖日の午後、まず近親の若い者を対象として啓蒙的な会合をいたすことになり、地方に散っているクリスチャンの方々にも参加していただく予定です。もっと先に行きましたら、先生にもおいでいただけるように、会を固めてまいります。……」

そして、ぼくは初めて、五月にそこに招かれ、七月には酒枝義旗、小池辰雄などの教授たちと、二泊三日の修養会を担当させられた。使徒行伝のパウロにでもなったような気持ちで、そういう旅先というものは、実にすがすがしいものだが、それにもまさって楽しかったのは、この藤井武の弟子たちと、一つ部屋に寝、一つ卓で食べ、机を並べて、黙々と講義の準備をし、そのままひっくり返って寝てしまう。その触れ合いだった。湖面を渡る風が丘の上の別荘の、開け放たれた部屋に満ちて、掛け軸がコトコトと揺れるとき、ぼくたちはなにかカードーシュ（聖）なものをさえそこに感じ、講義にも力が入った。

宣教師も何かしたいと、しきりに言うので、「自分でいちばん好きなものを何の割り引きもせずに、ズバリと提示してみたら」と言うと、ゲーテの『ファウスト』を講じたい、と来た。おもしろそうなので、ドイツ語のできる連中を集めて、毎週水曜日の夕方、ギューギューやってもらったが、いつのまにか立ち消えになった。

夏、七月、八月と寄宿舎を使って、ドイツ語の講習をしてみたら、あるいは需要があるかもしれないということで、宣教師がシュワイツァーの『青年時代』を、ぼくが聖書のどこかをやったのだが、おもしろいものではなかった。それでも、十人か二十人集まったろうか、中には、こんな礼状も届いた。

「貴教会主催のゼミナールに際し、いろいろ、キリスト教の真理を掲示され、信仰の緒をお与えくださいましたことを、深く感謝いたします。魂の要求に答ええない学問に失望を感じ、学問とは結局そういうものか、それとも自分に、それをとらえる能力がないのかと疑って、学問以上の何かが自分の要求を満たしてくれるのではあるまいかと渇望しておりました。したがって聖書はまさに旱天の慈雨のような喜びでした。……森岡清美」

ところが、その夏がまだ終わらないある日、実に思いがけないことが起こった。ぼくが、焼けた跡に伸びた、背丈ほどの草を抜いていると、そこへ見知らぬ外国人が来て、立っていた。

「わたしはヘッセルと申します。前に京都で、このミッションの仕事をしたことがあります。

あなたは……」
この人は、ドイツ人だったが、ヒトラーに追われ、米人と結婚して、米国へ行き、米国人になってしまった、と聞かされていた。それが今ごろ進駐軍の通訳になって現れたのである。しかも彼は、「ここの財産がドイツのものとして凍結されているが、それは間違いで、スイスもこれに関与している。そして自分は、オストアジエン・ミスィオンのスイス本部と連絡を取って、ヘンニッヒ、エッケル、両宣教師を罷免した。ここの主人はきょうから自分だ。お前はここを去るかどうか」と言うのである。なんだか狐につままれたような話である。が、嘘ではない。

こうして、ヘンニッヒは病を押して、神戸から帰国し、エッケルは大森に家を見つけて、ほかの仕事に入った。また、ミッションの会計を手伝っていた伊藤規矩治一家も、京都の学生や子どもの仕事を楽しみに引っ越して行った。ぼくは、宣教師が替わるたびに、牧師が動かされたのでは、伝道にならんと、とにかくそこに居座った。それでも、家をあけるようにと言われて、隣の和屋に移った。そこは、昔、西郷とかいう、宮中に出入りする侍医が住んでいた家で、大きな日本間が広い襖で仕切られ、書院窓には、細工の凝った小障子がはまっていた。ぼくは、この陽の射さない建物を嫌ったが、妻は、落ち着いていて好きと言ってくれた。

とにかく、長い間かかって、屋敷の中のすべての建物が初めて自由になったのだから、これを使って、宿泊修養会をしようということになった。日曜日の礼拝から始まって、五日間、毎晩いっしょに泊まり、朝夕の生活を共にし、昼はめいめい仕事に出るのである。地方から来た者は、積もる相談をゆっくり牧師に聞いてもらえた。小池辰雄が招かれ、お得意の詩篇を講じた。〈骸《むくろ》の倫理〉などという極まった表現が、だれ言うとなく、この三十九名の共同生活の中から生まれた。死んだつもりで、やれ、ということである。

5　いと小さく貧しく

〈一九四七―四八年〉

三代目の宣教師は、うまい話の好きな人間だった。和屋の、陽の射さない狭い食堂へ上がり込んで、うちの畑で獲れる野菜などパクつきながら、「いい話、ありますよ、フッカツさん。一人の金持ちが教会を寄付すると言います。あなた欲しくないですか？」と来た。あまりに突然の話で、ぼくは返答に窮した。彼は、要らないのかと言う。ぼくは思いきって、要ると答えた。

だが、あまりうまい話なので、薄気味悪くなり、詳しく事情を聞くのだが、彼は多くを言わない。とにかく、進駐軍の通訳をしていて、日本人の実業家と知り合った。「彼はクリスチャンで、教会に興味すると言った。百万円ぐらいなら、今すぐにでも建てる、と言った」というのである。これは臭いな、と思わないでもなかった。欧米ならともかく、日本にそんな実業家がいるわけがない。そこで、「この話はせっかくですが、お断りしましょう」と、やってのければ、ぼくもどのくらいさっぱりしたかわからない。なのに、「貧すれば貧する」というのか、せっかくの話を悪いと思ったのか、いや、万一、その実業家が本気だったら、それを疑ったぼくは、恥をかく、というような気さえして、とにかくその人に会ってみることにした。

古い赤煉瓦の三菱何号館といったか、彼のオフィスを訪ねてみると、温厚な紳士が頭を低く下げて、

「微力な者ですが、神さまのお役に立つことなら、喜んでさせていただきます」

と言った。ぼくは、今時、偉い人もあるものだと思った。なんでもこの会社が全滅するところを、ヘッセル先生に助けていただいた、そのお礼を神さまにするのだと言う。ぼくは、すぐ図面を描いて、届けようと約束した。

それからは、彼の出入りの工務店がすべて事を運んだ。感激した教会員の手で、焼け跡が片づけられ、「上富坂たより」には、堂々とこのことが報じられ、竣工のあかつきに入り用な家具のための募金計画まで発表された。一方、ぼくは官庁の窓口を走り回って、実に難しい建築許可を無理やりに手に入れた。

ところが、上棟式の前日、くだんの工務店主が浮かぬ顔でやって来て、上棟式は延ばしてくれ、どうも自信がない、と言う。どういう意味かよく聞いてみると、「おやじの本心が、読めない」と言うのである。着工以来、一文ももらっていない。催促すると、非常に不気嫌である。これ以上、立て替えて、やって、あとで中止ということになると、うちは、どえらいことになる。ぼくはどうすることもできなくなってしまった。

それから八方奔走してみた。長い忍耐も必要だった。ヘッセルはそのころ、もう一年の務めをすませて、さっさと京都へ行ってしまった。そこから手紙で、献堂式はいつだ、献堂式はい

つだ、と聞いてきた。そして野尻湖の帰りに、家族連れで東京へ寄り、材木が合掌に組まれたまま立て掛けてあり、風雨にさらされ、朽ち果ててゆく様を見て、ぼくを罵倒した。「あなたはね、教会、要らなかったんでしょう！」と。ぼくはだれを恨む気にもなれなかった。ヘッセルが仕事の上で手心を加えたのだとも、かの実業家が変心したのだとも、工務店主が怠ったのだとも、ゆめゆめ考えたくはなかった。最後に訪ねたとき、かの実業家は机に両手をついて、「破産した」と告げた。

こういうわけで、上富坂教会の再建は、いちばん早く始められ、いちばんあとになってしまった。莫大な材木は、中止と決定したときには、なかば腐って、何に使いようもなかった。ぼくは、不明な自分への刑罰として天下にこの恥をさらすことをあえて選んだ。その間に、焼けた教会は、どんどん復興していった。初めは、クォンセット・ハットと呼ばれるかまぼこ兵舎、その次は、ポータブル・ハウスという組み立て家屋。そして最後に、木骨モルタルが許されるころに、われわれの番が回ってきた。ぼくがいじめた元統理が教会復興委員長に転落して、判を押してくれたと見えて、一割を自己負担して、一一〇万円の会堂を、焼けた元の土台の上に、どっかと据えることが許された。

その献堂式には、磯貝威が聖歌隊を引き受けてくれ、教団からは小崎道雄、ミッションからはポール・S・メーヤーの諸先輩が来てくださった。

話は、会堂の建築にのって一九五〇年まですべってしまったが、その前に一九四七年あたりで言っておかなければならぬことがまだたくさんある。その一つは、保田教会の設立である。

保田教会というのは、一九四〇年十一月七日、千葉県安房郡保田町元名の一借家に、安藤肇を連れて、その母親が転地したときから始まる、といってよい。この一家は、東京・小石川に安藤坂という名称が残っている、その安藤で、江戸幕府の家老か何かだった名門である。お父さんは、朝鮮最後の李王と学習院で同級だったとか、よく「殿下、殿下」と、話に出たものである。この一家が園芸に失敗して、ぼくが開いた茂呂塾の近所の養鶏所に身を寄せていた。そして末娘を保育園によこした。そこからの付き合いである。

安藤肇の母親はお若《わか》さんといったが、これも相当の家の出であろう、良くいえば理想家で、悪くいえば不平屋だった。

「あのね、せんせ、それがね、……なんです」

と、びっしり夜中までねばられると、いかに牧師とはいえ、つくづくつらいなあ、と感じるような、そんな人だった。ある日、しょぼたれて、入って来て、十四歳になる息子が肺病になった、と告げた。それも恐ろしい粟粒結核になる可能性がなくはないという。泣き面《つら》に蜂とはこのこと。ぼくは同情して、保田への転地を勧めた。そのお返しに、末娘の恵《めぐみ》を半年預かってくれ、と来た。これはなんと考えても、ぼくの負けである。保育園なんかやめて、いっしょに連れて行けば行けるのに、父親と姉が残っていて、自分の子を世話できないことはあるまいのに、なぜかぼくは、独身で、狭い家で泣いてしようのない女の子を預かったのである。

そんなことはどちらでもいい。もっとえらいことには、毎月一回（向こうは二回と言ったが）転地先を訪問する約束をしてしまった。病人は肉体的な栄養ばかりでは治らない、というわけで。彼女は費用をつくるために、同じような境遇の少年や少女を募って、それを預かった。したがって、訪問するたびに、いろんな顔ぶれに紹介された。いっしょに飯を食ったり、話したり、歌ったり、祈ったりするうちに、そこが、いつのまにか日曜学校になり、託児所になり、教会になってしまったのである。

ぼくは、保田を教会にする前に、もっと慎重に、事を運ぶべきであったと思う。しかし、時の勢いがそれを許さなかった。戦後のキリスト教ブームに乗ってしまったのである。終戦の年のクリスマスに、すでに館山からチャプレンを呼んで、公民館がはち切れそうな騒ぎをした。「チョコレート一つに、人間の醜さをむき出しにした」という投書さえ来たが、日曜学校も青年会も、とにかく座るところがないほどの盛会で、翌年の暮れには三名の受洗者が出た。早く教会の資格を取り、土地でも買って、家を建てねばならぬ気持ちは、わかりすぎるほどわかった。

そこで、ぼくは同志会で顔を覚えた柏井光蔵を訪ねて、相談してみた。彼はそのとき、東京教区長という要職にいたのである。すると、彼はいとも簡単に承知してくれた。そして、一九四七年八月十五日という日に、ぼくを主管者として保田教会の設立式をしてくれた。ところが、どういうわけかそのすぐあとで「保田教会を中島房男に見てもらってはどうか」と言ってきた。中島は木更津の牧師だったから、それは近くてよかろうと賛成した。しかし、まもなく衣笠へ呼ばれることになって、あとをだれがやったか、とにかく翌年の春には、寝耳に水の保田教会主管者解任と来た。これには、開いた口が塞がらなかった。が、そのあとで出した、募金の失敗のことわり状には、ぼくの名前が出ていた。ぼくはすっかりくさってしまって、その後、何を言ってきても、取り上げる気になれなかった。

このあたりから、ぼくの伝道に対する考えは、みんなとどんどん開いてしまった。あるいは、ぼくが間違っているのかもしれない。ぼくが純粋を誇り、衆になじまず、清濁あわせ飲むだけの度量を欠いていたのかもしれない。が、とにかく、「千載一遇の好機だ。いま伝道しなければ、後に悔いを残すであろう」等々の言い方には、うんざりするものを覚えた。そういうことを、いま言う人に限って、戦争中、軍の手先になったり、疎開先で保険金を食ったり、ちょっと風の吹き回しが変わると、虎の威を借る狐のように騒ぎ回る。それで、きょうは何百人集まった、あすは何千人集めると、景気の良いことばかり言う。が、そんなことで、風雪に耐えるキリスト者が本当につくれるのか。できるものは、大きな教会堂ばかりだろうが、そういうところの信者がみな名を秘めて、ぼくのところへ苦慮を訴えてくるではないか。ぼくは有名にならない。ぼくは教会を大きくしない。キェルケゴールが願っていたような、だれも見取る者のないいちばん小さな教会を、一生静かに牧して終わりたい。人間に見えない、数に数えられない、本当の魂の喜びを目当てとして。

保田で忘れられないことがただ一つある。STという、泥棒をした小学生と話したことだ。初めその母親がやって来た。

「先生はなんでも聞いてくださる方ですから、さあ、お話ししてごらんなさい」と促されて、母親は重い口を開いた。それによると、小学五年生の三男が、近ごろ頻々《ひんぴん》と盗みをはたらき、困っているという。家は貧しいのかというと、貧しい。父親は何をしているのかと聞くと、一瞬硬い表情になって、刑務所へ行っているという。それがまたふるっているので、なにか正直な暮らしをしていたのだが、人の物（何だったか、たいしたものでもないもの）を盗《と》って、刑務所へ入れられた。やっと満期で出て来たその日に、デパートで万引きをして、また行っているという。「迎えに行かなかったのか」と問うと、きつい顔をして、離婚しようと思っている、と泣き出す。

子どももいつしか父に似てしまった。嫌で嫌でたまらない。学校の先生にも何度も呼ばれて、もうここに置くわけにはいかない、と言われた。どこか、遠いところへ連れて行って、だれも噂しないところで暮らしたい、という。それも良いが、もしその引っ越した先で、また盗んだら、どうするか。それでは、逃げて歩くばかりで、何の解決にもならない。もっと深くこのことの原因を追究し、再びそういうことをしなくなるように、悔い改めなければいけない。

「悔い改めるといっても、小学生ですよ、先生」

傍らから、お若さんが口をはさんだ。ぼくは、とにかく担任の先生に会い、また本人にも会おう、と言った。

翌朝早く、受け持ちの先生を自宅に訪ねた。またその翌日も、学校に訪ねた。しかし、ダメの一点張りで、「その時機はすでに過ぎている。こうなるまでに、何度説諭したかわからないのだ」と言う。今では、児童がみなこの子を「どろぼう、どろぼう」と呼ぶ。「教師として、どう制することもできない」と言う。ぼくは、もう一度だけの猶予を乞うて、引き下がった。

そして、本人と二人きりで、だれもいない浜辺を歩きながら、彼自身がこのことについてどう考えているか、聞いてみた。

ぼくは、そこに悔い改めの余地のあることを発見した。盗んだ物は、たいしたものではなかった。学用品の一つ二つとか金銭のわずかで、それを今すぐぼくが弁償するといっても、不可能なことではなかった。いちばん重大な間違いは、この子にとって、その父親が今どこにいるか、それが隠されていることだった。「きみのお父さんはどこに行っているの」と聞くと、「北海道へ出稼ぎに行っている」と、いとも無邪気に答えた。ぼくは「ここだ」と思って、その秘密をばらした。

「きみのお父さんはね、どろぼうをして監獄へ入っているんだ。驚いた？　だから、お母さんは、とても心配しているんだ」

少年はワーッと泣き出した。そして、ぼくの袖にすがって、「ごめんなさい、ごめんなさい」と言い続けた。

「きみのしたことは小さなことだ。そんなことぐらい、ぼくも小さい時にしたことがある。先生もお母さんもお友だちもみんな赦せないと言うが、ぼくが赦してあげる。その代わり、もう二度とこんな嫌なこと、繰り返さないように。欲しい物があったら、ぼくに言いなさい。必ず買ってあげる」

すると少年はさもうれしそうに、涙をいっぱいたたえた目で、こちらを仰いだ。

「そしてね、もうすぐお父さんが帰って来る。きみと同じで、だれもが冷たくするだろう。けれども、きみだけは、赦された罪人だから、進んでお父さんを迎え、手を取って、この浜辺を歩くんだ。そうしてくれる人が、ひとりいるかいないかで、人間は良くも悪くもなるんだ」

彼は、どんなにばかにされても、悔改者の道を歩むと約束してくれた。ぼくは、彼の手を固く握って別れた。

それから、どうしたか。帰って来ると、仕事がいっぱいあって、何もしないうちに、ひと月経ってしまった。ちょっと旅行して戻ってみると、お若さんが手紙で、STはその後また罪を犯した、と言ってきた。ぼくはガーンと頭を打たれたように感じた。盗まねばならぬときには、ぼくに乞えと言ったのに、彼は何も言ってよこさなかった。何も言ってこなければ、盗みをするまで困っているのがわかっていても、何もしてやらないその自分が恨めしかった。

すぐに、と思ったが、手もとがからから。勇気を出して、二、三軒豊かそうな家を歩いてみたら、どっさり出してくれた。衣類あり、食料あり、学用品あり、金あり……で、ちと多すぎるかと思ったが、一人の青年に担がせてやった。その喜びたるや大変なものだった。そのときには、もう父親は戻っていた。彼はその金でカマドをつくり、塩たきをして生計を立てた。「子どもに手を引かれて浜辺を歩いた出所の日の感激は、生涯忘れない」と書いてきた。

戦後の社会にはこういう暗い話があまりにも多かったので、われわれは特別伝道資金というものを設定することにした。一日無事に食って寝た日には、夜十銭玉一つを箱に入れておき、これを持ち寄ろうという相談である。そしてそれを、キリスト者として、牧師として、放っておけない事件に出合ったとき、役立てようというのである。上富坂のこの特伝資金がいつまで続いたか覚えていないが、かなり多くの人を救済し得たことは事実である。

三人目の子どもが生まれたのは一九四七年一月三十一日だった。ようやく男で、これに「大慈《だいじ》」などという変わった名前を思いきってつけたのも、そのころのぼくの神学が、神の愛の一点に集約し始めていたしるしであろう。

その朝、ぼくは血を吐いた。それも、胃からではなく、今度は胸から。教えられていたとおり、塩辛い水を飲んで、絶対安静を試みた。その上の祐子は茂呂へ預けておいたが、長女の成子はぼくが連れていた。もう四歳に近く、いろいろなことをしてくれた。

「おうちに　あかちゃん　生まれたよ
　だいじという　おなまえよ」

などと、外を歌って、走っていた。

そこへ、一通の手紙が舞い込んだ。古い古い学生時代の知人MTからのもので、発信地は宮崎県真幸とある。わら半紙五枚裏表にビッシリと述べられていることは、要するに、二児を連れていて、妻に去られ、一文の金もなく、死ぬよりしかたがない、ということらしい。手紙で押し問答する気力もないから、とにかく来いと、あり金三〇〇円をはたいて送る。

やっと起きられるころに、成子がはしかにかかり、それがこじれて肺炎になり、さんざんバタバタしたが、その年の十字架の金曜日、にっこり笑って、うちの玄関に立ったのが、くだんのMTと、その二児。いっしょに食卓を囲むと、うちの子らは一膳の飯を持て余しているのに、向こうは、さっさとおかわり、またおかわり。こういう生活の中から、『エルゼの十字架』という童話が生まれた。

また、ある雪の日、玄関がガラガラと開いて、素足に下駄でオーバーも着ない蓬髪《ほうはつ》の青年が、「こちらはクリスチャンさまですか」と問うた。上げて、話を聞いてみると、どうやら頭がおかしく、信州から家出してきたものとわかった。警察へ出すのもかわいそうだったから、飯を食わせ、風呂に入れ、ひと晩泊めて、汽車賃を渡し、帰してやった。

あるときは、東京を知らない学生が北海道からやって来て、下宿が見つからず、焼け跡の石の上に腰を下ろして、途方に暮れているのを見つけ、寄宿舎のホールに泊めたこともあった。一人は父親のない子で、あとで母親からお礼の手紙をもらった。もう一人は、カトリックで求道して、洗礼を受けたと言ってきた。

一人の女児を抱えた旧友の未亡人の生き働くところにと、寄宿舎の階下を改造して、上富坂幼稚園を再開したのも、そのころだった。うちの子やMTの子らを含めて、二十人ぐらいの幼児が集まったろうか。かつては、いかめしかったドイツ人屋敷も、次第に明るく賑やかな貧民街に変貌しつつあった。

報いられない牧師の仕事の困難さは、経済だけのことではなかった。力の限りを降りそそがねばならぬような倫理の問題が、食うか食われるかの緊張を弱い体に要求した。そのころは、よく泥棒が入った。入りよい家だった。戸締まりのしようもなかった。だから仕舞いには、盗まれたものは与えたことにし、傘がなくなれば、濡れて歩いた。警察や地検にも、どのくらいもらい下げに行ったかわからない。この人たちの良い友となり、この人たちを正しい道に導くためには精根を尽くし、しかも忍耐しなければならなかった。

ある日曜日、見慣れない派手な女性が礼拝に来た。入り口で、記名を見ると、Hとある。気にもせず、帰す。が、夕方、一人の教会員と同道で、また訪ねて来て、相談に乗ってくれ、と言う。聞いてみると、会社の同僚と親しくなって、ズルズルに同棲したが、子どもができたころに捨てられようとしているという。あまりにも、ありふれた筋だ。ところが、驚いたことに、相手の男というのは某教会の役員で、そこの女性伝道師はこのことを知りながら、内密に事を片づけたがよいと指導しているという。

翌日、その男も交えて、四人でまた話す。なかなかの心臓で、教会だの、信仰だのと、聞きもしないことまで、しゃべりまくって、何の恥じらいもない。

「で、どう決まりましたか、あなたがたのことは？」と本論に切り込むと、女を田舎へやって、お産をさせ、経済的な面倒は一生見るつもりだと言う。

「ちゃんと結婚することはできないのですか？」と聞くと、「愛していない。ほんの出来心でこうなってしまった。それに、この女を家に入れれば、母が自殺する」と言う。

「あなたのおうちというのは？」と聞くと、どっかの社長かなにかで、たいしたこともないのに、相当自負しているような口振り。聞けば聞くほど、ばかばかしくなってきたので、ぼくは疲れも手伝って、怒鳴りだしてしまった。

「どんな家柄か知らないが、よその娘ひとりを弄んで、傷を負わせ、さらに父のない子に一生寂しい思いをさせて、それで平気でいられるような、そんな人面獣心のきみを、この世に送り出し育ててあげたきみのお母さんは、それだけの理由で死んだがいいんだ！　おふくろが死んでも構わないという腹がきみにあれば、この二人の犠牲者をつくらずにすむんだ！　好きだの嫌いだのって、そんなこと、きみみたいな人間は一生言い続けるよ。今は、そんな贅沢を言っていられる時じゃないんだ！　二人の人間の命がかかっているんだ！　こんな人間、どうなってもいいと言うなら、ぼくは一生きみを追及するよ！　潔く、すべての罪を負って、結婚したまえ！」

と言い終えぬうちに、あちこちからすすり泣きが起こった。

この二人がその後どうなったか、あまり詳しいことは聞いていない。しかし一度だけ、結婚して幸せに暮らしている、と礼状をよこした。

そんなことよりも、ぼくはキリスト教全体が、なにかシャボン玉のように頼りなく感じられ、崇高な理念など説いても、足もとの生活がこれではと、性の倫理に関心を深めるようになっていった。

6　血の出る楽《らく》さ

〈一九四九―五一年〉

近いところにいながら、頑として出て行かないぼくを、教団の事務所がうまく引きずり出したことがただ一回あった。日曜学校部委員としてである。まだ、神田のYMCAの向かいの建物で、井田俊司という神学校の後輩がいともにこやかに迎えてくれた。しかし、そんなところへ、初めからのこのこ押しかけて行ったのではさらさらない。何かのはずみで、そうなった。

事の起こりは少しさかのぼる。ヘッセルが現れて半年も経たないある日曜日、幾人もいない会衆の中に、一人の外国人が交じった。ハウスというこの育ちの良い若者はアメリカ人で、大学中途で徴用されたか志願したか、一年、軍属になって、日本へ来ていた。ここの教会へ出席させてほしいという。なんで、またこんな小さな教会に……と思ったが、「ぜひ」と言うから、放っておいた。軍の食事は炭水化物ばかりだというから、差し支えないときには飯に来るように言い、オルガンが好きだというから、いいだけ弾かせたが、そのうちに、青年たちを集めて、バッハのカンタータぐらい、まとめるようになった。

この男がある日、変わった女性を同伴してきた。顔に真っ赤な口紅をつけて、ペラペラと英語でまくしたてていた。それが「あんたたちも、ああいう話、聞くといいんだよ！」と、うちの玄関に突っ立って叫んだ。別に悪気はないのである。田舎の者というだけで。

そこへ、どうしてぼくは出て行ったか。うちの牧師は出不精だと始終悪評されていた、それが怖くなったのかもしれない。ＮＨＫのスタジオで、冬だというのに、ムッとするほど暑かった。そこへ、どこから呼んだか、ぎっしり日本人が集まって、互いに目くばせなどしていたが、ぼくにはだれも知り合いはいなかった。そこで初めて、三井勇だの、山北多喜彦だのという、斯界《しかい》の権威者のお顔を拝したのである。

ヴィース博士の講義が何だったか、ろくに覚えていない。が、取るに足らぬ、幻灯はどう映す、劇はどうしてやる、などと、よくも、あれで学位がもらえるものだと、あきれて見ていた。そのうちに、人生は初めから終わりまで、ことごとく宗教教育である、と来た。ぼくはもともと子どもが大好きで、子どもとおもしろく遊ぶためなら、どんなことでもする。この情熱が、青年に、壮年に、老人に、適用できないことはあるまい。要するに、何もかもが幼稚園のお遊びの延長だ。これはおもしろいことになったぞ、と思った。

彼はまもなく日本を去った。その前に二、三回、事務所へ話しに行った。学問としてはつまらぬものだが、それでもこれだけの基礎がある、と本立てから、一揃い、彼の著書などをくれた。「おまえもアメリカへ勉強に来い」と言った。が、それは断った。しかし、日本で疎《おろそ》かになっているこの面を、いささかやってみようと、約束してしまったのである。

まもなく吉岡春江とか藤井克子とか、ドカドカやって来るようになった。日曜学校の教案という厄介な代物《しろもの》を、それも匿名で何年か書かされた、小学一、二年、三、四年、五、六年、中学、と。そして、気の抜けたような委員会に、毎週のように足を運び、人は揃わず、要領のいいのは遅れてきたり、中座したり、一度決まったことも行われず、宿題は全然やってこない。あのだらしなさに、隠忍自重《いんにんじちょう》、とうとうたまりかねて、あるときこんな祈りをした。

「神さま、全国の何十万という日曜学校生徒のいのちがこの委員会にかかっているのです。どうぞ、お憐れみください」

井田君も見るに見かねたか、委員会が終わると、ぼくを誘って、向かいのコーヒー店に招待してくれた。高崎毅と憤慨しながら、うちまで歩いてしまったこともある。仕事が片づかなくて困るので、ときどき、箱根あたりの保養所に缶詰めになって、朝も昼も晩も突貫で議論したこともある。みんなうたた寝を始めて、聞いていたのは、新見宏とぼくだけ、それで通過決定したこともいくつかある。

教会暦をどうしてもカリキュラムの骨子に使わねばならぬというから、ぼくが研究して発表した。それが初め教会教育の場で用いられ、後に教会全般にゆきわたるようになったことは、発案者として感謝に堪えない喜びである。

そのうち、ＪＣＣＥだの、ＡＶＡＣＯだの、変な名前の組織が生まれ、夏になると、一週間も二週間も、軽井沢に大勢集まって、やれ講義だ、やれ礼拝だと、賑やかに、追い使われたものだが、それはもう少し後のことになろうか。

いま思い出しても、腹が立つことは、この教団日曜学校部が、散々せっついて、ぼくに本を書かせておきながら、それを全部、発売禁止にしてしまったことである。

事の起こりはこうである。一九四九年だったと思う。日曜学校委員会でどうしても教師養成のための本が必要、ということになり、B6判一〇〇頁ぐらいの紙装を十二冊揃いで出そうということになった。その第一巻および第二巻として、ぼくに「旧約概論」上・下を書いてくれという。ぼくは神学校を出てから、石橋智信博士について、旧約聖書にうつつを抜かしていた人間だから、それはおもしろかろうと引き受けた。

概論といっても、いわゆる神学校風に、「創世記はいつだれが書いたもので」式では、つまらない。太い民族史の流れに、文学史や思想史をからませて、とにかく、日曜学校の教師が読んでも、これでハッキリしたというようなものにしてみたい、と勇み足になった。「とにかく急ぐ」というから、それならば筆記してもらえるかと、週に一日、昼飯をいっしょにして、諸嬢に拙宅まで、お越し願った。そして三月から十月までびっしり、寒い日もあった、暑い日もあった。ぼくは広い書斎をあちこち歩き回りながら口述する。筆記者は障子に向かって、小机を押さえ、一心に鉛筆を走らす。

明快を何より尊ぶぼくは、一週間とことんまで調べ、その少なからぬ資料を踏まえて、至極良心的に、至極進歩的に、しかも簡単明瞭に活き活きと語ったつもりである。書くほうも、しばしば興に乗って、相槌を打った。

「どうだ、素晴らしいだろう」

「そうですね」

「こんな本、今までにあるか」

「出るのが楽しみです」

ところが、である。その楽しみにした日がまだ来ないさきに、上巻だけが出版されると、ある陰険な牧師が、これに文句をつけた。そして、それが常議員会とかで問題になり、日曜学校部のだれかが呼ばれたというのである。

思いも及ばぬことなのでよく聞いてみると、ぼくがモーセを否定したという。何と書いたか、開けて読んでみると、

「いったい、モーセという人物が本当にいたのでしょうか？　たとえいたとしても、それはずっと後代になって現れた、神と民との間をとりなす〈預言者〉ではなかったでありましょう。ところが、それが考えられるだけ崇高な、神政政治の指導者の姿に、いつしか祭りあげられてしまったのであります」

とある。ただそれだけである。これでは、否定とは言えない。否定もしなければ肯定もしていない。が、どちらかといえば、肯定であろう。ただ、現今、五書に伝えられるモーセ像というものが大きすぎる、と言っているのである。こんなことは旧約学界の常識であって、それを、今さら驚くなどとは、あまりにも無知というべきではなかろうか。

ところが、日曜学校のことをする人の中に、その判断のできる人がひとりもいなかった。いても、それを良心的に取り扱うだけの勇気がなかった。常議員会の書記が、こっそり会いに来て、意味ありげなことを言った。「あなたの本は、別に常議員会で議事として取り上げられたのではない、余談に出ただけだ。それを、Oという信徒が聞いて、憤慨し、発禁にしろと叫んだだけである」と。

そういう逐字霊感説にも近い無知で、学問のことを値踏みされたのではたまらないから、ぼくは思いきって、総会議長宛訴願を書いた。没にするなら没にするで、そのどこが、どう悪いのか、学問的に示してもらいたい、と。しかし、あきれたことには、この一本の手紙さえ、あの公平な小崎議長のところまで届かなかった。ひと月経つと、教団に呼ばれて、友井総務局長の前へ座らされ、あの訴願は撤回してもらいたいという。

「先生だって、たとえば、ヨハネ伝の註解を書いて、その中で錯簡《さっかん》のことを論じておられますね？　学者が逐字霊感説に屈するわけにはいかないでしょう？」と詰め寄ると、「それとこれとは違う。まあ、なんでも頼むから、事を荒立てないで」という始末。

仕方がないから、「キリスト新聞」に訴えてやった。森幹部があちこち飛び回って、このこととの正否を問うたのが渡辺善太と関根正雄である。これはうまい。この二人なら、なんとか味方になってくれる、と喜んだのは当てはずれで、二、三週過ぎて、デカデカと新聞に載った記事は実に意外なことに、ぼくの著書を発禁の憂き目から救いうるようなものではなかった。実に長々と巧みに、然りでもない、否でもない、差し障りのなさそうな賢い文章を書いてくれた。おかげで、できあがった『旧約概論』上巻は、ことごとく発売禁止。印刷中の下巻も、原稿は全く行先不明。そして、一言の陳謝があるでもなく、一銭の原稿料が渡されるのでもない。ぼくは、いったいあの男に、どこで、どんな非礼をしたというのだろう。いまだに、どうしても思い出せない。

この話をブルンナーにしたことがある。エミール・ブルンナー――ラウターブルクに。すると、彼は手を振って、

「フカツ、それが教会というものだ。だから教会をぶっ潰してしまえと言っているんだ!」

と、ひとしきり自分の経験を話してくれた。彼も、処女降誕か何か、ごく周辺的な問題で吊し上げを食って、いまだに浮かばれない、と言っていた。昔は、ノアの箱舟に入って、人は救われた。今はこの箱舟に乗っているやつは、みんな滅びるぞ。どちらからいうともなく、こんなたとえ話をこしらえて、溜飲を下げるより、仕方がなかった。彼から、「フカツ、おまえは日本の希望だ!」なんて、優しく肩に手をかけられると、ぼくの書いた最初の本が発禁になったことの名誉をさえ感じ、すべてのことは終わりの日を待とうという気になった。

いつのまにかブルンナーが飛び出してしまったが、この人は一九四九年の秋、初めて日本へ

やって来た。ＹＭＣＡの招きだったと思う。あまりに有名な人で、忙しそうなので、気後れがして、会いにも行かず、しばらくそっとしておいたのだが、富士見町教会で講演があるというから、ごく自然に、そこへ聞きに行った。有賀鐵太郎かだれかの通訳で、英語でしゃべっていた。が、実に魅力いっぱいだった。聞いているうちに愉快になって、ヘンニッヒが、ぜひ会えと言ってきたのを思い出した。会が終わって、そんなことは大嫌いなぼくが控室へ入った。すると、だれかと立ち話をしていた忙しそうな彼が、

「おお、これがフカツだ」

と夫人に振り返って言った。向こうもぼくを捜していたのである。ぼくは、名乗り出て良かったと思った。

「あした、ＹＭＣＡにいるから、お茶に来い」

ということで、十年の知己のように意気投合してしまった。

ぼくは、正直にいって、もう神学などに興味はなかった。昔、彼が、青年神学者としてデビューしたころの本は、二、三冊夢中で読んだことがある。しかし今、神学でない神学を求めているぼくに、もう外国語の面倒な議論など、仲間入りするだけ損だと感じられた。それを言うと、彼は怒るかと思ったが、賛成してくれた。日本にはバルティアーナーが多すぎる。それらの人の質問には、うんざりすると言った。そこで、聖書学上の質問をすると、案外よく知っているのには驚いた。それればかりか、甚だ進歩的で、判断が正しいのである。こんな話のわかる

人に、ぼくは会ったことがなかった。

彼が日本へ来たのは、そこに火を投ずるためだった。だから、七面倒くさい神学論争などには、わざと答えなかった。その代わりに、しきりに教団改革ということを口にした。そして、

「フカツ、教団をひっくり返せるような若者を二十人集めてみろ」

と言った。しかし、ぼくはまったく孤独だった。思い出せるだけの、めぼしい信徒を集めて、彼の指導を何回か受けたが、それで教団がひっくり返るものでも改まるものでもなかった。彼はこれを「フカツ・グループ」と呼んだが、われわれは「ブルンナー・グループ」と言って、それでも、十回か二十回続いただろうか。もうＹＭＣＡの名誉主事になっていたダーギンは、はたで見て、笑っていた。

ヘンニッヒがドイツへ帰ってから日本へ送ってくれた、もう一つの宝物は本だった。とにかく学界の情報がまったく途絶えて久しかったから、本には飢えていた。ライシャワーにも頼んだが、それは神学校へ入ってしまった。ぼくはヘンニッヒに、金は要らぬから、本を送れ、ことに聖書学に関するものをどんどん、と頼んだ。期待するほどは来なかった。が、それでもありがたかった。貪るように友人と回し読みした。これをうらやましがったのは関根正雄だった。小池辰雄に連れられて、わざわざやって来て、話がインスティテュート（研究所）に及ぶと、自分の書物もみんな提供するとまで言った。

とにかくそのころの学会では、とても埒《らち》が明かないので、教会、無教会を超え、旧新約を合わせて若い世代で結束しようということになり、一九五〇年三月十日、ぼくの家へ集まった。会するもの——年の瀬でいうと——小塩力、小池辰雄、深津文雄、関根正雄、鈴木正久、中沢洽樹、山岡喜久男、高崎毅、新見宏の九名。名づけて「日本聖書学研究所」という。毎月三回集まって、心足ろう語らいを共にすることになった。

初めのうち、ぼくはこの会合の世話をするのがうれしくて仕方がなかった。部屋を掃いたり、椅子を並べたり、お茶やお菓子を配ったり、たまには食事も出したりした。そして、その年の暮れ、会堂が建つと、その一室に書棚を設け、大テーブルを据えて、ゼミナールなども始めた。公開講演会も開き、学術雑誌の購入も計画した。ここへ出入りして、後に名をなした聖書学者は数知れない。三笠宮がアンパンの紙袋を携えて、こっそり来られたのも、そのころである。

教団の日曜学校部には、顔をどろ靴で踏まれたように感じたが、それでも、にこにこ任期いっぱい通った。そのある日、思いがけないことがぼくの生涯を大きく変えた。電話が鳴って、主事が出て、うろうろし始めたのである。

「三井先生が、事故で帰れなくなったんですか？　よわった、よわった」

と。聞いていると、ＮＨＫのラジオ・チャーチという時間に穴が空いた。ぼくになんとか埋めてもらえまいか、ともちかけてきた。書くことならともかく、しゃべることは苦手で……と言うと、「いや、良い声ですよ」とほめる。「義を見てせざるは勇なきなり」で、とにかく引き受けた。が、「あした原稿をもらいにゆく、あさってスタジオへ入ってくれ」で、こりゃ大変だなと思った。

こうして、人の代役で咄嗟《とっさ》にしゃべった、たった四分の説教――「自分の顔」――があたって、摩尼清之、鈴木俊郎などという宗教番組屋に追い回され、一九五〇年の秋には、八週連続の「ケスビーム」をやらされる破目になった。「ケスビーム」というのは、旧約聖書の終わりの部分(ヘブル語で)にある、詩歌をおもにする七冊だが、いちばん自信のないところ。それを、一回十五分ぐらいで、パッパッとあげていかなければならないのだから、まるで軽業である。試みに、ほかの諸君がやっているのを聞くと、まるで学校の講義である。相手は学生じゃない、職人やおかみさんである。だからといって、侮ってかかってはならない。人間であり、魂をもっており、苦しんで生きているのだ。その尊い魂が今、敗戦の祖国で、聖書に何を求めているか。そこで出くわさなければいけない。複雑な事柄を述べてはならない。事柄のおもしろさに隠れて、魂が息吹いていなければいけない。ああでもない、こうでもない……で、血を吐くよりもっと苦しい思いをした。

二、三回書き改め、原稿を仕上げ、それを少なくとも十遍は読み直し、記号をつけ、訂正し、さて、朝からコンディションを整えてスタジオに入る。それでも読み損なったり、咳が出たり、NGが出て、またやり直し。やり直すうち、今度は、持ち前の胃痛が押し寄せてきて、どうにもならぬ。継ぎはぎだらけで勘弁してもらって、一二〇〇〇円もらうと、車で送られて帰った。が、これがたいへんな反響で、宗教放送始まって以来の投書数。聴取率は上がるし、仏教の新聞さえもが、近来にない名講義、と批評を載せた。

投書に一つ一つ目を通していると、ほんの片言隻句にくい入って、霊の糧を求めている何十万という対象がいるということ、この人々を裏切ることはできない。今まで、ぼくが、いと小さく、いと貧しく、だれも見ていない、だれも聞いていないところで、追求してきた真実を、そのまま生《なま》で差し出すと、それにこんなにたくさんの人間が反応する。これは、牧師として、はたして、回り道だろうか。

「ああいう調子で、楽に語れる貴兄には、大いにラジオで活躍していただきたい……」（小池辰雄）

「楽に」どころじゃない。実は血の出る楽さだったのだが、そう言ってくれる友の励ましを神の命令のように受け取ってしまった。

この八回がこれで終わるわけはなかった。年が改まると、一年通しての聖書講義を頼んできた。毎月第三日曜の朝、残念ながら第二放送で、三十分ものを十二回やれという。しかも、その題がふるっている。「聖書の真髄」。そんな大それたことが、ぼくにできるか。しかし、しなければならない。ほかにだれもできる人はいないという。

ぼくは意を決して、切り札を打つことにした。それは、石橋博士のもとで七年取り組んだ

「創世記」、ぼくの命がけで追究してきた「ホセア」、そして、罹災直後から、繰り返し繰り返し語ってきた「主の祈り」。これを、三回、三回、六回と、計十二回にきちんと収め、うまく調理して、飢えている同胞に、空からバラ撒くことができたら、もう死んでもよいと思った。

だから、その準備たるや大変なものだった。ひと月にたった三十分だのに、そのひと月が瞬く間に過ぎた。原稿を書くだけなら、下ごしらえはすでにできているのだから、ものの一週間もあれば完全にやれた。しかし、発声の練習をしなければならない。ラジオを買って、人の放送を勉強してみると、声が悪い。カエルのようなのあり、カラスのようなのあり……。そこへいくと、アナウンサーはどうやって訓練するものか、整っている。が、ぼくは、あの黄色い声をまねたいとは思わない。あれは最低のレベルだ。もう少し深く、もう少しゆったり、そして、フォルテも欲しいが、ピアノもあって、しかも、それが独善的な破裂音にならない。牧師室をスタジオに見立てて、それをひとりこっそり練習したものだ。

「せんせいのは、なんといっても、声がいい」とか、「あの間《ま》が、なんとも言えませんね。アナウンサーでも、手本にしたいほどです」などと言われると、うべなうわけにもゆかず、「そうかね」ととぼけるより、しかたがなかった。

だが、もっと苦労したのは音楽だった。ラジオ放送に音楽はつきもの。それがプロテスタントの時間となると、恥ずかしいほどあまいものばかりである。まず、テーマがメンデルスゾーンの「あさかぜ」（讃美歌三〇番）と来る。そして、ぼくの話にふさわしいようなピリッとしたものは何もない。好きなコラールなど指定して、それを合唱団に歌ってもらっても、まったくテンポが違う。文句をつけると、牧師が何を言うか、という顔つきである。たまりかねて、レコードでバッハを使ったが、残念なことに、みんなドイツ語だ。それでなくてもバタ臭いキリスト教が、これでは民衆から遠ざかるばかり。とうとうしかたがなくなって、自分で聖歌隊をつくって、ひと月教えては、本番に臨んだ。その苦労といったら、ありゃしない。何しろ教会に集まる烏合の衆である。それでも、よくやったと思う。バッハの「深き苦悩より」(BWV三八)など。

こんなわけで、ずいぶん教会は投げやりにされたはずだのに、教会員は意外と喜んだ。ぼくが鳴かず飛ばすで、どこへも出ないのが、よほど寂しかったものと見える。

7　檻の外の羊

〈一九五二年〉

このあたりで、「上富坂たより」という隠れた出版物の話も落とさず、書いておかねばなるまい。

この名前が初めて用いられたのは、一九四三年三月十四日とあるから、まだぼくが茂呂から通って、上富坂の仕事をしている時分のことだった。ふと考え込まざるをえない事件にぶつかった。というのは、ときの宣教師エッケルがぼくを呼んで、教会の礼拝に使っている昔の神学校の講堂の奥三分の一ぐらいを残して、あとを外国人の商社に貸してよいか、というのである。

考えようによっては、いとも簡単な事柄である。ドイツが苦しい戦争に突入し、今まで集めて送ってきた外国伝道資金が思うようにならなくなった。したがって、宣教師は、何かの方法によって生活のしろを稼がねばならない。とつおいつ、考えた末、ガランとして使うものもない礼拝堂に目をつけたのである。所有主が所有物をどう処分しようと、だれも何も言えた筋合いではない。これは二つ返事で、ぼくが承知すると思っていたらしい。

しかし、そのときのぼくにしてみると、どうもおもしろくない。なるほど礼拝堂の三分の一は残る。そこで、通常の礼拝は何とか間に合う。しかし、ひとたび結婚式や葬式があったら、どうするか。そうでなくても、商社のほうで日曜日に仕事をするといったら、かち合う。そればかりか、週日の会合も、ままならぬ。いったいそんな無理をして、家賃がいくら入るのか、と聞くと、二〇〇円だと言う。その金がなくて困るのでもなさそうである。屋敷内の五軒の借家から、五〇〇円以上の家賃が上がっていた時代のことである。日本人のぼくがせいぜい六〇円か七〇円の月給をもらっていたころのことである。

この結論は、教会員の会議で不賛成と出た。すると、きみたちは二〇〇円払えるか、と来た。もちろん払えない。それならば貸してしまうということで、あれよあれよと見るうちに、立派なデスクや書棚が持ち込まれ、入り口には金看板がかけられてしまった。その豪華なオフィスの中をくぐりぬけるようにして、日曜日にわれわれは礼拝に集った。なんとも惨めったらしい劣等感をどうすることもできなかった。

(いったい、おれはこんなことをしている意味があるんだろうか?)

沼から上がる、このあぶくのような不満をどこかへ吐き出したく、「上富坂たより」第一号は発刊された。といっても、わら半紙一枚の片面にガリ版で書きなぐって、万一、内務省に渡っても、どこのだれがいつ出したともわからぬような配慮はしながら。

幾人もいないこの教会員にあてられた牧師の公簡は、そのうち戦争が激しくなり、みんな疎開してしまうと、重大な役割を果たすものとなった。相互を結ぶ唯一の絆であり、またいつどこにいても、信者として生きる、糧であり、祈りであり、また証しとなった。

「たよりをありがとう……」
「たよりによれば……だそうで」
「もっと頁数を増やして……」
「だれとだれにも送って……」

などの反響がこだましてくるのである。

一九四七年の正月、みんなで伝道協議会を開いたとき、この仕事を会員が手伝おうと言いだし、A5判八頁に増やし、三円と定価をつけた。毎度、書く人が替わったり、遅れたり、内容も同人誌ふうな名文が並んだが、でも、だいたい毎月出ていたようである。それが、一九四九年の秋から、一〇円に値上げされ、専門のガリ版屋が印刷し、三〇〇部ぐらい刷るようになった。理由は、教会の外の人も読みたいと言いだしたからである。

一九五二年秋から「上富坂たより」は二〇円に値上げされ、活版になった。これには、あやぶむ者もあって、その責任はぼく個人が負うということにした。題字の下に、「主筆　深津文雄」と明記し、とにかくやれるだけやってみるということだった。が、一九五四年春、一〇〇号を見ずして廃刊となった。いよいよおもしろかったし、読者も増え、経営も楽になったところで、ぼく自身が上富坂を去らねばならなかったからである。

そのことはあとで触れるとして、この「上富坂たより」を一号から九七号まで読んでゆくと、不思議なものを感じる。ぼくが文章の人であった、というようなことではない。その思想が深い、ということでもない。なにか生身一本になりきった武士のように、いのちかけて祈り抜こうとしていたその気魄《きはく》がむしょうに懐かしまれる。そこに、ぼくの真面目があったといってよい。こんな言葉、あまり好きではないから、一度も使ったことはないが、人の言うようにいえば、「文書伝道家」としての自分を発見しそめていたといっても、間違いではなかろう。

この小さい、貧しい者に賛辞を送ってくれた友は数知れない。が、それよりもうれしかったのは、遠く隔てられて行き来もできぬ教会員、まだ会ったこともない読者、ラジオを聴いて手紙をくれる人、講演に招かれた先の聴衆……。いろいろな人々と、時空を超えて、本当の言葉で対話し、また心から共感し合えたことである。

一九五二年三月十一日、隣の家の電話がぼくを呼んだ。ＡＶＡＣＯ（キリスト教視聴覚センター）の小川清司からの頼みで、毎日曜日の朝、民間放送に出てくれないか、というのである。ちょうど一年間のＮＨＫを終わって、ほっとしていたところだから、休みたいと思ったし、民放に落ちるのは嫌だった。なま返事をしていると、小川君はこう切り込んできた。

「民間放送というと、まだ始まったばかりで、海のものとも山のものともつかない。今がチャンスなんです。しかも、相手は日曜日の朝の九時から九時半までというゴールデン・タイムを、無料で提供するというのです。品格のある宗教放送をしてくれ、と向こうから頼んできているんです」

ぼくは何か天よりの声でも聞いたような気になってしまった。

日曜日の朝、三〇分。民放で、キリスト教まるだしは危ない。なにかきれいな音楽でも流しながら、人生論でも、と考えていると、ふと妙案が浮かんだ。バッハだ。バッハのLPをアメリカから取り寄せて、その解説に化けて、みっちりキリスト教を売り込んでやろう。小川君にOKを出すと同時に、協力を頼んだ。そして、その一週間後には銀座四丁目にあったAVACOのスタジオに入ったのである。「バッハ研究の権威者が無償で吹き込みをする」というふれこみで。

ところが、無償のほうは本当だったが、権威者でも何でもなかったから、人に言えない苦労をした。まず、一枚もレコードがない。カタログを手に入れて、大急ぎで注文したが、何週間か待たねばならぬ。その間のつなぎに『マタイ受難曲』を見つけたのだが、高いといって買ってくれない。そんなことで押し問答する暇はないから、自分で買って、さて聴こうと思っても、蓄音器がない。中沢英三に一〇万円出してもらって、急いで早大の学生に組ませ、その代償に、教会に集まれば毎週同じ内容が聴けることを約束し、とにかく、四月一日に開局した神戸放送の番組に間に合わせたが、徹夜してしまった。

この企画は、天の啓示があったぐらいだから、大当たりに当たった。その証拠に、一年だけと思っていたものが二年、三年と延び、一局から始まったものが、最盛期には十二局に採用された。なぜか？　日本には、それだけのバッハ人口が潜在していたのである。教会へ来る人はなくても、バッハを聴く人は、高い切符を買って公会堂にあふれる。その潜在力を、すばやく嗅ぎあて、見事掘り起こしたのである。

もう一つ、ＬＰ（長時間演奏用音盤）が良かった。同時に始めた、はるかに有名人の、はるかに豊かなコレクションも、ＳＰ（標準盤）であったゆえに中止してしまった。どうしてぼくが、一枚も持っていないＬＰの良さを、その時限で知っていたか。それは木岡先生に聞いたからである。学生時代に肉親のように世話になったこのオルガニストは、戦後アメリカを旅し、いくつかの中古オルガンを持ち帰ったが、それを聴きに行った久々のぼくに、ＬＰの革命的な美しさを感激して語ったのである。

ヒットのもう一つの理由は、ぼくが牧師であって、ことに教会暦やコラールに強く、どんどん録音されるカンタータの解説にかけては、余人の立ち打ちできぬものを備えていたということ。そこで、来る日曜も、来る日曜も、三年間ぶっ続けに、「きょうは○○という日曜で、この日のために書いたバッハのカンタータに、○○番〈○○〉というのがあります」と、いかにもあっさり聴衆を教会の伝統の中に引きずり込み、聖書を読み、聖歌を説いて、その素晴らしい音楽説教を聞かせたのである。こんな楽しい商売はない。いつのまにか、偽物の権威者が本物の権威者に育ってしまった。それればかりではない、たくさんの権威者を製造した。この放送に耳傾け、心ひかれ、後にこの道に進むようになった人も数知れない。

三年、バッハをやり抜いて、もう引き上げようと思ったころ、プレ・バッハがやってみたくなった。小川君が「どうぞ」と言う。そのころはＡＶＡＣＯも青山に会館を建てて、楽になったのか、ぼくにも謝礼を包んでくれた。が、何よりも楽しかったのは、そのころ出始めたバッハ以前のレコードを世界中から取り寄せて、あれを聴き、これを聴き、感心したり、けなしたり、時間を計ったり、解説を読んだりしながら、毎週半日、コトとも音のしない深山幽谷のようなスタジオで、淹れてくれたコーヒーでもすすりながら、「これが仕事でなかったら、ぼくは王様以上だ」とほくそえむことだった。

これを人がうらやまないわけがない。伝え聞くと、ＡＶＡＣＯに、レコード・ライブラリーがあるという。聴かせてもらえまいか、貸してもらえまいか、と押しかける。が、ぼくは頑として、これは貸し出しライブラリーではない。放送のために集めたもの。だから、放送が続くかぎり、一切他用はあいならぬ、と突っぱねた。

だから、放送がひとまず終了した一九五六年には、待っていた好事家たちがＡＶＡＣＯに集まって、バッハ・ゼミナールなるものを結成し、会長に辻荘一を推して、あれで一年か二年続いたか。そのうち、ＡＶＡＣＯのコレクションも擦り切れて、珍しくなくなると、だれも集まらなくなってしまった。ぼくにも、何かやれというから、一年だけバッハの年代史的な作品研究を計画したが、今どこでもやっているやつである。とにかく日本の今日の異常とさえ見えるバロック音楽熱に、一人の牧師が先鞭をつけたことは、思っても痛快である。

言い忘れたが、このバッハ放送を始めた最初から、装置を寄付してくれた友人の乞いに任せて、上富坂教会で毎日曜夕、「バッハ教会音楽レコード鑑賞会」を開くことにした。これは、地方の放送を聴くことのできない東京人にありがたい機会だったと見え、日刊新聞も報じてくれたし、それを見て集まる者も多かった。三笠宮が初めて上富坂へ来られたのは、秀村教授に連れられて、復活祭オラトリオかなにかを聴きにではなかったか、と思う。そこで、帰られるとき、教会に貼ってあった、未完成のパレスティナ地図を見て、ここに聖書学研究所があるのなら、傍聴してもよいか、と聞かれた。バッハのほうが先だったように思う。

そのほか、いま第一線で活躍している高橋昭、佐川吉男などの諸君も、そこで知り合った人だし、富沢数馬などという、チェロを抱えて、よく寄って行った芸大の学生もいた。

みんなで固唾を飲んで聞き入った、感動することの多かったこの「バッハ鑑賞会」を閉じねばならなかったとき、笠利尚の率いる天城教会の主催で、これを月一回ヴィデオ・ホールへ持ち出したことがあった。その音響装置は、パイオニアが腕によりをかけただけあって、そのころの最高のものであったから、実に感銘深かった。が、半年も続かなかった。でも、その解説書など、ムキになって最上のものを準備し、印刷させたものである。

外へ出ることの嫌いな（たとえちょっと出ても、損したように逃げ帰って、内に閉じこもってしまう）ぼくを、外も外、たいへんな数の大衆の前に押し出したのは、ほかでもない。あのスタジオという密室のおかげである。そこで、ひとり祈る者のように、思いっきり自己の内面性に沈潜してゆけば、それがそのまま、何十万、何百万という同胞の憩いとなり、喜びとなる。だから、後にテレビが盛んになり、ラジオに取って代わる時代が来ると、ぼくはとてもあの照明の眩《まぶ》しさと立体的な精神の駆使に耐えられなくて、よくよくでないかぎり出ないことにした。その点、ラジオには、ラジオでなくては味わえない無限の柔らかさがあるのだが、もう遅い。

いずれにしても、ぼくは、見えない大衆に語ることから、見える大衆に語ることに移行を強いられる時が来た。

「ラジオでお馴染みの深津先生に、きょうはお越しいただいて……」というような紹介で、あちこちの教会や学校や団体や会合に、顔を見せて回らねばならなかった。これは、放送などとは比べものにならない時間のかかる、埃っぽい、体力のいる仕事だった。

いわゆる名士というものは、サッと来て、サッと帰るものらしいが、それがぼくにはできなかった。ことに何泊かで修養会をしているその主題講演会に呼ばれたりすると、問題の出尽くすまで、そこにいて答えてあげたいと思うし、閉会式の祈りを共にしたい。それを、嘘の用事をつくってまで、逃げ出す人の多いのを見ると、こちらは嘘の余暇をつくってでも、反抗してやりたいとさえ考えてしまう。だから、胃病患者に致命的な飯を噛み噛み、ギュウ詰めの宿に寝かされ、たまには板の間にザコ寝して、諸君が修養するとならば、ぼくも修養させてもらうわけだが、それが遊び半分で、だれきっていると、腹が立って、へそまがりな挨拶をした覚えもなくはない。

いちばん苦手なのは、いわゆるミッション・スクールという部類の大量生産人間工場に呼ばれたときで、電話一本で頼んだら、それっきり約束の時刻についてみると、校長はおらず、甲高いベルで講堂に入って、祈ろうとすればヒソヒソ声が聞こえ、歌おうとすれば上調子で、聴く気のない、宗教に慣らされ、宗教を強いられた若い命を見ると、きょうは一つ、ほかの話でもしてやろうかと、実際、何度予定を変更したことか。「聖書における部外者」とか「神の存在についての疑惑」とか、とにかくハテなと思うような題で、相手の裏へ回るより仕方がなかった。

いつも、宗教主任とか聖書の教師に、どんなことを教えておられるのか尋ねてみると、それがひどいおざなりで、聖書科の教科書があるにはあるが、まるで聖書知識の切り売り、なぜこの時代に聖書が素晴らしい発言力をもつのか、まるでわかっていない人の作。これじゃ、教えるほうもつまらなかろうが、習うほうはますます退屈してしまう。かつてヴィース博士が「宗教教育とは、宗教生活をしている者がその生活の中に、人を招き入れることだ」と言ったが、そういう意味のものがいったいどこにあるのか。外国から、苦労もない金を持って来て、土地を買い、建物を建て、教師を雇っておけば、それで宗教学校になると思っている。その根底にあらねばならぬ人格——その感動——は、いったいどうなってしまったのか。そこへ一時間や二時間付き合ってみたところで、どうなるものでもない。とにかく、そういう絶望感を抱かされた。

教会の伝道集会というやつにも閉口した。もともと、人を興奮させたり、決心させたりすることの得手でないぼくが、見ず知らずの聴衆の前に立たされて、何を話したらよいか。キリスト教の根本を……と言われるのだが、それが容易ではない。みんなカチカチに踏み固められていて、教理などというものはほとんど迷信に近い。それで感激しろと言っても、無理な話。何かふんわりと人の心に迫り、しかもキリスト教の、キリスト教でなくてはならぬものはないか。そこで、「愛について」とか、「望みについて」、あるいは「幸福とは何か」などという話になってしまうのだが、それが気に入らない教会も少なくない。

いったいそういうとき、教会の人に話すのか、教会に来たことのない人に話すのか。聞くと、「後者だ」と答えるのだが、実際に行ってみると、そういう人はほとんどいない。伝道集会という名の信徒大会で、求道者といっても、だいぶタコのあたった連中である。それならばその群れのタコのあたる場所を探って、そこをとっくり揉みほぐしたらよさそうなものだが、それはタブーで、触らせない。こうなると、伝道は量の問題ではなくて、質の問題となる。

YMCAやYWCAに呼ばれることも多かったが、そこには新しいメトーデがあって、ことに優秀な学生と触れ合える喜びは大きかった。ぼくもしばしば、切り札を出して勝負した。「創造論」とか「サタン論」とか。しかし、きまって教会の愚痴が出た。ここで蒔かれた種子を育ててくれる教会がない、と。教会の体質が改まらないとならば、自分たちが教会になるよりしかたがないというのだが、それは危いと逃げてしまう。しかし、個々の教会——牧師の店——の外に、もっと普遍的な聖徒の交わりを考えねばならぬ時は来ている。それに応えたのは、ブルンナーの「ボルデルン」であるが、その話はあとにしよう。

とにかく頼まれるままに、断れぬままに、吊り革にぶら下がって、安飯をかきこんで、あちこち飛び回っていると、きりがなかった。いちばんひどかった一九五三年五月など、外だけで三十一回講演をしている。（これでは、いけない）と反省するようになった。

こうして、外で働いて得た金は、決してうちの家計に入れないことに決めていた。これは、ドイツのことなどを聞かされていたからでもあるが、何もドイツ並みにすることはない。それだけ生活が保障されているわけではないのだから、ただ貪欲のために働きたくなかったからである。では、どうするか。人にあげるのである。子どものパンを取って、犬に投げるものとの非難を受けたのは、そのためであるが、ぼくは初めに立てた聖貧の誓いを変えたくなかった。

こうして見いだしたものが貧しく苦しんでいる同胞であり、その徹底的な救済であった。だから、ぼくの社会奉仕は、きわめてエゴイスティックな動機から始まったものであって、いわゆる社会意識とか社会問題にうつつを抜かすことの正反対だったのである。いわば自我追求の極致とか、内に深まってゆくことの終わりとでも言えるようなもの。したがって、何よりも主体性を重んずるのである。

そんなこと、理屈でわかるものではなく、ましてや好んで取った道ではなく、まったく追いつめられ、やむなくして起こったことなのである。偶然というか宿命というか。初めへンニッヒが悪かった。神学に、神学にと傾くぼくを、実践へ、実践へと引っ張った。「日本の教会はドイツの神学しか知らない。しかしドイツには、もっと素晴らしい実践があるのだ」と。そして、典礼や教会暦やコラールや「ローズンゲン」の話をしてくれた。それに加えて、ディアコニッセの話もしきりにしたが、この男を見ているかぎり、それほど魅力的な主題とは思えなかった。ましてや次々に現れた宣教師などまったく似ても似つかないもので、人にくれてやるどころか、かえって奪ってゆくような話ばかりだった。ところが、そうであればあるだけ、ぼくは対照的にディアコニッセにひかれた。まだ見たこともないディアコニッセを心に描き、その関係の記事は、細大もらさず切り取ってスクラップを作ったほどである。そして、戦争が起こり、戦争が終わり、周りは悲惨で埋まった。ぼくは、ひとりきりで、できるだけの事柄に対処した。しかし力は弱く、悲惨は大きく、どうにもならなかった。そのとき、赤岩栄など、キリスト教の無力に見切りをつけて、共産党に入ると宣言した。これはぼくにとって、実に大きな打撃であった。だからこそ、どうしても組織が必要だと至るところで叫び、常に努力した。

この叫びを、耳で聞いた人は、数限りなくあろう。しかし、心で聞いた人は、ただ一人、天羽道子だけだった。彼女は、一九四九年九月二十五日、〈潔め〉の主題でもたれた修養会の最後の日に洗礼を受け、まもなく生涯の献身を願い出た。ぼくはハタと当惑し、彼女に看護婦となる道を指し示した。

中沢英三がいつから上富坂に姿を現したか、覚えていない。もともと、学生時代からの知人で、ぼくが非常に親しくした友人の、また友人で、そのころ行きつけの教会に、一、二度顔を見せたが、茂呂へ入ってからは、ときどき散歩がてらに寄って行った。教会人というよりも、むしろ無教会人で、藤井武の門弟の一人。この男から、間接に藤井武の素晴らしさを聞かされ、また読まされていた。それが突然、上富坂にぼくを訪ねて来た。「世の中が嫌になった」と言うのである。東京商大を出て、勤めていた会社の中で、何かにつまずいたらしい。そして、よく教会に来、ヘブル語などに通い、膨大な電蓄の装置を寄付してくれたのだが、夫婦で洗礼を受けて、孤児院〔児童養護施設〕を始めると言いだした。

「今さら……」

と、ぼくは止めたが、さっさと郷里に古い工場の寄宿舎を見つけて、うれしそうに引っ越して行った。これには、われわれ一同度肝を抜かれた、といって過言ではあるまい。よし、こうなったら……と、みんなで手伝いに行ったり、寝間着を送ったりしたものである。

これが子持山学園である。

8 断念

〈一九五二―五四年〉

そこへ四代目の宣教師がやって来た。引っ込んだ目を見開き、厚い下唇を突き出して、びっくり仰天したのも無理はない。東独で、アウグスト・ヘルマン・フランケの創始した由緒ある孤児院が、ついに閉鎖されねばならぬ、ちょうどそのとき、日本では一信徒が、私財をなげうって孤児院を開いた、と。さっそくそのことを彼は本国へ報道した。

われわれは、この人の現れるのを心待ちに待っていた。ベルリンから手紙が来て、長い間、欠員になっていた宣教師が見つかったから、まもなく送ると言ってきたからである。実をいうと、宣教師というものに、われわれはいささか懲りていた。「今度こそ、良い人だといいですね」と、だれもが祈るような気持ちで言った。訪独の折、彼に会ったという先輩をわざわざ訪ねて、様子など聞いてみると、「良い人ですよ」ということで、みな安心した。この人がゲノアから船に乗ったころ、われわれは礼拝の中で、「船はちかづきぬ」というコラールを歌って、待つ者の心を語った。夫君が聖書学でもやれる人で、妻君が保育でもできたら、などと、夢にも描いた。そして、五十三日後の横浜着を見込んで、歓迎会を準備した。ところが、その船には乗っていなかった。電報が来て、神戸から汽車だというので、歓迎の幟《のぼり》をこしらえて、東京駅に迎えた。しかし、その列車からも、それらしい人は降りて来なかった。「さあ、見落とした」と、広い駅の内外を手分けして捜し回り、小一時間経ったころ、降車口の片隅に立っている小柄な背の曲がった男と、髪を前に垂らし、両手をポケットに突っ込んだ女性とを発見し、それがわれわれの待っている宣教師夫妻とわかったとき、いささか幻滅を感じた。

「指定された特急は、莫大な金を取られるので、ガタポロで来た」というのである。それも、よく聞いてみると、大阪で降り、京都で降り、方々、ついでに見物しながら来たという。おかげで、用意しておいた歓迎会は、お流れになってしまった。

一事をもって万事を知ることができるように、この人はこっけいなほど、吝嗇《りんしょく》だった。着いたその晩にも困るだろうと、頼まれもしなかったのだが、心を配って、スプリングの飛び出したベッドを修繕させておいたところが、その必要はなかった。ドイツでは床に寝ていたという。かつてはわれわれも住んだ（ティーデマンから明け渡された）いちばん新しい家に入ったわけだが、中古以外には家具を買わない。冷蔵庫の安いのが見つかったというから、拝見に及んだが、モーターがいかれていて、家中がガタガタ震えるような代物を平気で買ってくる。自動車もそうだった。わざわざドイツから、フォルクス・ワーゲンの小さいのを中古で取り寄せたが、ひどい音で一キロ行くと止まり、二キロ走るとぶつかりで、大怪我をして帰って来た。

困ったのは、大工、ペンキ屋、ブリキ屋、水道屋など、かたっぱしから喧嘩してしまうことであった。古くからの出入りで、それほど不正直なことをするわけはないがと、よく聞いてみると、この人は、いちおう見積もりを取って発注しておきながら、いざ支払いの段になると、また値切るというのである。そのほか、ついていて、けちなこと、それも、できないことを言うから、だれ一人仕事に来なくなってしまった。たとえば、ある家の便所を水洗式に改造しなければならなかった。ところが、「もったいないから、古い便器をそのまま使え」というたぐいである。水洗式にするのはもったいない、と言っているのではない。水洗式に直すにあたって、非水洗式の便器をそのまま使え、と言っているのである。取り付けようがないではないか。

東独の食うや食わずの中から、二人で脱走してきたというから、無理もないと同情して、何事も間に入り、よく説明するようにしたつもりである。が、それがかえって悪かった。いちいちぼくを呼び出して、「だれが来てくれない、かれが高いことを言う。もっと安いのを呼べ」で、朝から晩まで、怒鳴り込んで来られると、さすがのぼくもうんざりする。日本人の苦情なら、どんなものでも静かに聞いていたぼくが、どうして外国人のものだと、我慢できなかったのか、いけないと思いつつ断ったことがある。ぼくは牧師としての仕事が忙しいから、と。

すると、「ドイツの牧師なんか、そんなものではない。何キロも離れたいくつかの教会で、日曜日といえば、三回も四回も説教する。そのうえ、堅信礼志願者の教育があり、訪問者があり、うちへ帰るのは、毎日、夜中だ」というようなことを言う。ほかのことではともかく、この一点、牧師としての忙しさと、その仕事の良心性ということで、ぼくが後ろ指さされる覚えはないのに。

それでも、この人の現れるのをわれわれが待たねばならぬ理由があった。それは、焼けて以来の二〇〇〇坪に及ぶ構内の再建は、どうしても宣教師に音頭を取ってもらわねばならなかったからである。どうしても、それきしのことが宣教師なしでやれなかったか。今、考えてみると、ばかみたいな話だが、ミッションが任せてくれなかった。それだけの信用がぼくにはなかった。というより、日本人になかった。明治以来の普及福音教会の歴史の中には、聞いてみれば、なるほどと思うような汚点があったのである。

「ミッションは、これを日本の教会に渡すことはできません」と、いつになっても断られた。時代錯誤であるが、しまいには、売るかもしれないから、と逃げる。

ぼくの理想は、この焼け跡を隅々まで使って、宗教活動を始めることだった。すでに教会堂は建った。宣教師館も牧師館もある。あとは学生寄宿舎や幼稚園を再建し、さらにできれば聖書学研究所や奉仕女母の家をつくらねばならぬ。そのあとには、施設や病院も……と夢は果てしない。そのために莫大な金をドイツから取り寄せてくれ、とは言わない。ドイツも同じ敗戦国である。ただ、この構内の使用権を認めてもらいたい。それはミッションとしても喜ばしいことに違いない。

「今度だめだったら、もう辞める！」とまで力んで、待ち、迎えた宣教師である。地球の向こう側からはるばる来てくれた人たちである。少しの違いは主において克服し、手を携えて進もう、と前例のないほど準備し、各方面へも紹介した。

まず、歴代の宣教師と語り合い、夢みてきたインスティテュート（研究所）が、すでに発足している。そこへ出てもらいたい。きみも一枚加わって、大いにやってもらいたい、と。まったく、われわれが日本で、「旧約の専門だ、新約の専門だ」と言ってみたところで、素人のようなもの。われわれが読むに苦労しているドイツ語を、ペラペラとやれるのなら、それだけで、すでに専門家だし、仲間として大いに役立つ。そのうえ、本も取り寄せてもらえよう、と考えたのである。が、一回出てこりごり、チンプンカンプンだと言う。

「では、何が専門か」と聞くと、「教会史だ」と言うから、それならば、ちょうど頼まれている「キリスト教美術史」でもやってくれと、「教師の友」に紹介し、ＡＶＡＣＯの講習会に連れて行って、東独の話をしてもらい、「上富坂たより」には毎月一頁、ドイツの偉い牧師の伝記でも書いてもらうことにし、教会では毎月一回、説教してもらい、ドイツ語の聖書研究会も週一回集めて、至れり、尽くせりのお膳立てをしたつもりだった。が、その結果は、あまり思わしくなかった。どれ一つ好評を博したものはなかった。にもかかわらず、自分では、偉い者になったような錯覚を抱いてしまった。

「日本へ行ったら、日本人にばかにされるな」とでも言った者があるのかどうか、ことごとに日本人を威圧した。商人や職人は、言うに及ばず。お手伝いを一時は二人まで置いて、これを文字どおり酷使した。その一人は、後に病を得て、われわれのところへ転がり込んできた。

「金も食べ物もろくにくれず、靴で蹴られどおし……」と泣いて訴えていた。

うちの子どもたちも悲憤慷慨《ひふんこうがい》して知らせに来たことが、二つある。

「あなたがたは、いつ出て行きますか?」と聞いたというのである。何かの聞き間違いだろうと、なだめておいた。すると、次には、「松田さんの赤ちゃんを、ごみためへ放った」と言っていた。よく聞いてみると、一家心中の一歩手前で、ぼくが引き取って、鳩小舎のところに住まわせておいた日雇い労働者が、赤ん坊を寝かせる所に困って、木陰に置いた。それを知らずに、車で引きそうになり、むかっ腹を立て、赤ん坊を茣蓙《ござ》ごと放り出したのである。

「そんなところに赤ん坊を寝かすほうが悪いよ」とは言っておいたが、さて、困ったものだと心を暗くした。なぜなら、何も知らないはずの子どもがこういうことを取り沙汰するのは、民心が彼を離れた証拠だからである。これでは、伝道は難しい。


上富坂には、宣教師の決断を待つ差し迫った問題が、三つあった。第一は幼稚園立て直しの問題、第二は寄宿舎改修の問題、第三は礫川小学校への土地譲渡の問題であった。四代目の着任早々から相談をもちかけて、まる二年、どれ一つ解決していなかった。ぼくもいろいろ忙しかったし、あまりガツガツ言うのも……と思って、時の来るのを待っていた。が、一九五四年春には、どれもこれもどうにもならない窮状に追い込まれてしまった。

まず、幼稚園のことを説明すると、これは、明治四十五(一九一二)年にシュレーダー夫人によって創立された由緒深いもので、羽仁もと子の著作にも、小石川にドイツ人が経営している幼稚園があったから、そこへ子どもを通わせたとあるくらい、わが国の幼稚園史上忘れてはならないものである。一九三七年、ぼくが初めてヘンニッヒの助手として来たときには、原さんという既婚の女性が主任で、二級四十名くらいでやっていた。ぼくはすぐ園長にされたが、もともと嫌いな仕事ではなかった。一九四四年に、都内の幼稚園はことごとく閉鎖され、一九四五年五月に空襲で焼けた。一九四七年、再開の要望が強く、原島瓊子という未亡人を主任に、焼け残った洋館の階下で再開した。はじめは一級で、翌年から二級で、と。しかし、これには制限があって、一九五四年までに最低基準にかなうものとするという条件がついていた。だから、やきもきして、ない金を貯めたり、募金を始めたりしているのだが、その青写真一つできない、敷地さえ決定しない。とうとう文京区学事課から係長がやって来て、閉鎖寸前に立ち至った。園長たるもの、汗顔のいたりである。が、どうすることもできない。

なぜか宣教師がどうしても敷地を決めてくれないからである。決めてくれないのではない。自分では決めたつもりなのであろうが、そこは一番まずい場所なのである。が、彼にはそれがわからない。そこへ建てれば、地元の猛反対を食って、募金も何もできなくなる。隣の小学校がゆずってもらいたいと、前から頼んできている場所である。それに、なにもわざわざ一番問題のある所へもってゆかなくても、土地はいくらも空いているのである。たとえば、前に外国人がテニス・コートに使っていたところなど、崖の下ではあり、行き止まりではあり、幼稚園以外には使いようのないところである。それを言うと、彼はムキになって、崖の下でも、ドイツならカーテンをひくから構わない、と反論する。陽があたらないことも、ドイツでは苦にならないのである。

しかたがないから、そこに決めて、設計屋を呼んできて立案する。どんどん世の中が復興してゆくときであるから、終戦直後のようなみすぼらしいものも建てられない。木造が鉄筋になり、五〇坪が一〇〇坪になり、これならば、人に見せても恥ずかしくない、夢のある幼稚園だ、と気を良くしていると、彼は高すぎると言う。お前は、前に七〇万円あればできると言わなかったか、と詰め寄る。しかし、それは二年前の、いや、もっと前の見積もりである。物価は毎年どんどん上がっている。

とうとう、ぼくの頼んだ美しい図面はことごとく破棄され、その設計者には一文も払ってもらえない。あまつさえ、この幼稚園は初めからミッションのものであって、教会のものではなかったという。ということは、牧師であるぼくは手を引け、宣教師である自分が思うようにする、ということなのである。それならば、ぼくは長い間、何のために園長をしてきたのか?

寄宿舎というのも、歴史は長い。これは石橋先生から聞いた話であるが、彼がまだ東京帝国大学の学生であったころ、この屋敷に出入りして、ついに宣教師の家に住み込み、ドイツ語を覚え、ドイツに留学した。それもやはりシュレーダーといったように思う。偉い宣教師もいたものである。そこで、このような東洋の秀才を次々に育てようと、募金して建てたのが日独会館で、一時は意義のある働きをしたものだという。が、ぼくが来たときには、ただの下宿屋にすぎなかった。それを悲しんで、明け渡しを要求し、あとを教会で使うようになったところで焼けてしまった。そのことはすでに述べた。その後、ほかの洋館に移して、ずっと学生の世話をしながら、良い伝道をしてきたのであるが、とにかく建物は古く、雨は漏り、床は腐り、陽は射さず、不衛生だったので、なんとか部屋代を取るばかりでなく、修繕をするなり、改築をするなりしなければならない。

しかしこの話を持ち出すと、部屋代を高くせよとか、経理がよくないとか、みんなこちらのせいにされてしまうので、やむなく泣き寝入りしていた。ところが、だれに入れ知恵されたのか、ある日、高飛車に、明け渡しが宣告された。その立ち退き期限が、その年の三月末日だったのである。これには、ぼくも口の出しようがなかった。みんないっしょに火をくぐった仲間である。大げさにいえば、これらの建物が残ったのはこの人たちのお蔭なのである。今すぐ出て行けといっても、行き場所はない。そればかりか、教会は有力な会員を散らしてしまうことになる。教会員を敵にして、伝道は難しい、と説明するのだが、ただ、早く、早く……と言うばかり。自分はすべてのものの主人だ、と怒鳴る。

ほとほと嫌気がさして、山岡君などは市川に土地を見つけ、親戚から借金までして家を建て、引っ越してしまった。けれども、あとに残った者たちは、それすらできず、ぼくの顔を眺めている。時はどんどん刻み、宣教師は毎日、矢の催促である。

もう一つ、どうにもならないこと。それは、隣の礫川小学校の再建に伴って、校地を拡げたいから、ミッションの土地をゆずってもらいたい、という話。これは、ずいぶん前からぼくの耳に入っていた。が、持ち主のあることだから、相談して……と答えていた。しかし、二年経っても三年経っても、回答が出ないのである。売らないというのではない。どこかを売らねばならぬのだが、相手が学校では、安かろう、と危ぶんでいるのである。

そもそも学校などというものは、みんなが税金を出し合って、みんなのために作ったものなのである。そういう公共の事業には、ふところさえ苦しくなければ、ただで寄付してもよいほどである。現に、ぼくの子どもは二人ともそこでお世話になっている。それも校舎が復興できないで、よその学校を半分仕切って、惨めな授業をしている。礫川は、都内でも古いほうから二、三番目で、敷地も一握りほどしかない。育ちざかりの子どもに広い庭を与えたいのは、人情である。

また、間の悪いことに、ぼくはそのころ町内会の副会長をしていた。だれも、ぼくがそんな役をするとは思うまいが、どういうはずみか、戦後、ぼくは町の英雄に推されて、みんなでそう決めて、もってきてしまったのである。特製のバッジを胸につけていれば、別に忙しい事務はないので気は楽だったが、町内に困窮した人があるとか、学校が復興されるときには、責任を取らねばならなかった。決して安引き受けはしなかったつもりだが、子どもたちの幸福のために、自分たちの使用している広大な土地の片隅十分の一ぐらいは、戦後十年荒れ放題にしていたのだから、売るのなら、学校に優先権を与えてもよいとは思っていた。

これがどういうものか、宣教師の気に入らないのである。だから、そのどまんなかに幼稚園を建ててしまえと、わざわざ嫌がらせを言うし、売るにしても、よその会社は坪三万円と踏んできたと、第三者を導入しかねない勢いである。しまいには、「キリスト教とはそういう精神ですか」と、外の人にあきれられる始末。これでは、いかに美しいことを語っても、だれも信じまい。事を正して、じっくり説明したのだが、問答無用、お前は向こうの回し者だ、と怒られた。それでも毎日のように、ぼくの家の玄関は鳴る。「区議でございます」、「委員長でございます」、「校長でございます」と。

そしてとうとう、ある夜、夢を見た。教会かどこか、かなりの人混みの中で、ぼくがだれかと話をしている。と、向こうから、くだんの夫妻が近づいて来て、隠し持った肉切り包丁でぼくの脇腹を刺した。その手を押さえて、ぼくは助けを求めた。が、だれも来てくれなかった……。

目が覚めて、ぼくはそっと脇腹を撫でてみた。そこには、ありありと突き刺されたときの痛覚がまだ残っていた。ぼくは起きて、傍らに伏する妻よりもさらに近くいます神に祈った。

「主よ、わたしは、この職務に堪ええないのではありますまいか」

ぼくはだれにも相談しないで、辞表を書いた。それをふところに入れて、その年の教会総会を司会した。すべての議事がすらすらと運んで、閉会の祈禱をする前に、「もう一つ」と言って、卓子の上に辞表を載せた。教会員は愕然とした。残酷なやり方だとは思うが、それよりほかにしようがなかった。ぼくは宣教師に雇われて来た助手だったが、長い間に、そこの教会の牧師になり、今は宣教師から一文ももらっていなかったからである。

教会員は、なぜかと理由を尋ねた。ぼくはあまり多くを言いたくなかったので、まったく箇条書きに前述の三件を述べた。「そんなことは、教会と関係ない。どうにでもなる。牧師の進退に関する問題ではない」と言った。しかし、「ぼくには教会の伝道と重大に関係してくることだし、はたで見ているほど簡単ではない。どうにも解決しようのない問題だ。ぼく以外の人が代わってやったら、あるいはできるかもしれない」と言った。それならば、後釜を探してちゃんとしてから、出るなら、出ろ、ということになった。

そう決まるまでに何日かかったか、とにかくその夜は徹夜で宣教師は吊るし上げられた。ぼくは妻から泣きつかれた。ハウスは二度目に内村鑑三の研究に来ていたが、ぼくと宣教師とを和解させようと行き来した。ぼくは翌日、ブルンナーに会いたくなって、これも再度、ＩＣＵ(国際基督教大学)に来ていたその自宅を訪れた。

「きみはいつ来ても構わない」と、木戸御免にしていてくれた彼は、ぼくの辞職を聞くと、「だから、ドイツ人は好かん」とはっきり言った。そして、「いつまでも、ぐらぐらした土台の上で修繕ばかりしていないで、本当の仕事を始めろ」と言った。彼が意味するところは「ボルデルン」だった。彼はその月から二万円ずつ、ぼくを助けた。教会から七千円しかもらっていなかったときに、である。

「ボルデルン」というのはスイスの地名である。チューリッヒから電車で一時間ほど、湖水の向こうへ回った山の上に、彼らがこしらえた退修の館がある。そこにリンデァクネヒトという法学博士が住んでいて、一週間二週間と、グループで訪れる信者の指導をする。そのグループを職業別に、大臣級のグループから、エレベーター・ガールや工員のグループまで、いろいろに組織する。すると、話題はいきおい、職業の中に信仰を、ということになる。これが素晴らしいのだという。

ぼくも写真を見せてもらったり、図面を写したり、土地を物色したり、組織づくりに手を貸したり、しまいには、実業家や会社員や警官や教員や様々なグループを集めて、憩いの家や天城山荘で、ブルンナーを中心に楽しい時を過ごした。なるほど教会を超えた交わりがあって、しかも雑談に終わらず、素晴らしいと思った。

ドイツでは、「エヴァンゲリッシェ・アカデミー」という呼称で、似たようなことをしているが、もっと広く組織的で、内面性に乏しい。スイスのものはブルンナーのオックスフォード・グループ体験などを取り入れているから、その点はすぐれているということであった。

ぼくはよほど心ひかれたが、すでに着手してしまった日本奉仕女の教育と事業があるからというと、彼は奉仕女をけなすどころか、脱帽の姿勢をして、「それはほむべきことだ。非常に困難だが」と、ブラウンワルトのシュペリ牧師を紹介してくれた。これは、正統派の奉仕女事業に疑問を感じた館長が自ら退いて、有志とともに、小さく純粋に始めた山奥の母の家であった。

「上富坂を飛び出して、どこへ行く気か」という問いをあちこちから受けた。しかし、今さら、既成の大教会に行きたくもなかった。だからといって、役人や会社員になるのはまっぴら。学校の教師も、昔ほどに偉いものとは思えなかった。もう一つ命があれば、ボルデルンだが、一つしか命がないとならば、ただまっしぐらにディアコニアだ。神は、この大任を片手間でしないために、ぼくをここまで追いつめたのだ。そう思うようになった。

それでも、いちおう書くべきだというから、ベルリンのオストアジエン・ミスィオンに実情を知らせた。しかし、あの友好的だったユンゲ会長は前年亡くなり、新しい会長からは、「きみが去るなら、やむを得ない」と回答してきた。真理より血のほうが、さらに重かったのである。このことの直前に、ヘンニッヒも不明の疾患で急死していた。

ぼくは、バッハ鑑賞会で関係のできた笠利尚と、その率いる天城教会に、折り入って頼んだ。その結果、多すぎる東京の教会は合同して、彼とその義兄があとをやってくれることになった。みんなで集めてくれた涙の出るような退職金を押しいただいて、ぼくは古巣の茂呂へ帰ったのである。

9　まったき献身

〈一九五三年〉

「ディアコニッセ」というドイツ語をどう訳したものか、ずいぶん迷った。一九五二年三月に発行した「上富坂たより」には、「女執事」と書いてある。「ディアコノス」は、教会の役職としては執事であるから、その女性形「ディアコニッセ」は女執事で良かろうと、ぼくが決めてしまったというより、在来の教界〔編者注＝キリスト教世界の意〕が決めていたのである。ところが、「ディアコノス」ははたして執事で良かったかという疑問が生まれてくると、この訳語は覆らざるをえない。「ディアコノス」とは、給仕人である。それならば、「ディアコニッセ」は、給仕女、さらに平たくいえば、女性の給仕になってしまう。思いきって〈仕女《しじょ》〉としたらとも考えたが、音が軽すぎる。〈つかえめ〉と読めば詩的だが、日常語としては緩い。とうとう〈奉仕女《ほうしじょ》〉ということで落ち着いた。

すると、どこからか手紙が来て、「奉仕婦」と言うべきではないか。「看護婦」とか「保健婦」とか〔編者注＝当時の表現〕、みな「婦」かつくから、というのである。しかし、辞書を見ると、「婦」は奥さん、「女」はお嬢さん、とあるから一生結婚しないで奉仕する者はむしろ「女」が良かろう。「修道女」とか「処女」とか言うではないか。それゆえ、先の警告には従わないことにした。

　すると今度は、「奉仕」という言葉の連想が良くないと、これはかなりの人が言ってきた。「奉仕」という言葉は、今では、安っぽい、偽りの自己宣伝にしか用いられない。教会の中では、この言葉はもう聞き飽きているというのである。しかし、奉仕ということそれ自身が間違った概念で、どう清めても、すっきりしないならいざしらず、奉仕という美しい概念があるのに、それが誤って悪用され、困難なことであるゆえに、その正しい形を見いだしかねているというのならば、ここで逃げることはない。むしろ、追い打ちをかけるべきである。この言葉の浄化のためにと、これは譲らないことにした。

　こうして、「奉仕女」という新しい日本語が誕生したのである。ときは、一九五二年十一月ごろか。では、それまではこのことについて何も語られなかったのかというと、そうではない。「ディアコニッセ」というドイツ語をそのまま用いていたのである。ところが、発音すると、わずか四綴りのこの言葉が、いざ日本の活字にされてみると、七字分も場所を取って、甚だ不便である。この言葉が頻出してくると、たちまち紙数が足らなくなる。そこで、なんとか、いつまでも外国語でなく、短く、その本質を表した日本語が欲しいと思うようになった。そして、「奉仕女」ということになったのだが、では、そのころこの訳語を必要とした何が起こったのか。長い間くすぶり続けていた日本の奉仕の歴史の序章が終わって、その本論にまさしく火がついたのである。

ハンナ・レーヘフェルト。この初めて羽田に降り立った、わずか二十五歳のドイツ人奉仕女は、思いなし、口をへの字に結んで、キリリとしていた。差し伸べられた手を取ると、その掌は、意外に硬く、冷たかった。保育界の恩人キュックリヒ女史の助手として、西独ウッパータールにある母の家から派遣され、語学校に通うため、上富坂の隣家に住むことになったのである。あごの下で結んだドイツ風の白い頭巾《ハウベ》といい、肩衣《ベレリネ》のついた黒い制服といい、そのなすところ、言うところ、思うところ、すべて、新風を日本の教界〔編者注＝キリスト教世界の意〕に送り込むに十分な人物であった。多年、不思議に思っていたドイツの奉仕女運動について、よく学び、また伝えたいものであると、秋の一日、上富坂教会に席を設けて、彼女を招待した。

そのときの彼女の講演は、「上富坂たより」八一、八二号に、「聖書のおしえる女性の奉仕」と題して連載されている。いつ読んでみても、色鮮やかで、無駄がなく、すっきり整っている。ぼくは、これを訳しながら不思議に思った。神学校も出ていない若い娘が、よくもこれだけまとめられるものだ。なにか種本があるのではなかろうか。それとも、よほどしっかり教え込まれているのかと、感心しているうちに、「皆さまは、私がどうしてこの道に入ったか、お聞きになりたいことでしょう。私ははじめ、ほかの道を自分の理想としていました。まさか奉仕女になろうとは考えてもみませんでした。しかし、神さまが……」というあたりにさしかかった。

するとと、ぼくの胸がきゅっと締めつけられるように感じて、硬い拳のようなものが喉につかえてしまった。原稿に投ぜられていた双方の眼はかすんで、用をなさず、通訳の番が回ってきても、平静を取り戻すことは困難だった。

都内の教会から、牧師夫人や婦人会長などが多勢集まっていたが、あちこちで鼻水をする音が聞こえだした。この日、われわれが一様にはっきり印象づけられたものは、全き献身の尊さということだった。それは、牧師である自分にさえ見いだせないほどの純度の高いものであった。女は弱いという。しかし、その弱い女が、女であることを脱ぎ捨てたときの、その強さは、男にもまして、さらに強い。見事一本取られた形だった。

この話をぼくは伝えたくて、あちこち喜んで、通訳などして回った。衣笠病院へも行った。阿佐ヶ谷東教会へも呼ばれた。東京神学大学の祈禱会にも、明治学院の講演にも。ぼくの頭は、全き献身ということだけで、いっぱいだった。


この人が日本に現れる以前、すでに日本に奉仕女を志願した者があったということは、素晴らしい事実である。天羽道子は、上富坂のあの信仰と、あの純粋の中で、ただひとり献身し、ぼくの勧めに従って、勤めを退き、学校に入り、一年半の後には、聖路加の看護学校を終えようとしている。銀行家であった父を失って貧しかった彼女にとっては、そこまで来るのが精いっぱいで、病弱な姉の犠牲の上にいくたびたじろいだか。もうやめるのではないか、もう断ってくるのではあるまいかと、暗くなりやすい彼女の顔を、ぼくは祈りの中で、思い浮かべた。それが、この日、火がついたのである。

ようやく晴れ晴れとした彼女の眉、これが日本最初の奉仕女志願者だと聞かされて、差し伸べられた手とまなざし、二人は口でこそ何も言えなかったが、心はだれよりも近く結びつけられたように見えた。

この胎動を、ぼくとしてはいつまでも眺めているわけにはいかなかった。なんらかの態度を決しなければ、もう遅い。人ひとりの命がかかっているのである。大事なよその娘さんを、ひとたび間違えば、一生台無しにしかねない、その怖れは、決断に鈍いぼくを追い立てた。そして考えついたのが一〇人の姉妹団である。すなわち、これから一人の献身者が生まれるたびに、それに一〇倍する女性が、支援者として立ち上がらねばならぬということである。この構想はかなり古いもので、戦争中、火を消しながら、一人では何もできないと気づいたころに始まり、上富坂の後期十年間を通して社会的に奉仕すればするほど、実は、ぼく自身の周りに欲しいと思った組織なのである。それを、自分については言い出しかねていたが、この際、ぜひこの女性の純粋な献身者の周りに作ってみたいと思うようになった。

まず、そういうことを言いだして、乗ってくる人があるだろうか。だれも相手にしてくれないということも考えておかねばなるまい。そのときには、だれとだれと、サクラは十分に見つかる。というより、あの話を聞いて涙を流した連中が、みな献身できる人ではない。とすると、献身者は少なくても、支援者のなりては、かえって多いかもしれない。

その支援者に何を義務づけるか。まず、もちろん経済である。一人の献身者が本当に奉仕女として無償で人々の苦しみに仕えうるためには、一〇人の支援者がその一〇分の一の負担をしなければならぬ。それは具体的にいくらか。多くてもいかず、少なくてもいけない。なんびとも苦しんで出しうるほどで、受けて、苦しんで、間に合うほど、すなわち、月に五〇〇円ということに決まった。

しかし、金をもらうだけで、それで十分とはいえない。金に添えて真心が欲しい。貧しい人が施しを乞いに来た、金はそこにあるから、さっさと持って行け、といったやり方では続くまい。これをどう表現するか。祈りだろう。朝ごとに目覚めたら、自分の幸福を感謝するとともに、奉仕女のために祈る。かくして個人の幸福が社会の福祉に繋がる。その接点に奉仕女が立つのである。祈られる奉仕女にとっても、実に大きな力である。と同時に、祈る者の生活をも清めずにはおくまい。

年に一度この友垣が一堂に会するということはどうだろう。一人の献身者とその背後に祈る一〇人の支援者と、それこそ地上高上の饗宴、まことの霊の交わりが出現するに違いない。こういう極まれる霊交に、異性が参与することは、危険である。そこから、どんな破綻が生じないとも限らない。むしろ、より弱く、より圧せられた女性にのみ限るとき、日本の女性の協力と向上のために、かぐわしい場が開かれるかもしれない。

かくして一九五三年七月、「奉仕女のかげに祈る一〇人」が、「上富坂たより」の誌上で公募された。待っていたように応答したのは、ラジオ放送を聴いて以来、よく手紙をやりとりした横浜の外科医の妻、池田春江。ハンナ姉の講演を聴いて感動した牧師未亡人、斎藤光枝。献身者の亡き後を守る姉、銀行員、天羽清子。すでに婚約していた幼稚園教諭、鈴木桂子。そのほかで、瞬く間に満員になってしまった。

この制度は、ブルンナーも言ったとおり、「素晴らしい思いつき」だった。期限は定めておかなかったが、後に無期限とうたった。ひと月でやめても構わぬし、一生続けてもよい、と。ところが、やめる人はきわめて少なく、献身者のほうが挫折しても、支援者のほうは縁を切りたがらない。そして、ちゃんと月の初めに、折り目のない札を送り届けて、こう言う。

「この五〇〇〇円が私の救いです」

「友だちがコーヒーや映画の話に興じていても、私はうらやましいと思いません」

「物価も上がりましたから、お支えも上げさせていただきます」

「新しく献身なさる方がありましたら、お知らせください」

新しい献身者があるたびに、ぼくはその人に問う。一〇人見つかりますか、と。これは、その人の荊《いばら》の道をより確実なものにするために大いに役立つ。彼女は、よほど固い志をもたねば、一〇人、二〇人の人に奉仕女の道を説明し、反対と嘲罵《ちょうば》を克服することはできない。そこで退いてしまう人も少なくない。

天羽道子とその陰に祈る一〇人が約束にしたがって、一九五三年十一月二十九日、上富坂教会に集ったとき、彼女はまだパーマネント・ウェーブをかけた聖路加〔看護学園〕の学生だった。しかし、制服を着たドイツの奉仕女が二人、そこには陪席していた。ハンナ・レーヘフェルトとエリザベト・フォリンガー。すなわち、日本は要求があると見たのか、一年後に、もう一人の奉仕女が遣わされたのである。それればかりではない。日本の中からも、第二、第三、第四……と志願者が現れ始めた。だから、降臨節第一主日にあたったこの日の会場は、実に晴れ晴れしていた。これからいったい何が起こるのか、皆が期待に震えていた。

来春、天羽道子の卒業とともに、どこに母の家を備《そな》うべきか。これがぼくの課題となった。もちろん、上富坂のほかに考えがあったのではない。しかし、ぼくにとって四代目の宣教師は、あまり友好的に見えなかった。せいぜいもらえても、寄宿舎の片隅とか、下手をすると、牧師館のどこかでということにさえなりかねない。そのとき、キュックリヒ女史から申し出があった。埼玉県加須《かぞ》市にある同姉の施設を使ってはどうか、と。愛の泉と呼ばれる広い施設の構内に、診療所として新しく建てられる建物がある。その一部にドイツ人奉仕女のための部屋を取るから、とりあえずそこに日本人も入って、共同生活を始めたらどうか、というのである。診療所の定礎式には、ぼくも多くの奉仕女志望者といっしょに招かれて、よく打ち合わせをした。

ところが、これには、思いがけない反対が出た。愛の泉で働いたことのある二人の志願者が、それはやめたほうがよいと言うのである。「上富坂で始めると言ったから、自分たちは志願したのだが、それが加須へもってゆかれるのなら、参加しない」とまで言った。ぼくはハタと困ってしまった。というのは、ただに場所だけの問題ではない。指導者がいないのである。ドイツ人の奉仕女二人は、愛の泉に送られて来た人々である。

「深津先生だけで結構です！」と言うが、ぼくは男で、奉仕女ではない。何をどうするものか、さっぱりわからないのだ。せめて、初めの間だけでも手引きがいるではないか。よく、ぼくの苦衷も汲み取ってと、ようやく加須ゆきを決定した。

キュックリヒ女史は、休暇でドイツへ帰られるというので、お別れかたがた、最後の打ち合わせに熱海まで出向いた。するとと、約束してあったと思うのだが、彼女は外出するところだった。われわれを見て、予定を変更し、その日の昼食まで手ずから備えられた。しかし、待っている相談はなかなか始まらず、やっと決まったことは、

「このムッター・ハウスの名前はベテスダ。その責任者はハンナ姉。藤崎先生とも協力してやってください」

ということ。ぼくがそこで何をするのか、それとも何もしないでよいのか、それさえ聞くこともしないで別れてしまった。


ぼくが上富坂を去る決心をしたのと、たまたま時を同じくして、ベテスダ奉仕女母の家の第一回着衣式は行われた。式場は加須の愛泉教会であったが、お膳立てはことごとく上富坂で行われた。四人の志願者が受ける制服から前垂れまで、募金して買った布を、うちのミシンが縫

った。そこへある志願者の叔父と称する男が怒鳴り込んで来たり、ある志願者の陰に祈る一人が旅立ちの挨拶に来たり、こういう仕事が始まれば、当然見落としてはならぬ覚醒剤中毒患者が飛び込んで来たり、辞めたはずの牧師の館は相変わらず賑やかだった。

ぼくには天使のようにさえ見えていたハンナ姉の最初の爆発が始まったのも、その時だった。メーヤー師が「非公式に」と言ってきたという。よく聞いてみると、「これらのドイツ人は、ドイツではアメリカ人が伝道してできた福音教会の出身者で、その本部はアメリカにある。そこから『待った』がかかったのだ」という。これは重大な問題である。すると、きみたちは何をしに来たのか、と問うと、日本の奉仕の道を開くために、と答える。しかし、それが本部まで通っていないためのいざこざらしい。途中、どこかで、つっかえてしまっているのだろう。現地委員長が、「オフィシャリー、アンオフィシャリー」というのは、そのことだろう。「今われわれが始めようとしていることは、公式にいえば、非公式だ」と、はぐらかされているようで、あれほどに言ったのに、と心配になってきた。

しかし、奉仕女の父テォドール・フリートナーの伝記を読んでみると、やはりそうなのである。こういうことは、苦労のない牧師さんが集まって、「では始めることにいたしましょう」で、始まるものではない。そんなことを期待していたら、生きる者も死んでしまう。見るに見かね、抑えるに抑えかねて、規則にはないが、だれかが始めてしまうのである。それを後になって、団体が認めるというのが、どうも順序らしい。それをハンナ姉は、「神さまに呼ばれる」という言い方で表現した。「われわれは人に言いつけられたのではない。神さまに呼ばれたのです」と。

それならば、とにかくこの時点で、われわれがこういう行動に移らざるをえない、そのことを教団の議長宛に具申しておこうと筆を執った。しかし実際には、教団の中だけの現象ではなく、志願者はいろいろな教派から集まっている。より適切にいえば、もう一つ上のレベル、すなわちNCC（日本基督教協議会）のことに属するのであろう。けれども、そうすれば、ほとんどの背後に教会性を期待することはできない。他所からの志願者を断らないという含みで、立場は日本基督教団の中にあってよいのではないか、と。

これに対して、教団は十五年間なんらの回答もしていない、というのは誤りである。ただちに総主事担当で、ディアコニッセ研究委員会をつくり、これを発展解消して、日本基督教団ディアコニッセ協会を設立し、銀座教会を借りて講演会を開いたり、募金さえも始めたのである。

また、関東教区長を二人で訪ね、教区内にこの運動が起こったことを報告した。長尾教区長は、このことを聞いて大いに喜び、もっともっと教区として支持したい旨を披瀝された。しかもなお、「非公式に」と言うのであるから、式序の中には、ことごとく公的な役職を並べず、案内状すら志願者の肉親、知友、祈りの友程度に絞った。

五月十四日だったろうか、一応の準備ができて、長い間泊まり込んだ志願者たちを上富坂の牧師館から送り出した。妻が心尽くしの寿司をごちそうして、では……と、二人のドイツ人に三人の日本人をつけて玄関を出したときには、なぜか、死刑囚を見送ったように、切なかった。重い荷物を両手に提げて、見送る者もなく、彼女たちは雨の降り始めたなかを、電車通りのほうへ曲がって行った。

こうして上富坂から送り出した者を加須で迎えるのも、またぼくの役目だった。都電を上野広小路で乗り換えて、浅草の松屋の二階から出ている東武電車に乗ると、二時間半かかって、加須へ着いた。駅前の食堂などの立ち並んだ短い道を突き当たると、一本しかない大通りを左へとって、どこまでもどこまでも行く。すると、やがて市街が終わって、だだっ広い武蔵野平野の中に、教会の塔が見えてくる。これが岡安正吾ささぐる愛の泉である。養護施設あり、保育所あり、乳児院あり、そのいちばん奥に、まだ工事の終わらぬ診療所。だれが設計したか、なかなかしゃれた木造二階建ての洋館である。靴を脱いで、スリッパをつっかけ、ここが館長室です、という四畳半ほどの部屋に通された。ここから列をつくって礼拝堂へ向かうのだという。その前に、相役を頼んである藤崎五郎牧師に挨拶し、式序など打ち合わせる。

着衣式というのは、奉仕女を志願する者が、母の家に受け入れられた最初に執り行われる、いわば入門儀礼である。それまで着ていた平服を脱いで、死に至るまで変わることのない制服を着せられるのである。ひとたび制服を受けたら、もう平服を着る機会はないから、小包にして家へ送り返してしまう。そして、肉親とも友人とも遮断して、一年間ひたすら、祈禱と労働に勤しむ。したがって、親しい者ども打ち連れて、別れを惜しむのである。

時が来て、合図の鐘は鳴らなかったが、オルガンの前奏が始まったと知らせてきた。われわれは診察所前に整列して、静々と礼拝堂へ進んだ。みちみち施設の職員や子どもが祝福してくれる。礼拝堂は、こんな田舎に珍しい、高壮な、凝ったもので、床はコンクリート、平素は下駄を履いてきて、聖壇だけは上履きに替えるとのことだったが、その日は靴を履いてもらって、脱がずに上がる。式序も、あまり不慣れなものでは……と、ごく一般的な、讃美歌、詩篇、聖書、祈禱、説教と進み、これに続いて、問答と着衣を行う。着衣といっても、会衆の面前で制服を着けるのではない。すでに制服を着用している志願者が聖前に立って、奉仕女長から頭巾だけを被せられるのである。ただそれだけのことであるが、事が事だけに、緊張してしまう。もちろん、ぼくも初めてだが、相手も初めて、日本で初めて、とあってみれば、胸がいっぱいになる。しかし、ぼくは今度こそよく準備し、覚悟していたので、式文が読めないようなことはなかった。

こうして着衣を終わった志願者が、聖句を贈られて、会衆に向かい、聖歌を合唱したときのその美しさ。これを何とたとえたらよかろうか。きのうまで見た平服の彼女たちにはなかったもの、それは、もはや装いの美ではなく、精神の美である。人々は、姉妹たちの顔が輝いている、と言い合った。祝宴において述べられた四人の挨拶もしっかりしていた。短くはあるが、それぞれいのちをかけた道の良い決断を表していた。内輪に、と思ったが、会場はあふれ、新聞は大きく記事を載せた。「初の本邦奉仕女うまる」と。

10　共に生きる

〈一九五四年〉

着衣式が終わると、その次の週から奉仕基礎課程というのが始まった。ドイツでは半年だというが、日本では一年、神学のあらすじについて講義を受けるのである。聖書学は藤崎牧師、教会史と信仰学はぼく、奉仕学はハンナ姉、エリザベト姉はまだ東京で語学校に通っていたから、週末だけ現れて、いっしょに手仕事か何かをしていた。そのほかに生活訓練ということがあって、朝六時に鐘が鳴り、床を飛び出すところから始まって、朝禱、食事、後片づけ、掃除、調理、洗濯、床の始末、整頓など、家事万端をきわめて厳しく教えられる。何事も奉仕女たるにふさわしく、完全であらねば、と。これをハンナ姉が先に立ってやってみせる。あとの四人が、見よう見まねで、まねる。

ぼくはまだ上富坂で暮らしていたが、そこから週に一度、泊まりがけで出かけた。毎週木曜日の朝、家を出て、午前中かかって加須に着くと、昼食を共にし、午後から教会史の講義をした。といっても、ぼくに何の備えもあるわけはないから、柏井園の『基督教史』を読んだ。夕食の後は、ハンナ姉の相談を受けた。夜の祈りの時間まで。そして金曜日の朝は、みんなといっしょに起きて、まず三十分の黙想、それから三十分ほどの共同の礼拝、朝食の後は、信仰学を講じた。使徒信条か何かで。昼食後、実践神学のようなこともやらされた。典礼学とか聖歌学など。そして、時計を気にしながら加須駅へ走った。もうくたくたで眠りたいと思ったが、しばしば電車には座席がなかった。

　自分の得手な聖書学は人に渡して、自分の不得手なものばかり引き受けたので、その講義がおもしろいわけはなかった。教会史を読みながら、立ち止まって、こういうことだからキリスト教はだめなんだとやるか、教義学のカチカチな皮を剝して、思いざま解体し、その奥で触れた柔らかいものを握りしめるか、いずれ聴いているほうとしては迷惑な話で、気の小さい者は目を覚ましかねなかった。それでも毎回終わるときには、熱いものを胸に覚え、祈りながら落涙することもしばしばであった。要するに、聴いている連中の真剣さに打たれたのであろう。ことに朝晩の祈りに、聖書の解き明かしを求められると、どの聖句も、どの聖句も、みな献身の一点に集中して、新しく息づいているのを感じた。聖書も読みようだなあと、つくづく思った。

　朝晩の祈りは、まだ自由な形を取っていたと思う。讃美歌で始まって、聖書、祈禱、感話があったか、そして讃美歌、主の祈りぐらいのもの。それを、当番で割り当てられて、いいように司会していた。そういう場合、すぐにも困るのは聖書日課で、各自の思いつきではいかず、だからといって、書店あたりで入手できるものも間に合わず、ヘルンフート兄弟団の「ローズンゲン」を、抜き刷りして渡すことにした。これは、非常によくまとめられており、個人の黙想にも公同の礼拝にも学習にも、大いに役立った。それを掲載しているばかりに、雑誌「ディアコニ」も発行日を守らねばならず、それが分載を許されないと知ったとき、単行本としてでも出版せざるをえなくなったのである。一九五八年から、『日々の聖句』と題して。

雑誌「ディアコニ」の名前が出たついでに、その成り立ちについても、若干触れておかねばなるまい。「ディアコニ」第一号は、一九五四年六月一日の発行ということになっている。B6判で、左開き、横組み、本文二十四頁、アートの表紙に、それらしい写真などを入れて。発足したばかりの六人の奉仕女にとっては、いささか過ぎた贅沢ともいえよう。しかし、ぼくとしては、こうしないではいられないものがあった。毎号二万円の印刷費をかけても。

なぜか。「上富坂たより」とのつながりがその一つである。「上富坂たより」は、一九五四年三月十日、第九七号で終わった。あとを後任者に、と思ったが、借金がついている。予約購読者に前金を払い戻せば、それでお別れなのだが、その多くは、ぼくが上富坂にいるかいないかには関係のない、ラジオや講演の相談で知り合った人々である。なにも訣別する必要はない。上富坂にいなくなったぼくが「上富坂たより」を書くことはおかしいから、これを改題して続けるほうはないか。

もう一つの、さらに積極的な理由としては、「奉仕女のかげに祈る一〇人」である。この人々の体あたりの誠実には少なからず感激した。日ごとに祈り、祈られる者として何か交信が欲しい。ことに毎月、給料が入ると、手垢のつかぬ紙幣を入れて、励ましの手紙をくれる。これに答えるものがあらねばならぬ。それはもちろん黙って仕える奉仕の業、あるいは、そこを目がけて精進する日々であろう。けれども、そのことを本人たちに代わって伝えるものがあってもよい。一〇倍の友に、いちいち詳しい手紙を書いていることはできないから。

さらに、小なりとはいえ、この出来事を全国に伝えることが必要である。自分だけがまっしぐらに走れば、それでよいという昔の一騎討ち式な考えは、もう古い。何事も組織であり、宣伝であり、人との関係において、社会の中で行動しなければならない。生まれたばかりの、まだ幾人もいない、まだ何もしていないベテスダが一冊の機関誌をもつ必要はないといえば、それまでだが、宣教百年の日本に奉仕の道が開かれようとしているこの意義を、一つの思想戦として展開しなければならないときに、機関誌もなしに、どうする気か？

そして、これには大きな可能性がある。一人の献身者に一〇倍の支援者がついている。その支援者が、また一〇人の知人に、この雑誌を渡してくれると、それだけで一〇〇冊いる。そして、一〇人、二〇人、三〇人と、奉仕女が増えてゆけば、一〇〇〇冊、二〇〇〇冊、三〇〇〇冊と、この雑誌はとどまるところを知らない。

だから、決してみすぼらしいものであってはならない。どこの店頭にも並べられるようなもの。外見も、内容も。そこで良ければ、文明の批判から聖書学、典礼学の研究まで、堂々と論陣を張って、世に立ち向かう必要がある。たいへんな意気ごみで、まず第一回着衣式に間に合うように、しかもそこで聞いた説教がすぐ巻頭に活字となって見いだせるように、ハンナ姉にもエリザベト姉にも紙数を割り当て、その原稿も翻訳し、編集し、校正し、ひとりてんてこまいで、こしらえたものである。

ところが、その評判を聞くと、NHKの摩尼氏のように激賞してくれるのは稀れで、多くは贅沢だ、ワンマンだ、ほかの人にも書かせろと、ことに部内からその労苦と価値を認められなかったのには腐ってしまった。ベテスダというところでは、ぼくは入婿みたいなもので、上富坂ほどにも腕は振るえない、と。

でも、初期の「ディアコニ」誌を見ると、ぼくが奉仕女に何を期待していたか、よく表れていて、おもしろい。ことに、「生活訓練」というような、わずか一頁の文章が冴えている。あそこから、もう一度やり直したいと、だれしも思う。また、だれも代わってくれなかった「聖歌」という二頁も、骨は折れたが、効用の大きなものだった。新しい生活が始まったということは、新しい歌が望まれることだったから。ボロボロになるまでよく歌った。

ハンナ姉はよく「ミット・レーベン（共同生活）」という言葉を使った。初めは、それが何を意味するか、われわれにはよくわからなかった。人間が二十四時間いっしょに暮らしてみることが、どんなに大切なことか。「とにかくミット・レーベンしましょう。ミット・レーベンしなければ、ミット・レーベンはわかりません」と自信をもって言い放ったその意味が、一日一日鮮やかになってきた。週に一時間や二時間触れ合っていることなど、教育でも伝道でもありはしない、と。

彼女は、何一つ特別にすることをしなかった。これは、われわれの外国人観を完全に覆した。自分の食べたいときには、人にも食べさせた。人の食べるものは、自分も食べた。それぞれ育った環境が違うのだから、無謀なことはしないように、たびたび注意したが、聞かなかった。日本人にとって、これはうれしいことであり、また迷惑だったかもしれない。共同生活はいつしか国籍不明のミックス弁当になってしまったから。

〈ベテスダ〉と銘の入った大きなナイフとフォークでドイツ風な食事をしても、たまには米の飯が食べたかった。だれかが純和風で調えても、漬け物までは及ばなかった。木の碗にスープを盛って出すが、箸がなければ、フォークでその実を拾った。言葉までが下手な片言でないと通用しなくなった。日本人の姉妹をシュウェスター・○○と呼ぶこともあまり良い風習ではなかったが、やむを得なかった。シュウェスター・ハンナとかシュウェスター・エリザベトとか、姓を呼ばないのが一つの家族としての敬愛であるとすれば、そこへ加えられた日本人も、いきおいシュウェスター・ミチとかシュウェスター・トシと呼ばざるをえなかったのである。が、これを聞いて、人は排外感傷だと腐《くさ》した。

朝が早いということも、母の家の生活の一つの特徴であろう。全員が五時半にドラで起こされた。そして何よりも、まず黙想である。これが、各自どのように守られていたか、だれも知らない。めいめいの心のうちの秘められた事柄だから。しかし、禅の考案と同じように、その日の聖句が与えられているのであるから、それぞれに工夫をして、それぞれの受け取り方があったはずだが、概して無内容、しまいにはこの黙想さえも省略する者が多くなった。しかし、ハンナ姉のそれは、忠実で、深く消化されていた。一日の生活の中で、その日の聖句がよく消化されて表れるのを幾度か感じたし、朝の黙想の中で示されたことをメモに書いたり、相談に持って来たりしていた。手紙をもらっても、信仰と世俗とが全く分離していなかった。これは学ぶべき模範だった。

洗濯はふるっていた。みんな釜の中へ入れて煮てしまうのである。それを、どちらの国語でもない英語で「ボイルする」と言っていた。おかげで、洗濯日の次の日の庭いっぱいの干し物は白く輝いていた。掃除も徹底的なもので、木の床をソーダで洗ったりワックスをかけたりピカピカにしておかねば、気がすまないらしかった。工事が未完成で、便所が詰まってしまったことがあった。庭へ出て、マンホールを開けてみると、流れないで、いっぱいになっている。どうしようかとみんなで思案していると、彼女はやにわに腕まくりして、汚水の中に、手を突っ込んだ。これには大和撫子一同恐縮して、言葉も知らなかった。

とにかく向こうのやるとおり、いちおう従ってみようということで、そのころはそれだけやっていればよかった時代であるから、まったく純粋で、みんな感動していた。ただ、一つ不安を感じたのは、もうとっくに完成していなければならない建物がどういうわけか未完成のまま、工事は中止されていることであった。ハンナ姉は、どこからか金を見つけてきても、いちおう完成しなければならないと、力み返った。

夏が来ると、暑さを避けて軽井沢に暮らすということは、ドイツ人には欠くことのできないものと見え、愛の泉の別荘を使うことが許された。しかし、それもひとりで行こうとは言わなかった。そのために、四泊五日の修養会ということになった。「ベテスダの集い」と称して、二二名の若い女性が外からも加わった。いつも「母の家」でやっているとおり、その人々にもしてもらった。

「軽井沢へ近づくのが怖かった」とか、「みんな、奉仕女を志願する人ばかりに見え、逃げ出したかった」とか、ずいぶん堅くなったようだ。

ぼくは朝の礼拝兼聖書研究で、五人の預言者の召命について語った。ハンナ姉はそのあと一時間、奉仕女の本質と歴史について講じた。エリザベト姉は、ムッター・エヴァの話をした。ほかの姉妹たちは、ヨハネ伝一五章を四分して、毎晩の祈りを司った。が、皆、たいした出来栄えだった。何よりも楽しかったのは、夕暮れに外に出て、みんなで歌うことであった。ひと朝、未明に峠まで登って、日の出を見下ろしながら歌った「グロッサー・ゴッド（おおいなる神）」など、今も焼きついて、離れない。

集い果てて帰る路すがら、われわれは念願の子持山学園を訪問した。始まって二年しかたたないこの養護施設、まだ至るところにわれわれの助力を必要としていた。入館前のひとときを、そこで奉仕した記憶のある姉妹たちは、思い出も懐かしい顔々をそこに発見した。「だれちゃんが大きくなって」とか、「だれちゃん、まだ、お寝しょします」などと、話題も尽きなかった。子どもたちは、入れ替わり立ち替わり障子の向こうに現れて、神々しくなったセンセイをのぞきこんだ。

「そのうち、手伝いに来ます」と言うと、中沢園長は、「皆さんをお迎えできるような、そういう施設になることが私たちの望みです」とへりくだってみせた。

高崎の駅頭で列車を乗り換えるとき、向こうのプラットフォームに並んでいる六つの制服を見て、美しいなあと、ふと思った。そのころ、奉仕女の問い合わせや入館の希望は絶えなかった。

暑い東京へ帰って来ると、春から預かっていたヒロポン〔覚せい剤〕中毒患者が暴れて困ると、妻がこぼした。この男は刑余者で、家から家を脅しながらヒロポン代を稼いでいたが、ぼくのところへ来て、ようやく悪癖から救われたのである。もう職業につける日も遠くはあるまいと楽しみにしていたのだが、ぼくの留守を見て、銭湯に行くふりをして、ヒロポンを打った。すると、そのあとの禁断症状に耐えられなくて、乱暴するようになった。食事を運んで行ったところ、ドアを開けて受け取るなり、それを床にたたきつけたというのである。

こういうことが何か一つ起これば、すべての予定は狂ってしまう。ぼくは疲れた体をどっかと下ろし、言いたいことを聞いてやった。二週間目に、彼はやっと、「贅沢かもしれないが、自分から自由を奪ってほしい」と言った。ほうぼう手続きをして、ようやく彼を精神科の病院へ入れると、妻には休暇を出した。そこへ今度はブルンナーがやって来た。

何事だろうと思って、聞くと、夫人が病気になったという。それも、言葉の通じない米軍病院に入ったから、ドイツ人の奉仕女をつけてもらえまいかという。「相談してみましょう」と、加須へ飛んでエリザベト姉に話すと、彼女は二つ返事で、鞄を整えるなり、その日のうちに出勤した。これには一同舌を巻いた。奉仕女とはこういうものか、と。

ヒロポン中毒患者が元気になって、退院した。「どこかで働きたい」というから、子持山を紹介してやった。すると、身体に障がいのある者がやって来た。おとなしそうに見えるが、かなりすれっからしで、何をするかわからなかった。茂呂へ住みこませて、雑用に当たらせた。と、また玄関が鳴るから、物乞いの人かと出て行くと、三笠宮だった。そのころ、殿下は、油がのってきたのか、「オリエント学会」を創立して、会長になり、日本聖書学研究所の公開講座にも「パリサイの起源」について講演してくださった。だから、何だかんだと用をつくって、ぼくの家を急襲された。部屋が散らかっていて困るときなど、子どもが玄関で時を稼いだ。紅《こう》子《こ》など、風呂あがりの素裸で出て行って、「おじちゃん、だっこ!」と、殿下に抱きついた。大慈は、殿下にネクタイの結び方を習った。

やがて、奥へ通っていただいて、腕の折れた籐椅子にかけ、何かの出典について質問されると、乏しい蔵書を開いて、お答えした。せんべいを出すと、バリバリとおいしそうに召しあがって、「きょうは都電で来ました」などと意気揚々だった。お見送りすると、子どもらは四人並んで、「おじちゃん、また来てね」と。その目には、物乞いも宮様もなかった。

その年の誕生日は茂呂塾の査察だった。まだ慣れない大沼主任を教えるように、面倒な帳面を幾冊も幾冊もひっ繰り返した。一日ずらせて勤労感謝の日に、一家そろってベテスダに招かれた。子どもたちは電車に乗って、遠くへ行き、そこにある美しい、父の働き場所を見て喜んだ。「こんなおうちに、ぼくも住みたい」と大慈が言うと、「では、本当に加須へ引っ越して来ますか」とハンナ姉は真顔で聞いた。ぼくは危ないと思った。どこへ移るか、まだ行くあてのない時分のことである。

加須の入婿も、だんだん人に挨拶するようになり、頼まれて、そこの保育所で話したり、働き人にクリスマスの合唱を教えたり、しまいには教会で説教までさせてもらった。キュックリヒ女史の留守を預かっている岡安夫人が、ある日訪ねて来て、「乳児院の人手が足らなくて困る。だれかに助けてもらえまいか」と言った。無謀なことだとは思いつつも、課程中のミチ姉を送ることにした。一九人の乳児のうえに責任を取る看護婦として。それほど気を遣っていたのである。

診療所として建てられたものが、いつまでもその働きを始めずにいることも、われわれの憂いだった。その仕事はまったくハンナ姉に任せられていることだというから、医者を公募して、見つかれば始めるつもりだった。が、医者が見つからなかったのか、ほかの医者が来るはずだったのか、いつしか沙汰やみになった。

年が明けると、一九五五年一月七日、ぼくたちは教団に呼ばれた。そこはディアコニッセ研究委員会の最終の席で、この委員会を発展解消して、〈日本基督教団ディアコニッセ協会〉を作るから、協力せよ、とのことであった。浜松の聖隷保養園の中にも生まれていた浜松ディアコニッセの母の家と連携して、日本における奉仕女事業を推進してゆくためであった。丹羽巌総主事はきわめて積極的で、教団の診療所などでも、そういう働き人が欲しいのだと言っていた。小崎道雄が理事長になり、ぼくと西村一之が常任理事であったか……。しかし、何をするにも、うちに実力を蓄えることが第一だった。奉仕女を増やし、奉仕女をたくましく育てることである。

京都でも桂保育所の中江正治がこのことに着目して、自分が始めようとしている保母学校を奉仕女精神によって運営したいと言ってきた。招かれて、かの地を見、コロニーの夢などを夜遅くまで語った。が、とても東西の掛け持ちのできる体力ではなかった。

ハンナ姉と相談し、よく見てもらい、やはりぼくは茂呂へ引き上げることにした。そのころ加須は第二期の入館者で賑わっていた。第二期にベテスダに入った人は六人だった。一八人が申し込みをしたのに。

11　固き誓いも破れ

〈一九五五年〉

一九五五年三月二十九日、火曜日、長く住み慣れた上富坂をいよいよ去る日が来た。ぼくが辞表を出してから、まる一年、これ以上何が何でもためらうわけにはゆかなかった。「あんなのと、刺し違えることはないよ」とまで言われたその刺し違えが、刺し違えにもならず、ひとり尻尾を巻いて逃げ出すのである。ひょっとしたら、生涯ここで送るかもしれないと考えていたその上富坂を。

ときどき、あの場合、上富坂を飛び出していなかったら、今ごろどうしているだろうと思うことがある。ぼくのためにも、上富坂のためにも、実り多く、なめらかで、香しくさえあったかもしれない。しかしそのとき、あれ以来、歯ぎしり嚙んで取り組んだ、さらに重大な課題を取り上げ得ただろうか、それを成し遂げる力が出たであろうか、と尋ねると、やはりぼくは飛び出した勇気をうれしいと思う。

いや、あの場合、飛び出さざるをえなかったのである。ぼくがあのままいるということは不可能であった。ぼくがもしいたら、すべてはそのまま崩壊したであろう。ぼくがあそこで辞めたからこそ、幼稚園は継続された。宣教師は、ぼくが求めたより、はるかに多額の費用を建築に投じた。ぼくがあそこで辞めたからこそ、小学校は校地の拡張ができた。ぼくが勧めたよりさらに多くをゆずったのである。ぼくがあそこで辞めたからこそ、寄宿舎も復活したのである。それは今日もなお存在している。ぼくが辞めたことは、上富坂のためにも大きな利益であったと言わねばなるまい。

　引っ越しと決めておいた日は雨になった。けれどもハウスは、友人から借りた車で、壊れやすいものだけ運ぼうと言った。車の座席を傷つけるといけないと思ったが、幾回も幾回も、わけのわからぬガラクタや反古を積んで、往復してくれた。教会の青年たちも大勢手伝いに来て、つい感懐をもらした。しかし、上富坂に残って守ることが彼らの任務で、ついて出るなどということは、いっさい許されなかった。

　最後に、思い出の家を写真に撮りたいと思った。カメラはシュウェスター・エリザベトが貸してくれた。あちこちねらってはみたが、暗くて、良い画は一枚もできなかった。残して去るものといえば、子ども部屋の畳の焼け傷と水洗便所だけだった。前者は、大慈が紅子と留守番をして小火を起こし、もう少しで焼け死ぬところだった、その記念に――。後者は、秋の夜更け半狂乱で駆け込んで来た自殺未遂の女性の救われた感謝として――。

　茂呂へ帰って来ても、入る家はまだできていなかった。ちょうど二十年前、既成教会の不実に愛想をつかして、この地に逃げ込んだその時のトタン葺きはまだ建っていたが、共に移り住んだ祖母も妹もすでにおらず、母ひとり大沼一家と暮らしていた。その隣に、またも懲りもせず、月賦で造ったブロックの二階家は、五十日待たねば入れなかった。

八畳一間にわれわれ六人が入ることは不可能だったから、昼間は保育室にあてられているところを書斎とし寝室とした。荷物もあちこちに分散し、当分要らないものは、天井裏に隠した。とにかく思い浮かべるだに痛快な簡易生活が始まった。そこから、成子は一時間以上かかって、女子学院へ通い、祐子と大慈と紅子とは、みすぼらしい小学校へ入った。春子は、結婚したときと同じ、泣き出したいような台所を、今度は根気よく改造し始めた。ぼくは外を駆けずり回って、稼げるだけ稼がねばならなかった。

この混乱の初期に、同志社の神学生がぼくを訪ねて来た。通す所もないなかで、用件を聞くと、「神学校連合の修養会に発題講演をしてほしい。題は〈明日の講壇を担うもの〉だ」という。関西学院まで出向いて、さんざん悪たれをついたのを覚えている。「講壇がどんなお粗末か知らないが、そんなものを担っていたら、一時間ともつまい。それより、高い所から下りて来て、人々の苦しみを担いたまえ」と。この話は、その後、誤り伝えられ、ぼくは牧師を廃業したように解された。

事実、上富坂を去ってから、どこの礼拝にもしばらく顔を出さなかった。上富坂では、担任牧師にしておくと言ってくれたが、顔出しをすれば、根づくものも根づかぬだろうと、ぼくはまた、昔の児童団指導者に戻った。そこで、塩田善朗という医学生がひとり忠実に、ぼくを助けてくれた。『こども聖歌集』などを使って、珍しい児童礼拝を出現し、夏には奥多摩に天幕を張り、冬には美しい聖誕劇を編み、乏しいことなど何の苦にもならなかった。

この年の夏、悲しいことが二つ起こった。一つは、六月三十日の恩師チャールス・ローガンの死、もう一つは、七月十一日のエミール・ブルンナーの離日である。ローガンは、茂呂塾の歴史には忘れられない恩人である。彼は、ぼくがまだ無名の伝道者だったころ、わざわざ訪ねて来て、校舎を建てる金をくれた。人を見抜く眼をもった宣教師で、賀川豊彦の発掘者である。その伝道を助けるため、三度日本を訪れたが、帰米して死んだ。ブルンナーも、夫人の健康を慮り、ＩＣＵとの契約を縮めて、思うことを果たせず、寂しく船で発ったが、インド洋で脳出血に見舞われた。


茂呂から通う加須は、いっそう遠くなった。バスで池袋へ出、国電を赤羽で乗り換え、久喜で東武線に乗り継いでいると、連絡がうまくゆかず、いらいらした。二期の六人の教育も、なぜか快適でなかった。エリザベト姉の語学校が終わると、ハンナ姉は交替した。彼女はあと一年、語学校通いが残っていたのである。豊島区要町の借間で彼女はよく病気をした。ずっと遅くなって催されたベテスダの集いも、中座せざるをえないほどだった。何かがうまくいっていない、という印象を受けた。

キュックリヒ女史の帰日を待ちかねて、七月二十日にベテスダの理事会が発足した。下落合のメーヤー宅に集まって、一歳になったベテスダを監督しようというのである。

理事長、P・S・メーヤー理事、G・キュックリヒ、小崎道雄、賀川豊彦、榊原千代、池田春江という、錚々《そうそう》たる理解者が選ばれた。そして、晩秋に予定されたドイツ・ベテスダの奉仕女長エミリエ・シュワインスベルクの来日に備えたのであるが、その前に、ぼくは胃潰瘍が再発して動けなくなってしまった。

大沼和子の父の葬儀の翌日から床に就いた。北海道から出て来て、聖書学研究所によく顔を出した小田切信男博士に診てもらうと、切れと言う。いよいよ手術か、終戦の年から十年、よくもちこたえたものだと観念して、聖路加に入った。ところが、上中博士が開いてみて、取る必要はないと言う。まるでチャックか何かのように、人の腹を開けたり閉めたり。それでも開腹手術である。試みにカラーでスライドを撮っておいてもらう。

十日で退院して来たが、その翌日から飛び歩くわけにもいかない。ところが、ハンナ姉はまだかまだかと催促する。それもそのはず、十一月五日にはドイツの奉仕女長が横浜に着き、加須の一室に泊まって、観迎会だ、講演だと連れ歩かなければならない。そのとき、こちらの館長がいなくては困るのであろう。しかし、そうはいっても、旅行の許しは出ない。とうとう妻は怒り出した。「あの人たちは、あなたを殺す気?」と。

そこへ奉仕女長が自ら乗り込んで来た。翌朝九時の〈つばめ〉に乗ってくれるかと言う。医師を欺き、妻には「知りませんよ」と捨て台詞されながら、大阪の毎日講堂、京都のＹＭＣＡ、神戸の社会会館と、人の話の通訳に立つ。が、とても全部は務まらず、途中で別れて、ひとり帰って来た。

エミリエ・シュワインスベルクという人は、なるほど女丈夫で、こういう人が先に立てば、七〇〇人の奉仕女が喜んで従うはずだ、と思うような英知と品格を備えていた。彼女の誕生日に、妻を連れて挨拶に行ったときも、降誕祭の後、一家で加須へ招かれたときも、この人と取り交わした会話には、印象深いものがあった。

彼女はぼくを日本の館長として尊敬し、食卓に着いたときなども、ぼくに上座をゆずった。ぼくは固辞して受けなかったが、「ドイツでは牧師を尊敬する」と言い張った。彼女は日本を愛した。その風光とか、その気候のゆえにではなく、日本人の気概を愛《め》でた。ドイツの奉仕女事業をそのまま日本にもってくることではなく、日本に独自なものが生まれることを望み、それを信じてくれた。したがって、「奉仕女のかげに祈る一〇人」の制度などは、言葉を極めて激賞した。

「将来は何をする気か?」という彼女の問いに答えたわれわれの夢に対する反応は、ことにおもしろかった。ただ、売春婦のことにふれると、「それは、やめたほうがいい」と、首を縦に振らなかった。理由は、非常に困難で、ドイツでも成功しないということである。そう言われると、かえってやってみたい気がわれわれの側には高まっていった。

新年になって、松本へ行く予定が立ててあった。が、その前日、ぼくは吐血し、講演は中止された。銀座教会で奉仕女のかげに祈る姉妹たちを集めたときにも、ぼくは出て行けなかった。癌研究所へ通う合間を見て、メーヤー宅の理事会には顔を出した。そこで決まった方針は、ベテスダ奉仕女母の家東京本館建設であった。二月三日、エミリエ姉は羽田からアメリカへ飛んだ。その最後の日に、わざわざ茂呂を通り、建設候補地を眺めて行った。ぼくは羽田までは行けず、茂呂で別れた。

「日本の奉仕女が守られ、導かれるように。十分な健康が与えられるように」

これが、彼女の最後の言葉であった。

エミリエ姉を送った後のベテスダは、急に忙しくなった。加須を年内に立ち退いて、茂呂に移ることの公表。小崎理事の茂呂視察。東京本館建設の予算案作成。理事会また理事会……で、まとまった規模は一五〇〇万円。それを、メーヤー理事長がアメリカのEUBから九〇〇万円、あとは日本とドイツで手分けして募金ということ。それで東京都内に、一〇〇坪の土地を買い、一〇〇坪の建物を建てる。そこから始めましょう、と。一同うなぎでも食べて、ごきげんである。ぼくとハンナ姉は職責上この会合に出席して、ハイハイと事務を処理してゆく。

東京に「母の家」ができるということで悲しいわけはないから、一一人の奉仕女は、ない知恵を絞って、親戚知友を説き回り、募金に励んだ。しかし、思ったほど、人は「母の家」の必要性を認めてくれなかった。まず奉仕女というものが、さっぱり知られていない。「その奉仕女を育て、送り出し、かばうところだ」と言ってみても、「そんなもの要らないでしょう」という始末。ことに、物知り顔の神学生から、「奉仕女が自分の住む家のために募金に歩くようになったら、もうおしまいだ」と酷評されたり、ある教区の牧師会で、この募金には応じないことと決議されたりすると、弱い女性の心は乱れた。それでも、感謝すべき味方も涙ぐましい協力もけっこうあって、国内だけで半年のうちに二〇〇万円を超えた。

候補地は、初めは茂呂と決まっていた。理事のうち、茂呂を知っている人はだれもいなかったが、ぼくが恐る恐る申し出ると、ハンナ姉が強く推した。茂呂はそのころ緑地に指定されていて、都有地も相当あった。将来いくつかの道路が予定されているし、都心にも一〇キロ足らずである。一坪八〇〇〇円出せば、民有地でも好きなところを好きなだけ買えた。

しかし理事会に出すと、それは高いと否決された。ぼくも、事が茂呂に関するかぎり、それ以上は押しかねた。そして、もっと安い土地を求めて、西へ西へと移った。大泉学園のはずれの、リスでも現れそうな赤松林を見つけたときには、ほっとした。そこならば、坪二〇〇〇円でよいと聞いていたからである。一〇〇坪などと言わずに、一〇〇〇坪買うことにした。が、契約するころには、また五〇〇円値上がりしていた。

土地を買うにしても、ベテスダが法人でないことは不利であった。どうしたら法人になれるのか、△△法人になればよいのか、議論百出した。宿題にして、調べさせられたが、「奉仕女母の家」を法人にする法律は日本にはなかった。すると賀川理事が、それは社会福祉法人だと断言した。定款と財産目録をそろえて出せばよい、と教えてくださった。都庁へ行って相談してみたが、まだ社会福祉事業をしていない社会福祉法人というものは考えられない、と断られた。ぼくの頭にふと浮かんだのは、茂呂塾保育園を法人にすることはできないかということであった。土地は借地だが、建物は七〇坪近くある。実績も一九三五年以来で、板橋区でも古いことでは二、三番目であろう。

ぼくは母と相談して、この古ぼけたものでもよければ……と申し出た。母は、いささか愛惜を覚えていたらしいが、さりとて、これをもう背負ってゆける歳でもない。神の名によっていただいたものは、きれいに神の名によって差し出し、この芥子粒ほどのものに「ベテスダ奉仕女母の家」という名称を冠することにした。「いいんですか、もう戻りませんよ」と、役人は念を押した。ぼくは、そんなことよりも、これで法人格が得られることがうれしかった。

初め、「奉仕女のかげに祈る一〇人」はその奉仕女の誕生日に集うことになっていた。しかし、奉仕女の数が一〇人にもなると、なかなかそれはうまくゆかなかった。第一、人間が生まれた日、それが人々に集まりよい日とは決まらない。第二に、だんだん奉仕女が増えたら、一年中、誕生日ばかりして働く時がなくなってしまう。これは全体を一つにまとめて、一回だけ大々的にやったほうが、すべてにおいて有益である、と考えるようになった。そこで、早くからそのことを友に伝えて、この年から、毎年九月二十三日の秋分の日に集まることにした。その日を名づけて、「ベテスダの日」と呼ぶことにした。

もう一つ、そのころから、長ったらしい「奉仕女のかげに祈る一〇人」という言い方をやめて「祈りの友」と言うようになった。ぼくは命名者として、第一世紀のキリスト者が初めは使徒と呼ばずに「十二人」、執事と呼ばずに「七人」と言ったその故事に倣いたかったのだが、そんなディレッタンティズムなどどうでもよいと、一人の奉仕女がさっさと「祈りの友」にしてしまった。「その呼称はよそで使っている」と注意したが、それを意識的にもってきたいらしいので、ぼくは黙した。とにかく、「祈りの友」のほうが便利である。

さて、初めての年の「祈りの友」の集う日は、秋分の日が日曜日と重なって、牧師たちにはありがたくなかった。そこで、希望によって土曜日に日延べし、九月二十九日になった。多くの人が東京で、加須まで出向くことはたいへんなので、銀座教会を借りて、午後二時から礼拝を共にし、群れ群れで語り合う予定が立った。説教は、ドイツを旅して、カイザースウェァトを訪れた小原妙子牧師にお願いすることにした。そのほか、榊原千代姉と副島ハマ姉の講演、池田春江姉のピアノ演奏など、粒よりのプログラムができた。

その朝、急にメーヤー理事長が大泉を見ると行ってきたので、目白まで出向いて、いっしょに車で現地を案内した。一日置いて、十月一日、理事会は召集され、母の家の建設候補地は決定された。一日おいて、三日、持ち主が返事を聞きに茂呂へ来た。急いで調査・測量し、書類をそろえ、十一月十二日、もう一度、理事会を開いて念を押し、その午後、できたばかりの法人名義で売買契約を取り交わし、手付け金を打った。そしてEUBからの入金を待ったが、あきれたことにその金が来ないということを知った。

メーヤーというような、在日宣教師団の委員長をしているような人に、この見違いがあろうとは想像だにもできないことであった。ただ、ミッションはわかってくれないと言ったきり、頭を抱えてしまった彼を、それ以上責める気にもなれない。察するに、思いもかけぬところから邪魔が入ったものであろう。在日四十八年、思うように母国から金を引いて、教会や幼稚園や学校や施設をつくってきたその油断があったのだろうか。海の外から、莫大な金を取り寄せてやるという口約束だけで有頂天になり、飛び回っていた自分が、愚かでしようがない……。

しからば、ここでどうすればよいのか。理事会に問うが、答えがない。教団を訪ねたが、ないと言う。手付け金を流して、契約を破棄すれば、天下に顔向けができない。尊い貧者の一燈を積み上げたものをすべて烏有に帰することは、どうしてもしのびない。万策を尽くしたが、そのころのぼくには、知恵も力も寄る辺もなかった。

そのとき、一人の奉仕女の父親が急死した。家を捨てて献身した者であるだけに、奉仕女は父母の死を深く悼む。われわれはその葬儀に列し、生花を備えた。すると、一週間後にその奉仕女が思いがけない遺産の寄付を申し出た。その金を握って、契約ぎりぎりの日に、ハンナ姉とぼくは売り主を訪れた。こうして、大泉学園町五二一、五二二、五二三、五二四番の一〇四一坪の土地は、一九五七年二月二日、ついにわれわれのものとなったのである。

土地は、かろうじて手に入った。しかし、建物を建てることなど思いもよらない。このまま、いつまでも人々の期待をつないでおくことはもうできない。土に額をつけ、灰を被って、潔く天下に謝し、募金は停止し、加須明け渡しの約束を履行しなければならぬ。事情を話して、もう一年という説もあったが、あてもないゆえ、思いきって茂呂塾へ潜り込むことにした。

建って二年とでない、未完成だらけ、月賦支払い中のブロック二〇坪を、ぼくたち一家は明け渡した。木造トタン葺き一五坪を、母と大沼一家は立ち退いた。そして、そこへベテスダの十二人が移った。それはまるで手品のような芸当だった。個室を与えられたものは、ドイツ人二人とミチ姉だけ。それも畳三枚分、ベッド一つ入れれば、身動きできない部屋。あとは、それぞれ保育室の机を集めて、そこに夜を過ごす流浪の民。ひとたび病人が出れば、個室の人が追い出されねばならない、雨にも、風にも、まことに不自由な生活が始まった。それでも、第四期の三人が入館して来たのである。

「まあ、いいだろう。ぼくのしてきた苦労だ」と笑い飛ばしたが、静かになると、笑っていられない経済的な不安がぼくの心臓を蝕んだ。

こうしておいて、ハンナ姉はドイツへ帰った。五年に一年の休暇を取るためである。夏の暑い日に、横浜の高島桟橋から貨物船に乗って。船は夜半に出帆するということで、送って行ったベテスダの総勢が、歌をうたいながら引き上げて来た。

主よ　われら立つ　手に手をとりて
みむねにこたえ　あめつちともに
いなづまはしり　あめつちさけど
かたきちかいに　みはたをあおぐ

彼女は手すりに寄って、見えなくなるまで手を振っていた。黄色いペンキの色に白い制服が浮き出して、夕陽に映え、美しかった。

途中、二、三回、寄港先から絵葉書が来た。ドイツへ帰ってからも、向こうの指導者に報告をすませた。借金は払ってもらえるなどの通信を寄せた。しかし、それっきり何の音沙汰もなくなり、ぼくの誕生日に届いたものは退官の知らせであった。

事の重大さに驚いて、キュックリヒ理事がすぐに飛んで来た。エリザベト姉を交えて協議したが、打つ手はなく、真相もわからなかった。ぼくを奉仕女事業に引きずり込んだハンナ・レーヘフェルトは永遠に消えた。ミッションの了解も取らずに、勝手に独走し、ついには任地を飛び出した悪い宣教師という汚名だけが永遠に残った。

12 白い奴隷

〈一九五六年〉

一年間、奉仕基礎課程を終えた奉仕女をどうするか、早くから問題であった。ドイツであると、半年、基礎をやって、あと三年、看護を学ぶ。われわれもそのとおりにやるつもりであったが、聖路加は天羽道子だけで結構だと言った。そうだろう、わざわざただに近い条件で、看護学校を経営する目的は、その卒業生を病院で使いたいからで、卒業するとそのまま、よその目的に仕える、そんな奉仕は、する気がなかったからであろう。第二、第三と志願者があらわれたときに頼んでみたが、断られた。

そこで、ふと考えたことは、いったい奉仕女になるために、皆が皆、看護婦の資格をもたねばならぬのかどうか、ということであった。ある者は栄養士であり、ある者は保母〔保育士〕、そのままで十分ではないかということである。ということは、必然的に奉仕女事業イコール大病院経営というドイツの方式を覆すことになる。なるほど、百二十年前のドイツの状態では、病人が最も見捨てられていたであろう。そのころは病院というものがほとんどなく、こんにちの看護婦制度も、赤十字運動も、みな「母の家」から誕生したようなものである。しかし、その方式を、百二十年後の日本で、どこまで踏襲する必要があるかというと、ほとんどない。

むしろ、奉仕女に、みんな看護婦の資格を取らせたら、その資格に振り回されて、自由に必要なところで仕えることができなくなるのではあるまいか。ただでさえ病院の看護婦は足らないのである。看護婦になるために一生献身しなければならないことは少しもない。

エミリエ姉と話していて、おもしろかったのはそこのところである。若い二人のドイツ人姉妹は、ただ「ドイツではこうです」と言うだけで、日本でどうなるか見当もつかなかった。しかし、さすがは奉仕女長である。非常に柔軟な考えをもって、日本の奉仕女の将来を見守ることができた。彼女は、ドイツの奉仕女事業が大病院経営に終わってしまって、今や奉仕女は病院と心中していることを知りすぎるほど知っていたのである。

彼女は、ゲマインデ・シュウェスター（教会付奉仕女）の出であるからか、奉仕女が単独で教会区に働く重要さを力説した。これは初代教会的であり、聞くだにおもしろそうだった。ただ日本で、いくつの教会にそれだけの経済力があるのか。ぜひそういう形で自由に生きた社会と接しつつ、必要なことを必要な期間だけ奉仕できるようになってみたい、と思った。

奉仕女に対する需要は早くから限りなくあった。まだ第一期の基礎課程のさなかで、第一号の志願者に出動を命じたことは明らかに誤りであった。第一期が終了したとき、第二号志願者はさっそく第二期入館者六名の指導役に必要となった。第三号はかなり疑問視され、茂呂へお預けとなった。第四号は、開かれる診療所に予定しておいたが、いつしか診療所の話は消えてしまった。そこへ、母教会と「祈りの友」から切なる懇望が届いた。これが実現していると、東京の工場街で貧しい世帯を見回る教会派遣の奉仕女ができたはずであるが、おかしな理由で断らねばならなかった。その理由をいま公表することはできない。

このことを苦にしたか、彼女は生涯を売春婦の更生にささげたいと、ひそかに申し出た。取り留めもないことのように受け取れたが、そこには大きな時代の胎動があったのである。その年早くエミリエ姉の前で夢のように語ったことも、もしもわれわれに、最も欲しないことをせよとならば、日本の売春婦の救済であったし、実際、その年の五月には売春防止法が衆参両院を通過したのである。

第二期の奉仕基礎課程は、ぼくの病気などで五月まで延びた。この六人をどこに派遣すべきか、なかなか決まらなかった。しかし、ちょうど本館建設の募金が始まったときで、趣意書をつくったり、送ったり、歩いたり、募金することに忙しかった。そのうち、あちこちの牧師から要請があり、信徒の家庭における重病人看護の任務に、一人送られ、二人送られ、またその交替も用意しなければならなかった。

それと前後して、ある知的障がい者の施設から要請があった。ハンナ姉と二人、訪ねあてた片田舎の古い農家と、その傍らに建てられた木造の洋館とには、ぎっしりと大人や子どもが詰まっていた。施設長夫妻は立派な信仰をもち、自分自身の体験に基づいて、精神障がい者や知的障がい者と、拘束されない自由な生活の中で信頼の関係を築いていた。しかし、なんとしても、助け手なくしては悲惨であった。二人の奉仕女を住み込ませたのは、それから三十日後であった。二人はよく祈り、よく仕えた。われわれも毎月そこを訪問した。彼女らも、休みには母の家へ帰った。氷の張る冬の日も未明に起きて、子どもたちの汚したものを洗った。びしょびしょに濡れて、何人もの入浴を手伝い、夜も遅くまで繕いものをした。降誕祭には、オルガン一台を携え、ベテスダ総勢が繰り込んで、会食もした。貧しければ貧しいだけ、与える喜びは大きかった。だれも、そこで仕えることの意義を疑う者はなかった。ところが、年度はじめの交替を発表すると、施設長は腹を立てて、「出て行け」と言った。彼の短気は有名であったが、さらに根本的な理由は、この二人を養女にするつもりでいたのである。奉仕女はどこへ行っても、力いっぱいの笑顔をした。そのために、評判は良く、べたぼめだった。しかし、評判が良すぎて困ることがあることを、われわれは知らなかったのである。

たとえキリスト者の施設であっても、そこの奉仕女が一職員として雇われてゆくことは、さして簡単なことではない。奉仕女には奉仕女の生活形態がある。それが施設に入って全うされるかどうか、疑問である。彼女は、良い奉仕女で悪い職員となるか、悪い奉仕女で良い職員となるか、いずれかを選出せねばならなくなる。奉仕女の本質をよく理解して、それを損わないように使ってくれる施設長があればよいのだが、施設では施設の都合というものが優先する。奉仕女は、いつしか制服をつけている意味を見失ってしまう。

奉仕女事業はキリスト教社会事業の修正ではない。本来の社会事業のあり方を根本から覆すものをもっている。それが良いか悪いか、それぞれに議論はあろう。しかし、社会事業で事足りているのなら、奉仕女の献身は必要なかったのである。したがって、奉仕女を入れるということは、多かれ少なかれ奉仕女の方式を採り入れるということである。ただ、唯々諾々としている安い労力として彼女たちを利用することは許されない。彼女たちはなるほど奉仕する。しかし、それはありきたりの社会事業エゴイズムにではなく、天地の造り主なる神に、そしてその所造である尊い人間に、である。直截にいえば、経理から、人事から運営のすべてに至るまで、やがてベテスダ風に合理化されるのが恐ろしければ、奉仕女など要請しないことである。

奉仕女と手をつなぐ者が奉仕女から利益を求めようとすることは、とんでもない間違いである。「祈りの友」や多くの寄付者のように、奉仕女たちの献身の上に、さらに一つを加えるのでなければいけない。奉仕女が最も警戒することは、これである。自分たちの、一つしかない一生がまったくささげられて、それにふさわしいことに用いられているかどうかということ。もし奉仕女の献身がなんらかの怠慢に利用されるならば、彼女たちはただちに「否」と言う。ここは利用し合う営利の団体ではなく、仕え合う犠牲共同体だからである。

一人の姉妹の告白を聞いて以来、ぼくの脳裡に次第に凝集していったもの、それは「売春婦」であった。牧師をしていると、貧困の問題と不道徳の問題とに直面する。前者は、だれにでもわかる。また、ある意味でその解決も容易である。しかし後者は、それがなぜ悪いか、なかなかわかってもらえない。そして、その解決は容易ではない。ディアコニアというからには、そういう形而上学的な救済を取り上げるべきではなかろうか。

しかし、牧師と奉仕女にそれがやれるかという声はきわめて強かった。ぼくも、何の経験もなく、何の自信もないのである。ましてや、結婚の経験すらない奉仕女にそれ以上の何を求めえよう。では、不可能かというと、そうではない。われわれといえども、不可能とは決まらない。否、われわれなるがゆえに可能であるといえるものがあるかもしれない。清らかなものが清らかであるがゆえに、かえって乱れを清めうるとしたら、それこそ本当の愛ではなかろうか。

イエスはどのようにして、税吏、罪人、遊女を救済したか。それは、彼の豊かな経験に基づいてか。そうではない。イエスは税吏をしたこともなく、罪人でもなく、遊女ではもとよりあり得なかった。その経験がなかったにもかかわらず、遊女を救い得た。いや、その経験がなかったがゆえにではなかろうか。その場合、豊かな経験よりさらに上位に置かれるべき不可欠なものは何か。愛である。愛とは、異物を、異物と知りながら、そのまま受け入れる心である。それさえあれば、経験はなくてもできる。それがなければ、経験などいくらあってもできない。

そして、福音書を開いて、イエスと税吏、イエスと罪人、イエスと遊女、その関わり合いを熱心に読んだ。ことにマタイの召命や罪人たちとの共食は素晴らしかった。が、決定的にぼくをとらえてしまったのは、ルカ福音書に出てくる〈罪の女〉、その更生した姿。マグダラのマリヤである。聖書のすべてが失われても、この一片が残れば、それで十分と思うほどに……。

長い牧会の労苦の中から、ことに戦後の日本の現実に対して、これではいけないと抵抗してきたこと、それも要するに、この一点、売春に絞られるのではないか。日本が世界一の売春国であるということも、少しも偶然の現象ではない。「神代以来オンナならでは夜の明けぬ国」と言う『源氏物語』や西鶴がその文学の至宝であり、神社仏閣の門前に遊廓ができる、この国。そこへ仏教が押し寄せようが、儒教が入ろうが、倫理の成り立つ余地のない自然主義。これを最終的に爆破するものはキリスト教ではなかろうか。

いくら蒔いても、日本という泥濘《ぬかるみ》では福音の花は咲かないという。その土壌を改良するために、明治初年から教界〔編者注＝キリスト教世界の意〕の先覚たちは廃娼運動と取り組んだ。そして幾十年かの戦いの末、ようやく売春防止法が国会を通過したという。それを、もの好きな人もあったものだと、ただ眺めていていいのだろうか。「ザル法だ」と言って、一般人とともに嘲笑しながら。

日本に生まれた奉仕女ということは、日本独自の問題を奉仕女独自の方法が解決するということでなければならない。日本独自の問題といえば、売春ほど大きなものはない。しかも、日本人自ら、それに気づかないそれほど大きいのである。気づいたところで、どうすることもできない。それを否定する倫理が日本にはないのである。存在するものはすべて神々であって、その外に、これをかくあらしめた絶対理性が存在しないからである。教会こそこれを否定すべきである。しかし教会は、おのが清さに誇り、この大いなる汚れに目もくれようとしない。

奉仕女は、ほかの人でもできる仕事の中に、割って入ってはならない。人の持ちたがる荷を取ってはならない。だれも行かないところへ行き、皆が置いていった重荷を担うべきである。たとえそれが成功しなくても、それは奉仕女の責めではない。が、もし最低のものが最低であるがゆえに見落とされたら、それは奉仕女の責めである。

「いと小さきもののひとりに、なさざりしはわれになさざりしなり」(マタイ福音書二五章四五節、文語訳参照)

そんなことをぼんやり考えていた、とある夏の一日、ぼくは新聞紙上に、久布白オチミ女史の名を発見した。彼女が五十年の戦いを終え、五十日の旅をしてきたというのである。売春防止のためにささげられた半世紀のいのち、売春防止のために視察して回った全地の広がり……これはおもしろそうだと即座に面会を申し込んだ。

「帰国そうそうで、報告書を書いているところだが、まあ会おう」ということで、大久保の矯風会館に訪ねた。一九五六年八月二十五日のことである。

女子学院の講演で、いつか相客になったことがあるから、その顔は知っていた。小柄な、腰の曲がった、ソバカスだらけのおばあさんである。重い上靴をガタガタさせながら階段を降りて来た。専任の職員の執務している傍らで、椅子をすすめられた。耳が遠いのか、人をばかにしているのか、こちらが三度尋ねても、一度ぐらいしか返事をしない。聞きたいのは、売春事情、その対策、その実際、ことに売春婦の更生なのだが、そんなことは飽きたのか、ほかのことばかり言う。それは、奉仕女とは何か、ベテスダとは何か、など。今度は、こちらが答える。

いきおい熱が入る。

すると彼女は、「ドイツでディアコニッセというのは見てきた。何万人といて、整然とやっている。その家に泊めてもらった。が、それが日本にもできたの？」と信用しない。ぼくはつい強気を出して、大見得を切る。ドイツにはない「祈りの友」のこと、少数だが、献身に燃えて、最も低いところへ突入したい。すると彼女は、はたにいる職員たちを顧みて、大声で笑った。

「そのほうがなんぼいいかしれない、ねえ。お嫁に行って、へたな旦那さんやお姑さんに苦労するより、初めからお嫁に行かないと決めて、あと食うことも着ることも心配せずに働けたら」と感心すると、黙ってしまった。

ぼくは奉仕女を一人派遣するから、お宅の施設で見習いをさせてもらえまいか、おずおず申し出た。が、それには、あまり良い返事をしなかった。われわれを信じきれなかったのか、それとも、だれかと相談しなければならなかったのか。とにかくえらいおばあさんもいるものだと、ぼくはますます小さくなって、辞去した。ただ一つ、これはわれわれがやらねばならぬ、という確信だけはいっそうはっきりして。

彼女の帰国報告会が開かれると聞いて、奉仕女を二名ばかり聞きに出した。思ったとおり、感動して帰って来た。だが、感動ばかりしてもいられない。どこから、どうして道をつけるか。あまり楽観はできない。そこへ慈愛寮長が突然訪ねて来た。茂呂のひどいゴタゴタの中へ、雨降る日に。そして、先日は欠員がないと断ったが、伝染病が発生し、手が足らなくなった。ぜひ看護婦の心得のある者をよこしてもらいたいという。待ってましたとばかり飛び出したのが、ルツ姉。しかも、全くの無給という約束で、今度こそ一年ということをはっきりうたって。

この奉仕女が十年以上経った婦人保護施設をどう感じたか、彼女の手記から、少し引いてみよう――

×月×日、ハンナ姉に送られて、茂呂の家を出る。途中、バスの中でも、「力を与えたまえ」と祈るのみ。

夕方までは、外に働きに行っている人々が多いから、午後一時出勤という約束だったが、少し早く着く。

さっそく寮長から、保健所に同行することを命ぜられる。Mさんは足掛け二年ここにおり、二か月前に婦人科を切除したとか。歩行も不自由そう。

帰って、封筒貼りの内職をしている人々の中に入る。みな思ったよりおとなしく、落ち着いていて、私が手伝うと、恐縮している。

夕食の時、一同に紹介された。食後の片づけを手伝ったが、何か話したそうにして、寄って来る。

洋裁をしているIさんのそばへ行って、スナップをつける。この人は、立て続けに、自分の来歴を話しまくる。「あたいが、ここで、いちばん、あらっぽいの。外国人相手の商売をしていたから。でも顔はまずいし、いつまでもやっていられないから、足を洗って、立川の救世軍から市ヶ谷に回され、ここに来たの」と。早く両親と死別し、結婚までしたが、別れて、横須賀のキャバレーでずいぶんひどい働き方をさせられた人だ。見かけによらず器用で、よく針を使う。ピンポンをいっしょにした二人の人の名前をまだ覚えていない。少し知的な障がいがあるよう。私が来たからか、みなよく讃美歌を歌う。かと思うと、流行歌に変わってしまう。

×月×日、やっとここの生活にも慣れた。先週は、夜、聖書を開いても、字が読めなかった。

ピンポンの好きなYさん（二十歳）

「家があったらなあ」

外地生まれの、足の悪いF。

「なに言ってんだい。今ごろ愚痴言うな、あほう」

口をはさんでA。

「家があったら、どうする？」

A。

「帰るよ！」

皆、何か温かいものに飢えている。彼女たちが落ちたのは、だれの責任だろうか？

×月×日、0時半からの「売春防止完全実施国民大会」で駿河台へ。ほとんど満員。山室民子氏の開会の辞、福田勝氏の経過報告、久布白オチミ氏の挨拶、滝野セシ氏の祝辞など実に立派。いかにも政治家らしい藤原道子氏は、「ここまで、よく戦ってくださいました。しかし、この法律に反対して、白昼堂々と大会を開いている自民党代議士のいることをお忘れなく……」

山下春江厚生省政務次官は、数字に触れて、「全国に施設が現在一七、定員七〇〇名、年間取り扱い延べ人員一六、一四〇名。そのうち一七パーセントが更生している」と。

菅原通済氏や神崎清氏のような男性も大いに弁じていたが、何かというと某省次官は完全に吊るし上げられ、赤面していた。

私たちの世代のキリスト者女性の責務を痛感する。

×月×日、昨夜、Aさん新入。先生に向かって、「漬け物、持って来い」、「何々しろ」と、言葉も荒い。部屋に連れて行って、寝るように勧めると、「なんだひとりで寝るのか？」と言ったので、みんなどっと笑う。今朝の礼拝はどんなことになるのかと、一種の期待を寄せられていたが、変な顔をしてチロチロ横見をしていただけ。「ちょっと」と言って外出したが、夜まで帰らない。「ここにご縁がないのでしょう」と、T先生。

強制的に収容された者には、心から更生しようという意欲がない。

×月×日、観察官に連れられ、Bさん入寮。新宿の特飲街にいたものを、東大の学生が身請けしたのだという。親から月々仕送りを受けながら、そんなところへ出入りする学生がいるのである。

週刊誌を見ると、法務大臣が芸者を礼賛している。一方では、売春が取り締まられ、一方では売春が賛美されているというのは、どういうことだろう。

×月×日、内村祐之著『天才と狂人』を読む。父、鑑三氏が明治十七年渡米、ペンシルベニアの知的障がい者施設で、四年間働かれたときの手記が引用されている。「彼等の無智なるは、彼等をして、親切に対し無覚ならしむるなり。吾人ひとたび彼等の依り頼むところとならんか。彼等に勝りて愛すべきものを余は未だ知らず」とある。

ここの姉妹たちの指導も同じことだと思う。

×月×日、婦人相談所から電話で東大病院の清掃係が入り用とのことで、Yさんはどうだろうということになる。本人、ひとりはしゃいで、しゃべる。「ここの生活、初めは勤まるかなあと心配だった。どんな人でも、ああいう商売、喜んでする人はいない。平気とか好きというのは見栄にすぎない。何がつらいって、飢えほどつらいものはない。私は、パン一片のために上野で身を売って、それからヤケになり、ばくちや麻雀で金を使い、何一つ身につかなかった。やっぱり労働して、お金もうけるのが一番うれしい……。」

×月×日、祭日なので、お許しをいただいて、Sさんと散歩する。やっと病院へ通いたがらない理由がつかめた。彼女の言うところによると、医師が彼女の美しさに目をつけて、個人的に面倒を見ようというからだという。そういえば、どこか魅惑的なところがある。両親もちゃんとしており、高等女学校も出て、タイピストをしていたという。

某県の婦人相談所の主事は、相談所に来る女性にたいへん親切だが、映画に誘ったり、食事を共にしたり、彼女たちは夜を共にすることさえある、という。

……彼女たちは一刻もはやく就職しようと、あせる。もっと施設に産業が併設されねばならない。多くの者は職安へ行くが、先日も係員に、「赤線なら世話してあげよう」と言われ、おびえあがった人もある。

×月×日、「ケ、セ、ラ、セ、ラ」という歌をよく聞く。「何のこと?」と聞いたら、「なるようになる」という意味と答えた。この頽廃的な気持ちがこの無邪気な人々を、立ち戻れぬ深みに沈めてしまうのだ。

もっと教会も目を開いて、適切な手を打たねばと思う。

13 暗きは過ぎたり

〈一九五七年〉

そのころ、ぼくは茂呂塾にいなかった。ちょっと離れた同じ茂呂町の一二〇番地に、たった一〇坪の家を借りて、そこに住んでいた。一九五七年三月、加須から移って来るベテスダの総勢のために、大沼三人も深津七人も外に住居を求めたことは、すでに述べたところである。この新しい持ち主による急な追い立てを、われわれは別に不満にも思わなかった。というのは、茂呂塾における窮屈から比べれば、一〇坪でも独立した家屋に一家がまとまれることは、救いだったからである。昔の茂呂塾の塾生で、そのころ町内会長や区会議員をしていた大野喜久男の貸家に入ったのである。というより、半年前に竣工したばかりのところを借りて入っていたハンナ姉たちと入れ代わったのである。

とにかく極度に小さく作った住宅で、玄関を開けると、すぐ便所、その奥が台所と湯殿。部屋は、六畳、四畳半、応接間と三間あったが、畳の数は一〇枚半。そこへ七人の人間が入ることはやはり難しかったので、母のために一間、造り足してもらった。

そこで長々と八年間も暮らしたのだから、育ちざかりの四児に楽しい思い出を備え、人生を閉じる老人に十分なことをしてやればよかったのだが、まるでメチャクチャだった。この家に移ったその日から、子どもは病気になるし、母は手がかかるようになった。そのうえ、ぼくは毎朝、ベテスダへ飛んで行って、六時の礼拝をつかさどらねばならず、子どもは年中、父のいない朝を寂しく食事して、出かけるだけであった。

でも、この家にもよく客が来た。もう宮様は来なくなったが、物乞いのほうは相変わらず来た。しつっこく回り回って訪ねて来る者を門前払いにもできなかった。が、さすがに泊める場所はなく、謝って帰ってもらうほかなかった。たまには宿賃を渡して、近所の旅館に行ってもらったこともある。

その年の初秋、MYという女性が訪ねて来た。慈愛寮に最近までいた人だという。この人のことはルツ姉からよく聞かされていた。なんでも大変な経歴の持ち主で、生死の境を越え、良い信仰をもっているということであった。しかし実際に、いざ会ってみると、顔が大きく、手足の発達が遅れ、なんとも異様な感じの風貌であった。ぼくは目を細め、表情を殺して、静かにその話を聞いた。

本所森下町の角の木村屋というパン商が破産して、十六歳で神楽坂に売られ、転々と外地、内地を流浪した。その半世記は聞くだに哀れである。とともに、週刊誌を見て、自分で保護施設に駆け込み、更生の道を見つけたそこに、この人の逞《たくま》しさがあり、見どころがある。ところが、蝕まれた肉体を手術し、霊の新生を経験し、父の家へ帰された、そこが、再び転落への出発点となろうとしているという。これはいったいどういうことなんだろう。

ぼくは、こういう種類の人に接するのは初めてだった。前の年の降誕祭に、招かれた慈愛寮へ行き、そこで説教させられたわけだが、夢中だった。ちょっとざわめきが大きいぐらいで、別に、さして異常なものも感じなかった。少し言葉に気をつけて、物語風に語ればよくわかってくれ、反響さえ示した。けれども、今そのうちの一人が、どかっと全存在の重みで座っていると、どうにも持ち上がらない大きな石のように感じられた。どうしたら、よいのだろうか。

今のぼくなら、もっと公的な制度や施設を頼って、いたずらに個人が背負い込むことを避けるだろう。その前に、まだまだ回す所があるはずである。ところが、そのころのぼくはただのお人好し、ただの牧師さんで、社会保障の仕組みなど何一つ知らなかった。すべてのことを解く鍵は、人の中にある精神の持ち方か、でなければ、聞いているわれわれの犠牲によるほかはなかった。したがって、おいしそうに親子丼をつついているこの人を、親のところへ帰せば、また売ってしまい、施設へ戻しても受け取らないとすれば、それはわれわれが背負い込むより仕方がない、と考えた。ところが、ぼくの家は前述のとおり。そして、ベテスダはもっとひどい。

「なんとか考えてみましょう」と、その話を聞いただけで、励まして返したが、なかなか引き取る所がない。どこかの家でお手伝いさんにでも置いてくれそうなものだと交渉してみたが、前歴を言うと辟易する。裏に建っている家でも借りて、そこで手仕事でもさせようかと調べてみるが、敷金が出せない。そこで、やっと考えついたのが、冬の軽井沢の別荘番である。外国人を交えた奉仕女が平素の激しい生活の息抜きに、代わる代わる使っていたペンキの剝げた銭湯の古手。そこへ、一人の奉仕女をつけて、やっておく。それよりほかに途はなかった。

犬を拾って来て、その犬小舎を作るように、われわれは慌てて施設づくりに飛び回った。先輩に教えられ、当局を叩いて回るのだが、厚い壁のように、跳ね返ってくる答えは同じだった。

「法律には決められていますが、予算がありません」

全額自前で建てれば、そこへ収容者を委託してもよいというのである。

ところが一九五七年十一月一日、新聞紙は一斉に売春汚職を報じた。東京都第三区から出ている自民党の代議士が逮捕されたのだ。その地域に特に多い売春業者から、売春防止法の完全実施にブレーキをかけるように頼まれて、餞別の名目で金をもらったというのである。このほかにも、同じような依頼を受けていた者が多勢いたと見え、いろいろな人の名前が噂された。業者の組合である全国性病予防自治会からリストが押収され、それによると、代議士の名前の頭に、マル済の印が押してある。それはだれとだれとだれというわけで、総理大臣もだいぶ慌てたらしい。が、とうとう肝を決めた世論が、この売春汚職にいきり立つようでは来年四月の完全実施は延ばせまいと。

不思議なもので、そうなると、東京都は向こうから電話をよこした。前から申し出のあった婦人保護施設の計画書を出してくれ、と。十一月八日に課長のところまで、A案とB案とを携えて行くと、少しでも安く、少しでも大きいほうが良いと、B案——五〇名、一五〇坪、六七五万円、それに初度調弁費五〇万円、しめて七二五万円の四分の三を補助しようということになった。それも追加予算で急ぐから、明日までに明細を、という。ぼくは民生局の玄関を飛び出すなり、赤電話にしがみつき、三人の姉妹にそれぞれ分担して、寝具、家具、調理具などの目録を作らせ、自分は建築士へ飛んだ。

こうしておいて、五日後に理事会を招集し、「母の家」のために買った大泉の土地の片隅に婦人保護施設を建てること、そのために募金することの同意を取り、印刷物のできるのも待たずに、岡田理事に連れられ、生産性本部の郷司浩平専務理事に会った。

その年は、ベテスダの本館募金に失敗して、初代の理事長メーヤー博士は帰国し、後任にEUB現地委員長バレット師と、同ミッションに関係深い岡田五作牧師に理事をお願いしたときで、岡田理事は、神学校時代からの親友への紹介を喜んで引き受けられた。郷司氏は、そうとは見せぬ、牧師あがりの実業家で、新しいアイデアの象徴のような人だが、いとも静かにいくら集めるつもりかと尋ねた。「五百万円！」と答えると、「一口五百万円と言うが、たいへんですよ」と、ぼくの覚悟を確かめた。

とにかく趣意書をこしらえて来いということで、数日後に行くと、そこで名刺を七枚ばかり書いてくれ、「とにかく、忙しい人だから、何度でも電話をかけて、うまく捕まえて」と、初めてニッコリとした。

ところが、その名刺の威力には舌を巻いた。

最初に会ったのは堀木鎌三厚生大臣。ぼくは、厚生省などというところへ、それまで一度も行ったことがない。二階の大臣室へ通され、どんな偉い人がいるのかと探したが、新聞を読んでいる一人の小柄な老人のほかにだれもいない。この人も先に来た相客ぐらいに思っていると、その人が眼鏡をはずし、顔をあげ、応待し始めたから、びっくりした。この人を相手に、ぼくが何を話したか、「ディアコニ」二三号に載せたから、ここでは繰り返さないが、要するに言うことはないわけだ。

大臣を捕まえて、寄付金をねだっても、むしろヤブヘビである。厚生省からは、補助金の、また補助が出ているのだから、うやうやしくお礼を言っておいた。あと一千万円足らずの婦人保護施設のどこをどうと言ってみても、始まらない。何か民間の卓説を聞かせようと思って、語り始めたのが、「コロニーの夢」である。これは、奉仕女事業など始めない先から、ぼくの持論なのだ。弱者を強者の踏むに任せないで、弱者には、弱者で生きられる世界をつくってやれ、ということ。

ところが、この大臣、ドイツにも留学し、鉄道弘済会を育てた人だけあって、ただの政治家ではない。スーッと、ぼくの言うことを呑んでしまった。

「深津さん、あなたのお説には、ことごとく大賛成です。どうぞ具体的に案を作って来てください。私にできることは何でもいたします」

次に会ったのは、日本興業銀行の中山素平副頭取。この永遠の青年とでも呼びたい銀行家は、少しも飾らず、友人のようにぼくの話を聞いて、調査役を呼び、銀行協会だけで五〇万円もちましょうと、いとも簡単に言った。が、そのあとが大変だった。加盟している十五の銀行をことごとく訪れ、そこの庶務課長に事の次第をよく説明して歩かなければならない。具合の良いことに、みんな丸の内あたりに固まっているので、たて続けに、二日間でみんな回った。

銀行協会が出せば損害保険協会も出すというので、紹介も何もなかったが、飛び込んでみると、総務部長が会ってくれて、「一〇万円なら」と言う。こちらは加盟会社が二十もあって、歩くのに一苦労。

生命保険関係では、第一生命の矢野一郎社長に紹介されたが、どうしても行き違いで会えず、代理で用は足り、生命保険協会も一〇万円。ここは挨拶も十社ですんだ。

あと印象に鮮やかなのは、東京電力の木川田一隆副社長。ひょこひょこと、狭い応接室へ出て来て、興味深そうにぼくの説明を聞いていたが、「モトはどこから出ます?」と、突然尋ねた。

「は……?」と、ぼくは問い返したが、言い直されるまで何のことがわからなかった。

「資本金は?」と言われて、この人の頭の構造はいつもプラスとマイナスのバランスの上に組み立てられているのだな、と思った。が、ぼくは即座に、国家の補助が大部分で、あとは寄付金。資本をつぎ込んで配当を戻せるような仕事ではないと説明した。二つの眼を大きく見開いて感心していたその表情を、今も忘れない。

「では、一〇万円だけ。社手続きがひと月ぐらいかかるかもしれませんが」と言って、見送ってくれた。

こういう調子で根気よく歩いていれば、それだけで金がもらえる。考えようによっては、まことに良い商売で、どんどん代役を増やして回れば、何倍も集められたのであろうが、代われる人もなく、ひとり足で歩いているうちに時限が来てしまった。それでも、内外の団体、個人、五九五口から二八七万余円を集め得た。そのときには、どちらを向いても頭の上がらない人ばかりになっていた。


われわれの名を新聞が書き立てるようになったのは、そのころからである。初め、「祈りの友」の一人、白石つぎ女史が「ジャパンタイムズ」で大きく書いてくれた。それが口火で、一九五七年二月九日すべての戦犯が片づいた社会に、牧師と奉仕女で売春婦の世話をするというニュースが広く流れた。すると、あまり感心しない新聞が、冷やかし半分にやって来た。が、丁寧に相手をして帰すと、そういう新聞にしては上乗の記事を書いた。次に朝日新聞が来た。「日本のマグダラのマリヤをつくるため」というような見出しがついた。すると、降誕祭前夜の「人寸描」という囲み記事に、ぼくの顔が載った。既成の教会に反逆する牧師というような強調で。

押し詰まって、久々の大連二中一期会に出ると、そのことが取り沙汰されていた。メキシコの大使に決まった千葉皓が、「きみがどうしてそんな気になったか」と不思議そうに聞いた。

何か秘められたロマンスでもあると思ったらしい。が、別に何にもない。「ただ、人がしたがらないことだから、やってみたくなったのだ」とのみ答えた。

あまり報道しないようにと、東京都から注意された。なるほど追加予算が取れるか取れないか審議中のところで、先回りした報道は迷惑に違いない。予算の通過と同時に、わざわざ電話で知らせてくれたそれに基づいて、交付金申請が急がれた。

さて、われわれの施設を何と呼ぶか。これはもう少し早い段階で決まっていた。初め「大泉婦人寮」と言ってみたが、だれも快い返事をしない。「同じような名前がよそにもあります」と言う。が、もっと女性的な名前が欲しかったのであろう。では、「大」をとって「いずみ寮」はどうかというと、やっと愁眉が開いた。

その「いずみ寮」をだれに設計させるか、これも早くから問題になっていた。小田切医院の待合室で口をきいたことのある同患の友、萩原政男建築士に頼むことにした。このロマンティストは身の上話など始めて、なかなか図面を引いてくれなかった。が、いよいよできてみると、明るくて品の良いものだった。施工も、小河内ダムをやった西松建設を連れて来た。大きな世帯だから、あっという間に、物量にものを言わせて造り上げてしまった。

初めぼくたちは、一〇四一坪の敷地の片隅に、二階家で六〇坪ぐらいのものを考えていた。しかし、彼は平家で一五〇坪にしてしまった。そのために、一割建築の大泉では敷地の問題で苦労した。が、こういう施設だからと、二割まで特に許された。われわれは、脱走の心配のない、出入り口の少ない設計を希望した。しかし彼は、どこからでも出入りできる平明な構造を主張した。われわれは寮生の居室を北に置こうと言った。しかし彼は、それを南にもっていった。頑固な人だったが、何か一つと思ったもののある人だった。設計料など、みんな寄付すると言った。それだけでも、良いものを残したかったようである。

ぼくは、定礎式のとき一遍行き、上棟式のとき、また行き、おそらくあとは途中で一度行ったか、竣工まで、ろくに見ないうちに出来上がってしまった。その合間に、雪に閉ざされた軽井沢へ、MYを見舞いに行くことにした。一九五八年の元旦に発って、三日に帰って来たのだが、彼女は惨めにも肝臓をやられて寝ていた。でも、晴れ着を着て、炬燵《こたつ》で、いっしょに雑煮を食べた。話は、できつつある「いずみ寮」に落ちた。いずみ寮の経営や設備の問題になると、彼女が先生で、ぼくが生徒だった。彼女が夢みるそのとおりに、ぼくはメモし、それを持ち帰って、実現しただけである。

「あのアルマイトの食器、犬みたいで、うんざりする」と言うから、硬質陶器の茶碗を発注した。

「おかわりできるといいわね」と言うから、おはちを食卓の上に置くことにした。

いずみ寮の初度調弁に関しては、ちょっとした秘話がある。細々したものをあちこちから買っている暇もなかったので、知人を頼って西武百貨店から収めさせた。ところが、都の主事が一軒のナンデモ屋を紹介してきた。どうしても会ってくれというので銀座へ出たら、オリンピックかどこかで食事をして、いずみ寮のリストをのぞき込みながら、ぜひやらせてくれと言う。品のいい都の役人あがりである。

「全部とはいかないかもしれませんが」と、当たらず触らずの返事をしたつもりだったが、それがいけなかった。西武と半分に割って発注したところ、カンカンに怒って、お受けしかねると来た。都からは電話が来て、いっさい止めてくれと言う。「まあ、まあ」となだめすかして、品物は入れてもらったが、都からの中間払いはお預けになってしまった。工事というものは、初め契約のときにいくら、途中出来高にしたがっていくらと、渡さなければならぬものだが、とうとう竣工まで、ろくな金も見せずに押し切らねばならなかった。これは実に苦しかった。こりごりである。

しかしとにかく、ひどい嵐の中を、帆柱も折らず、舵も流さず、まるで人が変わったように、傲岸として闘い抜いた、まる一年。本館募金の頓挫に始まって、理事長の隠退、ハンナ姉の退館、EUBの否認……、これでもか、これでもかと襲いかかってくる狂風の中を、五万、一〇万という金を見ず知らずの人から借りながら、あれを売り、これを渡し、姉妹や家族をあちらに散らし、こちらに隠して、ついに大泉の赤松林の中に、一五〇坪の別荘のような建物が出現したとき、だれしも夢みるもののように足が地につかなかった。

「紅子、こういうところに住みたい！」

末女などは、廊下をスリッパで滑って歩いた。

そのころ、奉仕女はみなで一四人いた。そのうちの五人が選ばれて、いずみ寮に派遣された。この仕事を、生涯の課題として受け取っていたルツ姉は、一月いっぱいで慈愛寮を引いて、もっぱら準備にあたった。彼女が十六か月の実習をもとにして、万事ベテスダ風に切り盛りしてゆくから、おおよそのことは委せておけた。彼女はいずみ寮でも、寮長に次ぐ責任者として寮母と呼ばれることになった。

次に、事務会計を担当するために、字のきれいなトシ姉が選ばれた。彼女の特技はむしろ調理であったが、調理は別にあたる人があった。彼女は本邦志願者第二号で、基礎課程が終わると、一年の間、新入者の指導役、そして茂呂で館長の秘書として、いっさいの法人事務をほとんどひとりでやってのけた人である。

作業指導員として選ばれたのは、洋裁に堪能なスエ姉であった。彼女は第一一号の志願者として、ただひとり三期の教育を受け、終わって、愛泉乳児院に遣わされた。それが一年経って戻って来て、いずみ寮の作業を開拓しようというのである。

看護婦というものが別に規定されてはいなかったが、どうしても必要だと考えて、第四期の課程を終えたばかりのハル姉があてられた。彼女は山口日赤を終えて、先輩のあとを追うように入館した、頭の冴えた奉仕女であった。専任の婦人科医を助けて医務室に立てこもった。

調理には、第二期のシノブ姉があてられた。彼女は純朴な農村の匂いのする最高年齢者で、知的障がい者の施設や病院看護に派遣されて好評。最後の半年は、問題の女性ＭＹを連れて、厳冬の軽井沢で、実際の指導をしてきた人である。

このほかに、まったく冒険ではあったが、枠なしで一人の医者を雇った。彼はクリスチャンで、以前ぼくのヘブル語文典に出席したことのある顔見知り。その人が突然、志願してきたのである。それもわずかの給料で。「ぜひ奉仕女とともに不幸な女性の指導にあたってみたい」と言う。ぼくは即座に、自分の給料をそっくり渡せば、何とかなる、と引き受けてしまった。その名を奈良林祥という。医学博士で、そのころ杉並の保健所に勤めていた。

そして、最高責任者の寮長は？　やはりぼくが兼任するよりほか仕方がなかった。ぼくにはそのころ、ベテスダ奉仕女母の家館長とか、茂呂教会牧師とか、茂呂塾保育園長とか、さらに茂呂塾児童団長とか、いろいろな肩書きはあったが、みなどれもたいしたことはなく、それでも食っていけた。そこで新しい「いずみ寮長」に、うんと情熱を燃やし、給料はお返ししようと、ひとり決めていたのである。

一九五八年四月三日の午後、この七人が初めて、いずみ寮にそろったとき、その日は受難聖週の木曜日であったが、皆の顔は異様なまでに輝いていた。そこには、頼まれもしないのに、進んで助けてくれる二、三のヴォランティアもいた。そしてＭＹが、ちょこなんと洋服を着て、座っていた。

その晩は茂呂で聖餐を守った。翌聖金曜日には、成子の堅信礼と塩田善朗の洗礼式をした。

そして、一日置いた日曜日に復活祭の礼拝をすませると、待ち切れぬ者のように、みんな、いずみ寮に押しかけた。手に手に卵やチョコレートを携えて。真新しい食堂に、紙も剝し切れないデコラの食卓と椅子を並べて、みんなでお茶を飲んだのであるが、心の底に湧き上がる感激を表そうと、歌をうたった。もちろん、マルティン・ルター作、深津文雄訳「主は死につながれ、わが罪とけぬ」である。こんな歌詞構成のしっかりした、旋律の独自な歌はほかにない。バッハがカンタータの四番にそのまま用いている、あれである。みんなそれぞれの思いを込めて、歌っていった。七節ある歌詞がだんだん進んで、六節に至った。

「われら　いわうべし　このよろこびを
主は　日とかがやき　われらをてらす
みめぐみにより　こころくもりなく
くらきはすぎたり　ハレルヤ」

というくだりにさしかかると、ぼくの傍らにいたMYが大声をあげて泣き出した。ぼくは、歌を中止するわけにもいかず、口では歌いながら、手では彼女を膝の上にもたせ、幼児のように泣きたいだけ泣かせておいた。三十七年の苦しみがみな融けて、流れ去るまで。

14　恵みのいずみ

〈一九五八年〉

家を建てれば、それでよいのではなかった。家が建ったら、建ったということを部厚い書類にしたためて、また届けねばならない。その竣工届けが四部要った。こちらの控えを含めると、五部作らねばならない。それを出すと、担当の係長が検査に来た。設計監督者と工事責任者がこれに立ち会った。

「定款変更はすんだか」と聞かれた。そういえば、社会福祉法人ベテスダ奉仕女母の家は、まだ茂呂塾保育園を経営する母体にすぎない。急いで、そこへ「婦人保護施設いずみ寮」と書き加えねばならないのだが、たったそれだけのことに、書類が都から厚生省まで行って帰って来なければならない。

そのうえで、区に開設届を出し、都と委託契約を結び、合間を見て、客を呼び、落成の披露もしなければならない。そういうことのひどく億劫なぼくも、尻ごみばかりしてはいられない。おおよそ一〇〇〇人の人に案内状を出し、特別仕立てのバスを五回往復させて、九八人の来客を迎えたが、演出としては不慣れな、ぎこちないものに終わった。

なにしろ大泉の土地を買った、いわゆる東京本館建設資金募集以来の関係者に、いずみ寮建設で手伝ってもらった全員を加えたのだから、たいへんな数で、教会関係も落とせないが、役所関係も網羅しなければならぬ。そして、このまったく違った二つの世界を狭い一室に集めて、そこで感銘深い儀式を作り出さねばならぬ。キリスト者のひとりよがりに終わってはならず、かといって、世俗の形式に流されたのでは、なおまずい。供応なども十分なことができるはずはないが、だからといって、木で鼻をくくるような態度はいけない。要は、ベテスダ全員が心地よく応援する、その雰囲気を見てもらうことだ、と諭した。

そして、待ちに待ったいずみ寮生第一号が、やっと四月十九日に一人入った。その日は土曜日だった。土曜日というのは、ぼくの若いころを知っている人には、物音一つ立ててもいけない恐ろしい日だった。ぼくは「お籠《ごも》り」と称して、聖書を抱え部屋に入ると、一日だれにも会わない習慣があった。そうして、翌日の説教の準備をしたものである。ところが、もうこうなってくると、そんなこと言ってはいられない。寮長のぼくは寮母を連れて、指定された時刻に新宿区河田町の婦人相談所まで第一号を迎えに出向いたのである。

そこは、小笠原子爵の邸宅だったところを、児童相談所と分けて使っているとかで、なかなか気のきいた洋館であったが、役所になってからは、悪い油をにじませ、床も黒く、スリッパも思いなしか冷たかった。

「いずみ寮の寮長先生よ、ごあいさつなさい」と婦人の係長に連れられて、出て来た女の子は、黒いスラックスに白っぽいジャンパーを着たオカッパの青白い少女だった。何か一言ぐらい言ったのかもしれないが、ほとんど口は動かず、微笑みもせず、ただ脇を向いて立っていた。

この子は慈愛寮にいたから、ルツ姉はよく知っていた。なんでもひどい劣等感があって、すぐバカにされたと腹を立て、腹を立てると刃物を振り上げる習慣があるとかで、どこへ行っても、嫌がられる。それをわれわれが、いずみ寮生第一号として頂戴するのである。それには、そうなるいわれがその前にあった。

いよいよ、いずみ寮をつくるということが本決まりになった前年の暮れ、ぼくはエリザベト姉を連れて、ここ東京都婦人相談所へあいさつに来た。その日は、ちょうどここのクリスマスで、係員は忙しそうに出入りしていたが、二階の隅の所長室に通されて、中野彰所長としばし面談の時を得た。その折、「何か特徴のある寮にしてください」と言われたので、思いきって、「よそで引き受け手のない人を、みんな引き受けましょう」と言ってしまった。

これはあとで考えると、たいへんな冒険で、いかにわれわれがキリストの愛を気負って立っていても、同じ人間である。人ができないということを、われわれがそう簡単にできるはずがない。できないと知りながら引き受けるとすれば、それは無謀であり、欺きである。が、できないと知って引き受けねば、それはその人に対する絶望であり、神への欺きとなる。そのどちらを選ぶか。結局、破滅とは知りながら、より重い課題を取り上げざるを得なかったのである。

要するに、そののち、いずみ寮の歴史は、この咄嗟《とっさ》の一言によって決定されてしまった。

しかし、これは理屈である。絵に描いた餅にすぎない。それをこれからどうして実現するか。

絵に描いたそのとおりに、実物の食える餅にするか。これは命がけである。このNMという少女は硬い表情をして立っている。だが、途中で逃げ出すようなことは、まずあるまい。逃げる気もない者を、キョロキョロ見張っているのも愚かなことだと思って、わざと先を歩いてみる。案の定、ついて来る。停留場で肩を並べて、「くには、どこ？」と聞く。

「千葉県です」

なるほど、そのなまりがかすかに残っていて、「ツバケン」と聞こえる。新宿へ行く都電は混んでいて、あまり話しかけられなかった。それでも、一言、「兄弟は？」と聞いてみる。

「おとうとが……」

よく聞きとれなかったが、明らかに戸惑っている。

（まずかったな）

伊勢丹の前でトロリー・バスに乗り換えて、池袋で降りる。もう一時を過ぎていたから、三人でデパートへ上がって、寿司を食う。それも何にするか聞いても、言わない。小さな椅子の上で何度か座り直して、キョロキョロあたりを見ている。あまり緊張してもいけないと、ぼくは、寮母とほかのことなど話し始める。

「お寿司は嫌いじゃないね？」

コックリとうなずいて、この白い狼はゆっくりゆっくり箸を運んでいる。心持ち寮母のほうに身を寄せて。

西武電車に乗ると、ぼくは大泉まで行かないで、江古田で失敬した。寮母にあとを頼んで。NMは軽い斜視のある目で、こちらを見上げて会釈した。翌朝、同じ電車に、ぼくは石田友雄を連れて乗った。二人は茂呂の礼拝をすませ、いずみ寮へ急いでいた。どんな形式で礼拝をするか、問題だった。オルガンを弾くにしても、バッハか、それとももっと通俗的なものか。讃美歌を選ぶにしても、コラールがいいか、それともゴスペル・ソング程度のものか。ぼくは、ズバリといった。

「自分が本当に感銘するもの……」

そして、彼は力いっぱいリード・オルガンを踏んで、バッハを鳴らした。ぼくは一つのコラールを選んで、それを繰り返し歌わせた。席は丸く輪になり、ぼくは椅子にかけて語った。その日の聖書日課は、教会暦の中から飛び出してきて、われわれをとらえた。ミゼリコルディアス・ドミニ（主の憐れみ—復活後第二主日）の、羊飼いが羊のために命を捨てる物語だったからである。五人の奉仕女と、先に入っていたMYに交じって、NMが股の間で新しい讃美歌をもんでいた。近所の民生委員だという女性も二人みえていた。

石田友雄の名前が出てしまったが、この人の良い、感動しやすい青年は、一九五一年五月二日、ぼくが早稲田奉仕園に招かれて、「律法」の話をしたとき、後ろの窓ぎわで足を組んでいた。それ以来、しばしば上富坂へ来るようになり、日本聖書学研究所の会合に出たり、「たより」を刷ったりしていたが、早稲田大学の政治経済学部を出ると、神学校へ入った。そして、あと一年というころから、ベテスダの群れに飛び込んできた。長い躊躇の末に。

貧乏なベテスダは、わずか五〇〇〇円を支給して、この神学生の日曜日一日と、月、水、金の午後を買った。彼はさっそくタラーをつけて、茂呂教会の礼拝を助け、それが終わると駆け出して、大泉でオルガンを弾く。あとの日も、茂呂で奉仕女に聖書を教えていればよいところを、よく大泉に現れ、なにくれとなく雑用を買って出て、よくやってくれた。

「いずみ寮の仕事をするには、寮生を女性だと思ってはダメだ。わが子よ、と自分の娘のつもりで接するんだ」と言い聞かせると、「そりゃ、むつかしいや」と照れながら、間違いも起こさず、熱心にやってくれた。こういう清潔な男性が婦人保護事業の中にいてくれるのは良いもので、三年目からは、無理に寮長代理という枠を作って、常勤してもらうことにした。

この石田君が、できたばかりのいずみ寮を見るに見かねたか、早稲田奉仕園の学生を連れて来てワーク・キャンプをした。まだ建物は新しいし、寮生は幾人も入っていないし、和室を二つ使い、備え付けの布団をおろして、地境の杭打ちをやってくれたのであるが、そういう受け入れ方にはおのずと限界があった。どうしても男手が欲しいし、それをむやみと内へ入れられないとならば、どこかにそういうグループの溜り場がいる。これが彼の頭を占領し始めた。

そして、やがてそれがコロニー一号舎、二号舎……と、異常な不法建築に発展してゆくのであるが、それはずっと後のことになろうか。とにかくガムシャラな激しい彼の性格は、あるだけの力を出し尽くすということに、最大の喜びを見いだしていたようである。

一日置いて、火曜日に寮へ行ってみると、そこにまた二人、STとTUが加わっていた。TUのほうは、前にも茂呂の礼拝に来て、奉仕女にしてもらえまいかと訪ねて来た。慈愛寮生で、ルツ姉派遣中からのひどいファン。眼鏡の奥から異様な輝きをもって、人を見ている、痩せぎすの洲崎出である。

「とうとう来ましたね」と挨拶しておく。来たくて来たくて仕方がないので、相談所もその願いを入れたものらしい。

STのほうは売春経歴者ではない。むしろ強男性型の同性愛傾向者である。知能指数も一一〇あり、高等女学校専攻科を出て、代用教員や代議士秘書までやった人間が、こんなところへ来なければならぬとは、何か原因があるのだろう。酒癖がよくないと書いてある。

ちょうど奈良林医師の誕生日だというので、職員会の後、みんなで食卓を囲んで語り合う。MYは「感謝している」、NMは「静かすぎて落ち着かない」、STは「気味が悪い」、TUは「奉仕したい」などと、感想を述べている。が、みな未来に対する不安を隠しきれない。そこで、ぼくは言う。

「今時だよ、この世の中に、こんな別荘みたいな家を建てて、泊めて、食わせて、一文も取らない。こんなうまい話がほかにあるかね？　これを利用しないなんて、うそだよ。うんと食べて、うんと寝て、それで元気を取り戻したら、今度は、絶対に確実な人生を踏み出すんだ。

いくらでも相談に乗ってあげるよ」

と言うと、みんな気持ちがほぐれたか、ペラペラしゃべりだした。

その翌日、さっそくSTは相談所へ取って返し、仲間を誘って来た。NHという若いシャキシャキした子だった。出かけるまで情夫に会う会わないで、手を焼いたという。いっしょに、年配で太ったIYも、ヒロポン中毒のSToも。そして、あとからあとから、その月のうちに一五名になった。

こんな大切な時にも、牧師というものは、結婚式があったり、修養会があったりして、月末を三日ほどあけた。戻ってみると、SToが逃げ、STが服毒自殺未遂をしたという。そんな様子は見られなかったが……と原因を尋ねてみると、数日前に散歩と見せて酒を飲んだ。その前日、TUと衝突したという。それならば、申しわけなさからの言葉だろう。たいして飲んではいまいと、調べるとプロバリン三〇錠そこそこ。それでも、その晩は泊まり込んで、様子を見ることにした。寮長室、兼応接室、兼会議室、兼面会室という七坪ほどの部屋に、長椅子をのべ、毛布を被って。

翌朝、STは少し遅く起きてきて、朦朧《もうろう》とした目つきで丁寧に詫びた。が、SToは、とうとう帰らなかった。蛇の道は蛇で、その経験のある寮生に嗅ぎ出され、警戒はしていたのだが、覚醒剤の切れた苦しみには勝てなかったのだろう。さっそく相談所に通報し、手分けして捜してみたが、ようとしてつかめない。

ぼくは昼の食卓に出て、こう言った。

「きょうは五月一日、メーデーです。外では労働者が資本家に迫って、賃金を増やしてくれと叫んでいる。だが、ここいずみ寮では、寮長がお願いして、寮生にお小遣いをもらってもらおうかと思う。きょうからシュウェスターのお手伝いをして、なんなり一日働いた人には、五〇円あげることにするが、どうだろう？」

職員も寮生も、冗談だろうというような顔をして、初めは信じてくれなかった。が、次第に、ぼくの言う意味がわかり始めると、見事な協力体制へ展開していった。


それまでの婦人保護施設というものは、泊めて食べさせるだけのところだった。昼間の指導に関しては、まるで空白。何の予算も理念もなかった。当局に尋ねれば、職業安定所を教えてくれた。なるほど、そこには一般の求職者と区別された特設の窓口さえ設けられていた。しかし彼女たちは、その窓口に立つことを最も嫌がった。素性が知れてしまうからである。

たとえ特設の窓口を通ることに成功しても、である。そこを通して紹介される先は、前の仕事とあまり違わないような食堂だとか旅館だとか、再転落につながりそうなところばかり。それ以上の贅沢を言っても、こちらが勤まらない。入寮の翌日、職安へ行き、次の日から通勤して、月末にはなにがしかの金をもらってくる。この繰り返しの中で、婦人保護施設は宿所提供事業の売春版、ということになってしまっていた。

それでも、金を貯め、独立してゆける人々はよい。が、それは、暁天の星ほどわずかである。売春婦がそのような状態に陥った原因は、経済だけではないからである。外見はことごとく経済に見える。だれも金に困らなければ、汚らしい男に身を任せはすまい。しかし、そうまでして生きねばならなかった。その背後には、必ずもう一つの原因がある。能力のなさとか、保護の欠如とか、どこへ行っても使ってもらえなかった性格の異常とか。そして、これこそが本当の原因であって、それを見いだし、それを直さなければ、また元のところへ戻ってしまうだけである。

そのためには施設全体が、一つの病院あるいは寄宿学校のような二十四時間指導の体制に入らなければならない。ことに、いずみ寮へ回されて来たような人間を、入寮の翌日、職安へやるなどということは考えられない。みんなそのつもりでやってくる。が、その考えを初めから覆さなければいけない。いずみ寮へ行ったら、外勤は許されないのだ、と説明してもらうことはできないか。

この提案には相談所長も賛成だった。売春防止法がザル法で、婦人保護施設がザルで、あってもなきがごとく、入れたものがみな漏ってしまうのに、業を煮やしていたから。しかしこの提案はいずみ寮に、よその倍の労働を課した。昼間ガラ空きになるところと、昼間もワンワンいっているところとでは、職員の疲労は大違いである。この差別を、われわれは初め自分たちの精神力で、次に自前の番外職員で補い、ついに国家に特別基準を認めさせるところまでこぎつけた。

では、預かった人間を昼間も外へ出さないで、何をさせるのか。だれでもすぐ考えることは、何かもうかる仕事はないかということ。ところが、もってくる話、もってくる話、みんな、いかにしてこの弱者を利用しようかというものばかり。言葉を変えれば、羊の装いをしてくる狼である。かくて朝から晩まで天文学的数字の無意味な作業を繰り返し、しばしば夜業を強いられ、施設は下請工場になってしまう。そこで人間性はすり減りこそすれ、回復はしない。

「いずみ寮を工場にするな!」

これは、創立時代の厳しい命令だった。

そうでなくて、まず金銭にガツガツする前に、もっと熱心に追い求めねばならぬものがある。それは各自の品格である。それがないから、転落したのである。それがわからないから、更生できないのである。この人間が人間であることの値打ち、これを説明してもわからないとすれば、どうして感じさせるか。それは、人間らしい喜びのある生活をしてみることである。ひとたび真水を飲んだ者は、再び泥水は飲むまい。

シュウエスターといっしょに起きて、シュウエスターといっしょに祈り、シュウエスターといっしょに働く、この喜びを会得した者は、住むにも食うにも、そのほかの小遣いにも困らない、そういう世界を実現する。これがぼくのメーデー宣言だったのである。

かくて、胡散臭《うさんくさ》そうな目でこちらを見ながら、小暗い片隅でゴロゴロ煙草でもふかしていた女たちは、鐘の鳴るのを待ちかねて起き、道具を奪い合って掃除し、広い屋敷内を片づけ、台所へ入って調理し、配膳し、後片づけをし、風呂をたき、薪を割り、花を植え、野菜を作り……。こうしたあらゆる提案をして、ぼくを困らせるまでになった。

「寝ていて人を起こすなかれ」という諺《ことわざ》があるが、自分が起きていても、寝ている人はなかなか起きてこない。もう一歩先んじて、寝ている人間が起きざるを得ないような、おもしろいことをしでかしてやる。これが奉仕女の方式である。奉仕女が朝早く起きて、祈りをしている。「出てはいけないいか」と言うから、静かにしていられればと、許してやる。奉仕女が先になって、いわゆるベテスダ式で掃除を始めるから、「ぞうきん、もうありませんか?」「ほうきはこれだけですか?」と、つい釣り込まれて入って来る。台所だって、畑だって、みなそうだ。要するに、いずみ寮は、奉仕女の共同生活の中に更生婦人施設が加えられて、できあがったようなもの。奉仕女が目の前で男なしにちゃんと暮らしているのだから、自分たちにもできないことではない、とまねてくる。ヴィースが言った宗教教育とは、宗教生活をしている者の中に、人を入れることである。何も宗教に限ったことではない。

ぼくは、ほかにも本館の責任や、奉仕女の教育や、建設の後始末などがあって、毎日、いずみ寮に座っているわけにはゆかなかった。が、姉妹たちはその中へすっぽり昼も夜もでたいへんだったろうと思う。ことに心配なのは、その食事であった。東京都が一人の収容者に出す食費はそのころ、一日六一円。野犬の餌代でも七八円していたころだ。これでは、いかに工夫してみても、どうにもならない。よそに聞いてみると、足らないところは、めいめいで補食しているという。しかし、うちの子にはその金はない。人間に腹いっぱい食わせないことは、罪悪である。

担当の姉妹を呼んで、言っておいた。「いずみ寮の飯を天下一にしろ。自分も食べてみて、それで満足できなければ、満足するところまで、費用を上げて構わない。自分の食えないものを人に出すな。人に食わせるもので、自分も暮らしてみよ」と。すると九〇円という数字が出た。それでもよい。それを押し切らせた。人間も動物の一種である。動物を馴らすには餌を用いるのが最上である。餌を用いねば、鞭だけでは従わない。奉仕女は善意に満ちていて、その九〇円で、おやつまで調えてくれた。

もう一つ、いずみ寮が独自に取り組んだ問題に、医療がある。ルツ姉は、看護婦として慈愛寮に派遣され、そこで医療設備の乏しさを心から悲しく思ったのであろう。いずみ寮の計画の中で医務室を重んじた。幸い、奉仕女の中には看護婦の資格をもつ者が多かったから、その一人を医務係として、鋭意、身体の治療に当たらせた。そこへ志願して専任で働いたのが奈良林祥であることは、すでに述べた。

あてもないのに、医者一人抱え込んで、仕方がないから、寮長の給料に、また五〇〇〇円、上乗せをして渡した。が、医務室のほかの費用は出どころがなかった。小さな診療所でも申請すれば、そこで普通の病気は見られた。しかし性病予防法による性病の治療は、所定の保健所まで、一日かかって、バスを三度乗り換え、行って来なければならない。いろいろな人に相談してみたが、元売春婦の性病を治すために、国家はそれ以外のことをしたがらなかった。それで、一年後には三〇万円の赤字が出てしまった。

しかし奈良林医師は、初めはものにつかれたように熱心に、感激してやってくれた。寮長がいないときなど、立派な寮長代理を務めてくれた。ので、少しの持ち出しはやむを得ないと思った。

五月二十五日、日曜日の午後、ベテスダ第五回着衣式が茂呂塾で行われた。そこはまだ、われわれの本拠であり、主聖堂であったのだ。いずみ寮からも、幾人かの寮生が出席した。MYが新しい奉仕女のための「祈りの友」になりたいと熱心に願い出たからである。そこで、彼女たちは、いまだ考えたことも聞いたこともないカラクリを見た。

「なんじは主の愛をおこなうために、なんじのすべてをささげうるや?」

「しかり、われすべてをささぐ」

という恐ろしい問答が取り交わされているのを見てしまったのである。

いずみ寮がどうしてほかの寮と違うか。その職員がなぜ制服を着ているのか。なぜかくも親切であるのか。一切が氷解した。そして、本当に声をあげて泣き出したのである。

15　更生者

〈一九五八年〉

「いずみ寮ができた」と聞いて、見に来る人は実に多かった。これに対して一つの方法は、いっさい断るということである。ちょうど重病患者に医者が面会謝絶を言い渡すように、われわれの対象者も来客によって害をこうむることは考えられる。だから、よその施設で、「いっさい見学禁止、報道禁止」という方針を堅持しているところも少なくない。

そこの寮の名前が新聞に出ただけで、そこから通勤している寮生は職場で恥ずかしい思いをしなければならない。前歴がばれてしまうというのである。それを聞いたとき、ぼくは言いようのない憤りを覚えた。前歴のある者の前歴を秘めて、就職させたり結婚させたりする、それがはたして正しい指導であろうか。それでなくても、心の弱い彼女たちは、いつばれるか、いつ破談になるか、びくびくしながら暮らさねばならない。それでは、成功するものも失敗するだろう。それこそ重大な失策ではないか。

前歴のある者が、その前歴を打ち明け、赦された者として新しい歩みを始める、それをみんなが温かく迎えてやる、ということが、どうしてできないのか。いわゆる、臭いものには蓋という秘密主義が結局、この種の事業を蝕み、そこに入った者を萎えさせているのである。が、この意見は、うっかり言えない。言っても、わかってもらえない。わかっても、やらない。面倒だから。ままよ、ぼくのところでは、万事ひっくり返して、やってみよう。

「きょうは、○○テレビの方がおみえになりました。皆さんの明るい生活を、一人でも多くの人に知らせたい、と言って。もしも顔が映って具合の悪い人があれば、その人は、どうぞ遠慮なく、はずしてください。構いません。しかし、これが更生者というものだ。更生者に過去はないんだから、さあさ、縦からでも横からでも好きに撮ってくれ、と言える人は協力してあげてください」

と言うと、逃げ出すものは一人か二人だった。

驚いたのは報道員のほう。初め順々と聞かされ、決して興味本位な記事は書かない、写真も遠くから背面だけとか、正面が出たら、目の周りを塗りつぶすとかと申し出ているのに、いざ踏み込んでみると、手放しの明るさである。感激してしまって、それ以来ずっと、われわれに有利な報道を流し続けてくれた人々も少なくない。特に印象に残っているのは、日本テレビの市橋明子、朝日新聞の辰濃和男、朝日イブニングニュースの馬場恭子、地方新聞に寄稿した神崎清……。とにかく、いずみ寮が代表して、婦人保護のために稼いだ報道量は莫大なもので、そのためには、そうとう神経も使い、時間も取られた。

見学者のほうも同様で、東京は世界一の街、売春は日本の名物というわけか、いずみ寮は、内外の名士で門前に車の行列ができた。

「○○さんが見たいというので、今から案内していいですか？」などと半分命令みたいな電話をもらうと、平素何一つしないで、こんなときだけ手柄顔すると、腹が立たないでもなかったが、ハイハイと予定を変更して、気持ちよく応対した。その名前はとても書ききれないが、とにかく各国大臣級の人から、教授、作家まで。いずみ寮の寮長室の肘掛椅子ほど、内外知名の人の重みに耐えた椅子は少なかろう。ひどいときには、一日に三回も四回も同じことを説明しているうち、世の中にはいろいろな人がいるものだということ、肩書きと中身とが必ずしも一致しないということ、そして大人物は例外なしに謙遜だということを学んだ。

「ぼくは世界を回ったことはないが、世界のほうがぼくの周りを回ってくれる」と言いたいほど、いろいろな人に会い、いろいろ勉強をした。

「何百万円かけても、できないような報道をしてくれ、何十万円かけて出向いても、会えないような人が来てくれるのだから、まあ、まあ、そうフクレッ面しないで……」と言うのだが、それがわかる寮生でも職員でもない。

五月三十日の夜、寮母からの電話がぼくを茂呂塾まで走らせた。

「とうとう、マアちゃんがやってしまいました」

と言う。その声さえ上ずっている。

「だれか刺したのか？」

「いえ、まだ、そこまでいきませんけど、台所へ飛び込んで、庖丁を持ち出したんです」

かの白い狼が、牙を剝いて荒れ狂い始めた。とても寮母の手には負えないから、寮長にすぐ来てくれ、ということらしい。これから支度して、茂呂から江古田へ出て、江古田から電車で大泉まで行き、いつ来るともわからないバスで着いたころには、喧嘩は収まっていよう。

「寮生が喧嘩するごとに、寮長が飛んで行ったのでは、くせになるから、今夜は行かない。明日早く行くから、どこか静かなところに寝かしておきなさい」

と言うと、それができないのだと言う。

「では、ぼくが電話で言って聞かせるから、電話に出しなさい」

と言うが、それもできないと言う。

「じゃ、紙に書いてね。『ハモノヲ、ステレバ、ユルス』と。それを、暴れている前に張って、みんな逃げてしまいなさい」

と言うと、やっと承知した。もちろん、パトカーを呼ぶことも考えられるが、それはさせなかった。

さすがにその晩は寝苦しく、翌朝八時には寮へ着いていた。朝日が差し込む寮長室に、カーテンをひいて、NMは寝かされていた。入ろうとすると、

「まだ寝ています」

怖いもののように、そっと寮母はささやいた。しかし隣の部屋で、ごそごそと話し声が聞こえ

るのも嫌なものだろうし、いつまで待っても、きりがないから、わざと荒々しく扉を押した。

「だれだ？　そんなところに寝ているのは」と。彼女は、毛布の中でもぐもぐと動いた。目は覚めているが、起きるきっかけがつかめないのだ。

「どうした？」

毛布を剝ぐと、着のみ着のままで、うずくまっていた彼女は身を起こした。が、うなだれている。ゆっくりと話を聞いてやる。

要するに、同室のNHにばかにされた。それでカッとなって、刃物を持ち出した。

「それで、殺すつもりだったの？」と聞くと、そのつもりはなかった。脅してやろうと思ったと言う。

「もし殺してしまったら？」そんなことはしないと言う。一つの表現形式にすぎない。人間がおかしいときに笑うように、狼は気に入らないとき、牙をむくのである。

相手と仲直りするかと言うと、ウンと言う。NHに会って、聞いてみると、「怖い。殺される」と言う。でも、二人をぼくの部屋でつき合わせてみる。やはり初めは緊張する。が、やがて冷静になり、二時間もがなり尽くすと、ゴメンナサイと言った。ぼくは二人の頭に手を置いて、和解の祈りをしてやる。何のことはない、二人ともシクシクやっている。きれいなものだ。ところが、この喧嘩をけしかけた者がほかにもあった。TUである。彼女はどこへ消えたか、いない。昨夜の騒ぎの中で逃げたという。即席に無断退所の手続きを取ったが、その翌日、相談所に現れた。このイタチ、狼が怖くて、どうしても帰れない。ぼくが行って、会って、話して、連れて来なければならない。

それとすれ違いに、NMはしばらく茂呂へ預けることにした。こういう汚れていない少女を淫らと邪悪の中に置くことはないし、皆が恐れて仕方がなかったからである。彼女は茂呂の奉仕女たちの中で、まめまめしく雑巾がけをしたり、皿洗いをしたり、いつしか夜学の高校に通うところまでいった。知能指数は一二〇もあったから。

その日、二組のおもしろい来客がいずみ寮を訪れた。一組は、相談所の相談係長に連れられた横浜の土建屋で、進駐軍の石炭置場の跡を掃除したいと言う。なぜそんなことをわれわれのところへ持ち込んで来るのかというと、キリスト教の社会事業団体なら、向こうが信用して、OKを出すだろう。それをこの男が下請けして、たんまりともうけ、われわれにも分けようという相談である。とにかく、金が足らなくて困っている時だったから、悪いことでないかぎり、正道を踏んで、あちこち頼んでみたが、無駄だった。嫌な思い出だ。

もう一組は、恩師、久布白オチミ女史が沢野くに、斎藤キエ、鷲見喜久江という矯風会のそうそうたる面々を引き連れ、落成式に来られなかったからと、乗り込んで来られた。説明して案内し、三時になったから、食堂で寮生とお茶にした。売春防止法生みの親、いずみ寮のできたことをいちばん喜んでくださる方、と紹介すると、ひとりで語り、ひとりで聞き、ぼくは写真でも写していれば、用はなかった。が、MYの希望、「私たちは身も心も弱いから、助け合って、一生きれいに暮らせる村をつくりたい」という話には、感心しておられた。

「先生は、お顔が広いから、ぜひ国会のほうにも働きかけて、私たちのコロニーを実現するようお助けくださいまし」

と言って、MYが座ると、この老女史はやおら身を起こし、キンキンするような大声で、

「何事も人頼みでできるものではない。そう思ったら、きょう、自分で始めなさい。足もとの第一歩から。私がきょう種を蒔くから、これを育てなさい。いくらあるか、これ、みんな……」

と言いながら、食堂の上で、財布を逆さまにした。ジャラジャラと落ちたものが、たしか五二円あった。寮生を代表して、くだんのMYがそれを押しいただいた。沢野さんも斎藤さんもいくばくかをそれに加えた。ぼくは脳天をガーンとやられたような気がした。

コロニーというのは、昔からのぼくの理想なのである。上富坂で、茂呂で、いや、もっと以前から、いろいろな人の世話をした。けれども、それはうまくいかなかった。要は、コロニーがないからである。ひとり社会に生きるには弱すぎる人を、清く、たくましく生きさせる場所がなくてはならない。それは、狭い、しばらくの施設ではなく、広い、働きのある永住の地でなくてはならぬ。それを、上富坂に求め、子持山に求め、今また大泉に見いだそうとしている。

実をいうと、奉仕女制度はその手段にすぎない。「ディアコニ」誌の初めから、コロニーのことはすでに記されている。いずみ寮をつくるか、それとも、ひと飛びにコロニーをつくるか、迷ったものである。が、ゆっくり着実にと、ひとまず、いずみ寮をつくった。しかし、こんなもので、事が解決するとは思っていない。これはコロニーへの一歩だったのである。

この話をぼくがいつMYに話したか、どうも思い出せない。とにかく、この時点（一九五八年六月六日）において、MYは、コロニーという言葉を知っていたのである。そして、それを寮生の前で使い、寮生も不思議がらなかったとすれば、きっと、いつかの食堂で、互いに夢を語り合ったのだろう。その一つとして、ぼくが口外したものであろう。それをMYがしっかりと受けとめ、自分なりに解釈して、久布白女史の前で説明できたということは、大出来である。彼女の経歴と能力がそうさせたのだと思う。

しかし、ぼくはどえらい規模のものを考えていたから、それがポケットの中のバラ銭から育てられるとは思わなかった。MYが言ったとおり、国会へでも働きかけて、何億という予算を取ってもらいたい。前年の暮れ、厚生大臣に会ったとき、意気投合したのもこの哲学であった。ところが、ぼくの母などの齢の千軍万馬の老女史が、臆面もなく五二円を卓上に置いて、ここから育てたほうが早い、と諭す。本当にそうだろうか。とにかく、ぼくの気のつかない一面、足もとから確実に多くの人の祈りを集めてということを、ズバリ指摘されたような気がして、寮生にこんなことを言わせている寮長がなっていない、と反省させられたのである。

六月七日は土曜日で、午後、青山学院に聖書学講座があった。あまりご無沙汰しているから、お詫びの意味も兼ねて、新見宏の「今世紀最大の発見」の相役を務めた。ぼくの課題は、彼の講演を補って、「エッセネ派について」あるだけの資料を並べることだった。フィロンだのヨセフスだのと、石田友雄に拾わせたものを読み上げるだけのことだったが、結構おもしろかった。

三笠宮に頼まれ、「オリエント」誌に載せるべく、その清書をしていると、厚生省から自動車が着いた。降り立ったのは、でっぷりした初老の女性で、田辺繁子という名刺、都からも二名、案内がついていた。内閣の売春対策審議会副会長をする彼女は、よく聞き、よく見、よく理解して帰った。

職員会が終わると、地元の警官が二名あいさつに来た。それを帰すと、近所に住む白戸八郎牧師が、山本夫人を案内に乗り込んで来た。教団の形成期に、第十部という群れで世話になった先輩だが、南方派遣のことで意見を異にして以来、疎遠になっていた。懐かしくはあるが、いかんせん口もきけないほど疲れていた。

すると、小塩力の死を伝える電話が入った。北村徳太郎と並んで葬儀委員をやれという。信濃町教会があふれるほどの葬式をすますと、その足で高崎毅の教会へ講演に行った。二晩続いて、「性の倫理とキリスト教」という変わった題である。それをすませて、翌日の急行〈西海号〉で西へ下った。広島女学院の宗教講演「信」「望」「愛」のために。平和聖堂など見て帰京すると、いずみ寮は、井戸が涸れ、水不足の上に、第二、第三、第四、第五と脱走者が出ていた。その痛手を隠して、この悪しき羊飼いは、「奉仕女と共に」を放送するために、NHKへ入った。

七月二日には、厚生省主催の全国婦人相談所長婦人保護施設長懇談会が箱根で開かれた。初めてのこととて、緊張して出席し、ガタガタしながら発言した。

「一日六一円の飯では、みんな出て行けというのと同じだ」

と。しかし、担当課長はどうにもならないと、浮かぬ顔をしているだけ。

この会議で、初めて菅原通済、松原一彦といった国家の売春対策推進委員に会った。ことに松原委員の発言には、ぼくの注意を引くものがあった。彼は、「どこかにお飼い殺しの場所をつくらねばならない」と言った。言葉は悪いが、彼の言うこの「お飼い殺し」こそ、ぼくのコロニーではあるまいか。

会の途中で、退席する彼らを追ってロビーへ出た。名刺を出し、実現の可能性を聞くと、「ああ、いずみ寮ね。田辺さんから聞いていますよ。私も一度、拝見にうかがいます」と、なかなか通りがよい。

そして十日のうちに、実際、厚生省の車がまたやって来た。この大分県出身の教育家の古手はクリスチャンかと見間違うほど、道徳的で理想主義者だった。ぼくのコロニー論をじっくり聞き、その実現を約束し、帰りに朝霞のキャンプ・ドレークを見て行った。

「深津さん、頼みますよ。宗教家でなければ、そういうことはできない。宗教もキリスト教でなければ、だめ……」

これが彼の口ぐせだった。売防法が生まれたときの法務次官をしていたとか、それが病みつきで、彼の口ぐせだった。偉い人もあったものだ。

宗教といえば、本当に墨染めの衣に、下駄を履き、珠数を手にした頭のあおい尼さんが七人、押しかけて来た。ぼくは若いころ一度、鎌倉の円覚寺に参禅したことがあるっきり、まったく仏教というものになじみがない。牧師の子、牧師なのだから、ことに尼さんというものにはなんとも異様な気持ちで、どうすることもできない。どこから、どう切り出したらよいか、まったく困ってしまった。しかし仏教の新聞で、ここのことを読んで、ぜひ見学したかったという。そこに、日本の女性、それも宗教のために生涯ひとりで暮らす者を発見して、奉仕女に語るようなつもりで、やっと心構えができた。

その新聞に出た記事というのを見せてもらったが、それがまた振るっている。

「参列者三万、花火が上がり、ヘリコプターが飛び、勅使門に至るころ、祝晋山のビラや花束が投下され、慶祝気分は最高潮に達した。――これは、千三百万円のおひろめという見出しで、総持寺孤峰新禅師晋山の盛儀を伝える神奈川新聞の一節である▼同じころ、武蔵野の一隅、練馬区大泉学園に新設された〝いずみ寮〟では、数人のキリスト教奉仕女が不幸な女性と生活を共にし、その悩みを救おうと真剣な歩みを進めていた。一千万円を投じて……▼一方は生涯かけて禅師の位を勝ち取り、他方は生涯を救済に奉仕する。一方は一千三百万を一日の晋山費にばらまき、他方は一千万円を不幸な人たちのために投ずる。いずれが宗教者として正しい行為か。いずれが宗教者としての金の使い道か……」

読んでゆくうち、彼女たちには、彼女たちなりの抵抗があるんだと、やっとわかった。

その日の話題は婦人保護のほかに、婦人献身者の組織という点に集中されたように思う。数は多いだろうが、みんなバラバラで、後継ぎを探すのに苦労しているような尼寺の経営、それ自身に問題がありはしないか。さらに仏教が死の宗教と化し、死んだ人間ばかり大切にして食っている。それが生命を失う原因だ。お互いに手をつないで、この日本をきれいにしようと語っていると、いっしょに祈禱でもしたくなるようなものを覚えた。駒沢大学で禅をやっていると言った青山俊董という若い尼僧は、才気喚発としていて、引き抜いてベテスダに植えたいような人物だった。

あてもなく、一日五〇円ずつ、みんなに小遣い銭を渡していると、それだけで毎月三万円、四万円、五万円と、帳面に載らない金が出ていった。その始末はどうする気か、職員も寮生も心配そうに聞いた。

「なに、そのうち、みんなモリモリ生産してくれるよ」とは言うものの、ぼくと春子の間では言い合いが絶えなかった。

台所で皿を洗ったり、庭仕事をしてくれたりする寮生の費用は、用務員を置いていないのだから、なんとかその給料を回せないかというのだが、職員は定数以上に置いてあって、だれかが給料でも寄付しないかぎり、その余裕はなかった。奉仕女は、給料をもらわないであろうと想像する人もあったが、それは奉仕女の制度の説明不足から来る誤解であって、奉仕女たりといえども、職場からいちおう給料を受け、それを母の家という共同体の中で共有していただけである。

何か仕事らしい仕事をしてみたい、これは、寮生一人ひとりの切実な願いとなった。そのために一人の作業指導員が配してあった。が、彼女の教える洋裁は、みんなの頭の上を通り越してしまう。春子は東京女子大の同級生、石渡夫人に頼み、ビニール紐を編んで、ベルトや手提袋をこしらえることを教えるのに成功した。

奈良林夫人も週に二度現れて、古布を利用して、鍋持ちを作ることを指導してくれた。石田君は、彼のメシのシロ――謄写版――を担いで来て、ガリ切りのクラスを組織した。塩田君は、日曜日の午後、レコードを持って来て、コンサートを開いた。が、これは生産にはならなかった。和裁ならやりたいという寮生も何人かいて、地元の並木夫人に出張教授を願った。特殊印刷と称して、手拭いに判を押す仕事をもちこんだ紳士もいたが、どうもうまくかみ合わないで終わった。

大方の寮生は、これらのどこかに加わって、「できた、できた」と騒いでいた。が、STだけは超然とそのどこにも加わらず、ひとり中庭に穴を掘った。池を作るというのである。その土量はたいへんなもので、四方のテラスに積み上げられ、建物の基を覆った。きちんと四角に掘ったはずの壁面も、雨風に崩れ始めたが、コンクリートを打つ金はなかった。彼女は厚生省へ押しかけて、推進委員に談判した。おかげで（？）共同募金会から臨時に五万円出すと、都が知らせてきた。

いずみ寮は、いちばん低い窪地に建っていて、屋根がトタンだから、夏は極度に暑かった。ことに、職員の部屋は、寮生たちに良い所を渡した余りの、西日の射す、生きた心地のしない場所だった。STは話しに来て、「これはひどいや」と言うと、翌日から、陽よけ作りに精を出した。といっても、何も材料はないから、林の木を切って柱を立て、小枝を渡して、ヘチマ棚にした。夏が終わるころ、ヘチマが伸びて、その裏葉が美しかった。

平凡社から、自伝を書くように言ってきたので、七月下旬を軽井沢に逃れた。別荘とは名ばかりの、ペンキの落ちる休業浴場である。そこで、前半は原稿書き、後半はベテスダの集いをやった。手伝いに来ていたミチ姉もそちらに行くため、春子と紅子をいずみ寮に泊まり込ませた。トルコ兵が周りをうろついて、MP〔米軍の憲兵〕の出動を求めるなど、夏は、気の許せない時であった。

帰ってみると、孔版科の修了式。いずみ寮夜間大学という誇称で、免状を五枚書かされた。

喜びに目を輝かせながら、彼女たちはその卒業制作「原石《げんせき》」を、ぼくに差し出した。

「ほう、もうできたの」

自分たちは、可能性を無限に秘めたダイヤモンドの原石のようなものだから、こう名づけたという。このA5判、四十三頁のガリ版雑誌には、みんなの赤心が文や詩になって、行儀よく並んでいた。その扉には、

「だれでも、キリストにあるならば、
その人は、新しくつくられたものである。
古いものは過ぎさって、
見よ、すべてが新しくなった」

と記されていた。

16 峰もあり谷もあり

〈一九五八―五九年〉

その夏は、何を勘違いしたか、むし暑い東京へ世界中の人が汗をかきに集まった。ぼくに関係のあるものだけあげても、第一四回キリスト教教育世界大会（八月六日―十三日、東京都体育館で）、第九回国際宗教学宗教史会議（八月二十七日―九月九日、産経会館で）など、なかなか賑やかだった。

キリスト教教育も、もう十年早ければ熱をあげていたころだから、真っ先に立ってやっていたかもしれない。が、もうはるか遠のいていて出る幕はなかった。それでも、どんな様子かちょっと見に、一晩、顔を出した。ただ、めちゃくちゃに人間が集まっているというだけで、声は聞こえず、会場はかすんでいた。三六か国から五〇〇〇人集まっていたというから、偉い人もいるのだろうと思うが、だれがだれだかさっぱりわからなかった。それでもドイツの総監督ディベリウスには会った。一度はユニオン教会でドイツ人の礼拝があったとき、もう一度は、春子といっしょに迎賓館に招かれて。何かこの人でなくては言えぬ言葉を引き出そうと、問答も試みたが、この老牧師、何も言わなかった。慣れない暑さの中で、正装して立っているだけが精いっぱいだったのだろう。

宗教学会議のほうはまったく違っていた。冷房の効いた程よい広さで、和英両文の論旨を用意して、すっきりやっていた。ことに、フリードリッヒ・ハイラーの開会講演「諸宗教統合への道としての宗教史」には唸らされた。要するに、宗教というものは、それが秀《すぐ》れたものであるかぎり、似たような形を取って、ついには人類に平和をもたらすというのだから、ぼくの言いたいこと、ズバリだった。

その時、どこを、どう間違えたか、NHKはぼくを選んで、七日間の「人生読本」を担当させた。それも「宗教は必要か?」という、はなはだ挑戦的な主題で。学会にさえ欠席がちなぼくに、この大問題で七回の原稿を書く暇があるわけはないのに、何でもいいから思いきり言ってくれという。忙しいから、二回に分けてもらって、一時間ずつスタジオに入ったが、その反響たるや相当なものだった。日刊新聞の読者ラジオ評などに一〇行か一五行ずつ載る投書を読んでいるだけで、久しぶりに重苦しさが解けてゆくのを覚えた。

寮へ出ると、寮生が寄って来て、寮でも聖書講義をしろという。日曜日の礼拝だけで十分だと思うのだが、むやみに夜間大学が増えて、和裁もある、洋裁もある、料理もある、国語もある、英語もある。聖書のグループもなくてはいけないというのである。仕方がない、毎木曜日の夜を約束してしまう。が、実際には、帰るバスがなくなるのである。

九月十一日から「教理の研究」と称して始まったが、応接室にぎっしり。一三人が聖書と讃美歌を抱えて、いかにも神妙に座っている。泥水しか飲まされなかった者は、それだけ真水に渇いているのかもしれない。思わず話にも熱が入る。

ところが、それから四日後に、ぼくは倒れてしまった。パレス・ハイツが廃止になって、そこにあるカマボコ兵舎をくれるという、それを見に行った帰り、激しい胃痛に襲われたのである。六日寝て、ベテスダの日だけ勤め、その翌日から癌研究所に通い始めた。医者が良い顔をしない。ひそかにエリザベト姉、ミチ姉、石田君を集めて、分散体勢を布き、メチャクチャの会計を整えていると、台風が来た。さいわい茂呂も大泉も無傷だったが、狩野川は大暴れ。その中で、春子の姉は死に、その夫は怪我。奉仕女の中にも、家が水浸しになった者が出る。

ところが、ぼくがいなくても、いずみ寮では、罹災家族を泊める、衣料や金銭は集める。とうとう奉仕女二名、寮生三名で救援隊をこしらえ、修善寺へ出かけて行くという勇ましさ。雨に垂れ込められつつ月見の句会をし、秋晴れの空にユネスコ村まで遠足。栗は拾う、芋は掘る、しまいには、病める寮長のために、お祈りまでしてくれる。

しかし、ぼくのほうはさっぱり埒が明かない。癌研の本院へ呼ばれたり、分院へ回されたり、検便だ、レントゲンだ、胃液検査だ、アブラシヴだ、胃酸だと、散々いじめられて、待てど暮らせど、その結果が発表されない。何か不吉な予感がして、最悪の場合を考えてしまう。

もしも癌だったら、ただちに入院、そして手術。それが転移でもしていれば、また手術、また手術。帰って来る日はまずあるまい。

死。それがいちばん良いと人には言った。が、はたして本当だろうか。何もかも終わる。何もかもなくなる。その彼方のことまでぼくが決めるわけにはいかない。それは永遠者の領分だ。ぼくは永遠者に信頼するだけ、服従するだけだ。親しかっただれかれと別れて。

薄暗い廊下で順番を待っていると、いろいろな人が目の前をよぎる。皆、重い十字架を負うて。弱った心には、優しくしてあげたい。ああ、病院を建てたい。身も心もスッポリと労わってあげられる病院を。

思うことに疲れると、コラールを出して訳す。近づく降誕節に、何にも歌うものがないからである。これが最後になるかもしれないと思いながら、パウル・ゲルハルトの「ヴァルム・ヴィルスト・ドゥ・ドラウセン・シュテーエン」を。訳していると、なぜか涙がこぼれて仕方がない。

二、よにある　なべては　たよるに　たらず
ほまれは　うせさり　とみも　きえゆく
よの　よろこびは　つかのまに　すぎ
このひの　たのしみ　あすのくいとなる

三、くちぬ　なぐさめは　ただなれに　あり
しゅのまきばにこそ　やすきは　あらめ
つかれし　たまを　てらし　みちびき

なれが　みもとにぞ　いこわしめたまえ

疑い晴れて、ひと月ぶりにいずみ寮へ出勤してみると、みんな玄関へ飛び出して来て、歓声をあげた。

「ゆうれいじゃないよ、ぼくだよ。みんな、おりこうだった?」

めいめい、留守の間の出来事を話に入って来る。寮生こそ、一一人消えて、一五人増えたが、何とも生きている喜びが鮮やかだ。昼、食堂へ出ると、軟らかいものでなくてもいいのか、と労わってくれる。何か全快祝いでも出さねばならぬところだろうが、何もないから、土産話に、検査の苦しかったこと、みんなよく協力してくれたことの感謝、そして思いきった「コロニー宣言」を、一席ぶつ。

「いよいよ、皆さんの要望抑えがたく、腹を決めて立ち上がる。久布白先生の蒔いていかれた五二円を、どうして大きな夢につなぐか。まずパン屋から始めよう。この屋敷の片隅に小さなパン工場をつくるのだ。そのために、ぼくはカマボコ兵舎をもらいに行って、倒れてしまった。が、兵舎はいま解体しているから、そのうち届く。そうしたら、それでパン屋を始めよう」

この話に、だれよりも感激したのはMYである。口にこそ出さないが、彼女はパン屋の娘だ。それが破産して、転落した。だから、パン屋を開いて更生したいと思っている。そこには、ちゃんと哲学が一本通っている。

彼女は、兵舎が届くと、雨の中へ飛び出して、重い鉄材をトラックから降ろした。仲間を募って、一人五万円の更生資金を借りる運動をした。エリザベト姉を招いて、台所のオーヴンでクッキーを実際焼き始めた。しかし、かわいそうなことに、その最中で脊椎骨折を起こし、それから六年間、死生の境をさまようことになった。梅毒のために、骨までボロボロになっていたのである。

ギブスに入ったきり、まったく動くことのできない彼女のところへ、四期のシズコ姉が派遣された。そして看護の合間を見て気分の良いときに、彼女の伝記を筆記した。十六歳で神楽坂に売られ、十六年間、内外の人肉市場を遍歴した。その生涯は四〇〇枚を超え、貴重な資料となった。久布白女史に見せると、ぜひ映画にしようと奔走してくれた。しかし、大映も東宝も、その最後の部分が気に入らなかった。あまりにも宗教的すぎるのである。やむなく、この原稿を売った小さな書店からのわずかな稿料で、彼女の身の周りの用を便じた。しかし、その本が出たとき、あまりにも異なったものになっていたので、驚き、あきれ、だれにも見せなかった。

彼女がいなくなっても、コロニー宣言は、あとへは引けなかった。いや、彼女が倒れたからこそ、これはやめられないものとなった。一年前にいずみ寮建設の訴えを載せた「ディアコニ」誌は、その二八号を、「コロニー特集」と銘打って、とにかく金集めに飛び出した。どこに何が計画されているというのでもなく、とにかくコロニーが要る。それに向かって第一歩を踏み出すから、年額一〇〇〇〇円を出す後援会員になってほしいというのである。

年の瀬を控えて、ジャパンタイムズ、NHK、朝日新聞などが、待っていましたとばかり、トップで宣伝した。相談所長も、この曖昧模糊としたぼくの夢を読んで、ことのほか乗り気になった。

「……要するに、今の社会は強い者勝ちの世界で、一度つまずいた人間が、労わられながら、生きてゆける所ではない。……今ある施設はみんな更生施設で、十八歳になれば、知的障がいのある子さえ社会へ放り出されている。……

自分の家の前のゴミを、隣の家の前へ掃き寄せておくと、翌朝それが倍になって戻ってくるように、厄介者を放り出そうとするだけの人生観では、もう間に合わない。人が捨てるものなら、私が拾いましょうという人間が、どこかに現れねばならぬ。……

普通の人が見て、生きる値打ちがないように思われる人間でも、息をしているかぎり、その生を楽しむ権利がある。……

足の二本ある者を人間と呼ぶから、一本の者は生きづらい。知能指数が一〇〇ある者を人間と呼ぶから、六〇や四〇の者は勤まらない。これは、強者が多数を頼んでする暴力であるまいか？

いくら不平を並べても、語ったり夢を見たりしても、何にもならない。強者が強者であるうちに、弱者になってからでは遅すぎる。その力の全部、または一部を弱者のために与えて、弱者の楽園を創り出さねばならない。……
猫の額《ひたい》ほどからでも、今すぐ始めねばならない。……
他力本願で、われわれの望んでいるものが実現するか疑問である。……
それを待っていたら、生きる者も死んでしまう。……」

卒業論文を書き終えた石田君と、新しい茂呂教会の礼拝式序を整え、いずみ寮印刷部で刷ってくれた「降臨節聖歌集」を歌っていると、降臨祭が訪れた。この降臨祭には、九人の寮生が洗礼を志願しているのである。ぼくは、はたと困惑した。

牧師だから、洗礼志願者が出て、悲しいことはない。が、はたしてこの人々に洗礼を授けて、構わないものかどうか。ちなみに、同業の意見を聞くと、慈愛寮の寮長は無教会だから、洗礼は認めない。しかし寮生が近所の教会に行くのは奨励し、そこで洗礼を受けても、別に止めない。救世軍の施設では、収容者であるかぎり救世軍兵士になることはできない。独立していないから、ということらしい。教団に問い合わせてみようかと思ったが、どうせ間に合う返事はできなかろうと思いとどまった。だが、洗礼準備に人一倍うるさいぼくが、この人々の洗礼を良心的に行いうるのかということになると、なんとも自信がなかった。

いったい洗礼とは何か。ふつうの市中の教会で行われるそれは、入門儀礼であろう。無信者が信者の仲間に入れてもらうのである。それには、どれだけの資格が要るか。経済的な制限があるだろうか。貧しいゆえに教会員になれないということがありうるか。あってもよいだろうか。むしろ不正が許されないのだろう。生活保護を受けていたら、教会員になれないのだろうか。借金があったら……。盗まなければよいのではないか。姦淫しなければ……。

それよりももっと精神的な条件であろう。すなわち、信仰の内容である。われわれは、信条をもっている。これに基づいて教育し、これに基づいて適否を定める。しかし、それをここでもちだせば、たくさんの人が失格する。バルトの『教義学要綱』をこの人たちは理解できないからである。しかし、それで締め出すとしたら、キリスト教の自殺である。信仰は知能指数とは関係ない。信条をもたない教会さえある。信条は一つの基準であって、それで人を殺すためのものではない。

この人々が礼拝に出たり、聖書の話を渇望したり、洗礼を受けたがったりするのは、何のためか。何かそこにある、人間らしい資格のようなものが欲しいからか。まんざら、牧師である寮長にへつらうためとは思えない。人間への復権、もしそれが彼女たちの熱望するものだとしたら、それを拒否するぼくは、この仕事を何のためにしているのかわからなくなる。イエスは税吏や罪人や遊女を招いた。それは、彼らが罪の赦しを得るためであった。罪人だから、招いたのである。

ここの人たちが求めているものもまた、それではなかろうか。われわれが自分を罪人と呼ぶときに、そこには一種の白々しい、わざとらしさがつきまとう。しかし、この人たちが自分を罪人と呼ぶとき、そのときその言葉は澄んでいる、冴えている。しかも、この人たちの罪——たった一つしかない命、取り返しのつかぬほど汚してしまったという——を、だれも赦してはくれない。どんなに親しくなっても、どんなに真面目に生きても、必ず追ってくる〈過去〉。そうだ、この〈過去〉から彼女たちは切断されたいのだ。その鋏《はさみ》が取りも直さず洗礼なのだ。救世軍がどうであろうと、無教会が何と言おうと、教団から後日文句が出ようと、追放されようと、ぼくは今、勇気と信頼をもって洗礼式を敢行すべきである。

「神さまは、あなたのお父さんだと信じ、イエスさまの手本に倣い、再び罪の生活をしない約束ができますか？」

と言うと、

「はい」

と答えた。

「では、父と子と聖霊の名において、洗礼を授けます。あなたの罪は赦されました」

と宣言すると、みんな聖壇にひざまずいて泣き出した。会衆も泣いている。奉仕女も泣いている。奈良林医博も、石田神学生も、塩田医学生も。

「きょうはクリスマスで、おめでたいはずだったのに、どういうものか涙腺がくるっちゃって……」

眼鏡をはずして、また泣いている。

ぼくも何百人の洗礼をしたかわからないが、こんなのは初めて。やっと、牧師とは何をするものか、洗礼とはどういうことかわかった。そのあと、断食療法があって、いずみ寮へはひと月以上行けなかったが、寮母は、「みんな、生まれ変わったように、朝も早く起きて、氷の水で、お雑巾がけをしています」と知らせてきた。

明けて一九五九年は、しかし、いずみ寮にとってたいへんな年であった。まず、寝ているところへ奈良林医師が来て、辞職を申し出た。かねてから講演旅行が多すぎると問題にされていたので、あえて再考を促さなかった。かくてベテスダ診療所の夢は消えた。

次は、トシ姉から退館願いが出た。退館願いというのは、奉仕女が母の家を去るという穏やかならぬ意思表示である。しかし、この人の場合、別に驚かなかった。何か少し思うようにいかなくなると、潔く退館という表現を取る癖のある人だったから。しかし、だいぶ疲れているようで、会計事務も乱れが目立ったから、なだめて新設の養鶏部へ回らせた。あとをやれる人がいなかったので、加須からサチ姉を呼び戻して、いずみ寮の事務に据えた。すると、調理を担当していたシノブ姉がのびた。虫垂炎だというから、すぐ切らせた。が、普通なら、一週間もすれば退院するところを、四週間経っても退院できなかった。よほど体力が落ちていたのであろう。茂呂へ退却。あとへ、トシ姉。トシ姉のあとへ、二期のヨウコ姉。どうも、心細いので、もう一人、四期のミチコ姉を手薄な作業指導にあてる。

ベテスダでは、第五期の姉妹が一人、精神に異状を呈し、家まで送って行く。入館前から、ときどきそういうことがあったとのこと。とても奉仕の大任にはふさわしくあるまい。

いずみ寮では、一人の寮生が子を産む。女の子だったら「泉《いずみ》」、男の子だったら「良《りょう》」と、名前まで決め、安心して、産院へ行かせる。

三月九日という日に、新宿簡易裁判所へ呼び出され、見ず知らずのYMを引き取らされる。窃盗罪の執行猶予である。汚れた布で頭を縛っている。が、その中はカツラで、頭には毛が一本もないというかわいそうな子だ。

三日置いて、今度は渋谷簡易裁判所へ出頭。まるで自分の罪でも裁かれているように、硬くなって、TSをもらい下げて来る。長身男装の女スリである。

それから、ひと月経って、問題の男NMが転がり込んで来た。石田君もかなり本腰を入れて付き合ってくれたが、とにかく、こういう猛者たちに、思いきり振り回された春だった。

「シュウェスターも、やっぱり人間ね」

という言葉が寮生の間でささやかれ始めたのも、そのころである。美談なんてものは存在しない。ただ、鋏を入れるその場所しだいで、美談もできれば、醜聞もできると、つくづくニヒルになったものである。

この傾斜を取り戻す努力として、まず考えられたのが、第一回祝福式のための退修二週間である。五年前に入館した最古参の奉仕女三名を静かな所へ移して、祈り、学び、生涯をささげる決心を固めさせたのである。といっても、その場所も時間もあるわけではない。一方で戦闘を指揮しながら、一方で祈禱を深める。そのために手に入れたのは、すぐそばに新築されたアパートの二室で、食事なども本館と行ったり来たり。これで本当のことができるわけがない。初めてのぼくが、エリザベト姉に聞き聞き、生涯をささげるということは何か、説明するわけだが、聞くほうは、何を今さら言うのかという表情。それでも休養になったらしい。

きちんとした生活をしてみると、乱れが目立つ。これではいけないと、姉妹一人ひとりが反省するために、「生活記録」をつけることにした。洋半紙を二つにたたんだ片面に、一週間のごくあらましを表にあらわし、それぞれの日の所感を一言添える。引っ繰り返した裏には、一週の反省として、謝すべきこと、悔ゆべきこと、祈るべきことなどのほかに、指導部への願いを記す欄も設けた。

この最小限の紙面と最小限の努力によって、すべての姉妹の行動が、どこにいても、いつでも、反省され、記録され、報告され、指導される方式は、名案であり、便利であった。これが毎週きちんと提出されているようなら、奉仕女は成長しつつあるのであるが、これが出なくなり、出ても真白な場合には、呼んで話を聞き、仕事を調節し、任務を変えなければならない。ところが、それが人手や時間の不足でうまくゆかないと、どんどん脱落者が出てしまう。

もう一つ、いずみ寮に遣わされている姉妹たちのために、ぜひ必要と感じたのは「分館」であった。本館と呼ばれたものが、訪ねて行っても、上がる所もない茂呂の晒屋《さらしや》であったのだから、その分館がどのようなものであり得たか、たかが知れた掘っ立て小屋だった。しかし、それでも、ないよりはましで、姉妹たちは、二十四時間、収容者に悩まされており、そこから休息のため、逃れる場所が欲しかったのである。

そのため、初め、いずみ寮の近くに、一軒の家が借りられ、その後、コロニー一号舎、二号舎と、構内に戻り、また縄工場の古手を買って、外へ移り、そこに一人、家事の姉妹を専属にしたり、時を定めて、ぼくが聖書研究まで担当したのだが、繕ろう速さより、破れる速さのほうが速かったように思う。重い荷物は、だれが持っても重かったのである。

このベテスダの最低のときに、われわれはエリザベト姉を本国へ帰さねばならなくなった。六年に一年の休暇が延び延びになっていたためである。が、心の中では、再び帰って来られるかどうかという憂いがあった。米国のミッションは、どこまでも日本の奉仕女事業に反対だったからである。

「一年経ったら、帰って来ます、ね」、「お土産にフォルクス・ワーゲン……」などと言って羽田を賑わしたが、本当は糸が切れたような虚脱感をどう紛らわすこともできなかった。

そこへ、婦人相談所の中野所長から電話がかかった。厚生省がやる気だから、コロニーの立案をせよというのである。尻尾がピンと上がった。

（ようし、やるぞ。だれがいなくなろうと、何がなかろうと、いのちのあるかぎり）

だが、えらいことになってしまった。立案すると言ったって、何を、どれだけ、どこへ、どうしたらよいのか、さっぱりわからない。ただの夢、ただの空想なのだから。

17　コロニーへの道

〈一九五九年〉

一九五九年六月十六日、箱根湯本のなんとかいう保養所で、再び全国婦人保護施設長会議が開かれた。行ってみると、今度はなぜかひどくお粗末なもので、売春対策推進委員も来ていなければ、厚生省の課長も補佐も顔を見せない。ただひとり、若い事務官が上座に座らされ、荒くれた寮長のダミ声に答えているだけ。何言う気にもなれず、渓流のせせらぎに、ついウトウト。湯にひたり、飯を食うだけ。

しかし会がハネると、だれより先に飛び出し、やっと乗った特急の中で、その事務官とサンドイッチを頬張りながら、コロニーの規模について打診してみることを忘れなかった。

「一千万円ぐらい、いいんじゃありませんか」と、おとなしそうに言う。それを、ぼくは何かの聞き違いではあるまいかと、耳を疑った。が、ネコの額《ひたい》ほどからでも、と言ってしまった。自分の言葉をあやうく思い浮かべ、（ないより、ましだ）とあきらめた。

さっそく東京へ帰ると、隣の八〇〇坪ほどをあたってみた。あれでも、もうわれわれが買った時分とはだいぶ違うだろう。坪五〇〇〇円というかな……。すると、土地だけで四〇〇万円か。あと六〇〇万円で何が建つか。たいしたものもできまい。せいぜい鶏舎か、豚舎ぐらいか。

すると、前には、買ってくれと言ったその地主が、今度は売らないと言ってきた。こういう人を相手にするのは、実に骨が折れる。こちらは数ある機会の一つぐらいにしか思わなくても、向こうは一世一代ご先祖さまからのお宝を手放すのだろうから、簡単にはいかない。上から高飛車に脅しつけるか、有無を言わせないだけの高値をつけるか。だが、それがぼくにはできない。

にがりきっていると、ひょっこり厚生省の課長が乗り込んで来た。補佐と係を連れて。新任のあいさつのつもりだろうが、その心は読めている。

「先生、そんなチッポケなこと考えないで、もっと大きな計画を立ててくださいよ。国有地を払い下げるとかなんとかして」

(なんだ、それじゃ、話がまるで違うじゃないか)と思ったが、そんなことを押し問答する必要はない。

「なにも、一年とは限りませんよ。五年計画ぐらい、いいんじゃありませんか?」

そこで、恐る恐るキャンプ・ドレークの話を持ち出してみる。そこに見えている芝生のゴルフ場、その向こうが、一五〇万坪の米軍基地である。聞くところによると、それが近々返還されるという。それを全部でも半分でも、国がよこせば、日本中の人間のクズと言われる人たちを引き受けることもあえて辞さない。

すると、生活課長は、さすが売春のほかにいろいろな問題も担当している人だ。ウーンと考えてしまった。

「やろうと思えば、できないことではありませんねえ。いつ返還になるか調べてみましょう」と傍らの補佐とささやく。トクチョウとかなんとか、役所の名前であろう。

なんだかバクチみたいな話で、恐ろしいような気がするが、ここでひるんではならない。翌日も、八王子で寮生の婚礼があった帰途、相談所長と話してみる。

「そのくらい大きいほうが、魅力がありますよ」

と笑っている。建築士を呼んで、聞いてみる。役所の出す単価は、だいたい決まったもの。なんだったら厚生大臣に会わないかと、その旧友だという新聞記者から電話が来る。ちょっと待ってくれ。立案だけ先にして、と断った。が、これが好機を逸した。

旧約学会でマイレンバーグが講演するというから、三鷹まで出かける。その途中、フランクリン教授の家に寄り、米軍の有力者を紹介してもらえまいか、聞いてみる。ヒモつき返還といって、使用している米軍があとをだれだれに使わせよと言うと、早いのである。が、彼には、良い知恵がないらしい。

マイレンバーグの話は噂ほどではなかった。「旧約における契約の成立」を取り扱ったが、惜しいことに法律と宗教をゴチャまぜにしていた。いかにも牧師さんらしい勘違いである。

帰る路、三笠宮と雨に濡れながら歩いてみる。皇居があれでどのくらいあるか。三五万坪という。キャンプ・ドレークはその四倍以上だ。

働きすぎて心臓が痛いという石田友雄に金を持たせ、軽井沢へ休暇にやり、さて、ひとりになって、春子でも相手に一五〇坪の使途をはじいてみるが、とてもまとまらない。厚生省から電話で、

「特別調達庁へ問い合わせてみたが、返還の目処は立っていない」

と言う。だから、今のうちなのだが、さて、いつのことか、わからぬものを条件にして、予算を取ることは難しい。一年に一〇〇人ずつ、五年かかって五〇〇人入れられるものを、五万坪と限定して、その費用を計算していると、東京都が乗り込んで来た。

相談所長が、これまた新任の本庁の係長と主事一人を連れて、ぼくの夢のような計画に耳を傾ける。それればかりか、なかなか意欲的である。それもそのはず、三日置いて、行ってみると、民生局という焼けビルの片隅に、新しく「婦人部」というものが創設されて、東京都としては初めての女性の部長が決まったという。眼鏡をかけた、口の大きな女性で、なかなか切れそうな人物。

「どうぞ一度お越しください」とあいさつしておくが、それどころじゃないらしい。

そのうち、キリスト教社会事業同盟から案内が来て、新しい民生局長の歓迎会をするという。その名前がなんと渡辺光一とある。これは、成子の学校の保護者会で、いっしょに役員をしている同一人物。一度折り入って話したいと、面会を申し込んでおく。

そして、新聞に目をさらしていると、つい先だって、いずみ寮に感心して帰った厚生省の社

会局長が次官になったという。次官といえば、いくら世事に疎いぼくでも、役人の最高位だぐらいは知っている。これはうまい。それかあらぬか、厚生省は毎週のように入れ替え引き替え、大蔵主計官を連れて来る。鳩山、辻、杉山、平尾、加賀谷……。予算編成に忙しい時期なのであろう。

とびきりむし暑いその年の夏を汗だくになって、慣れない建設年次計画や運営案や、ことに、難しい作業計画、その収支の均衡と経済自立のスケールを、専門家に聞き聞き、はじき出し、原案をまとめ、ガリ版にする。気の遠くなりそうな戦いである。が、助けてくれる者とてない。春子にガリ版を切らせ、三週間、ほとんど茂呂塾の一室に立てこもって、北海道の所長会議には間に合うようにと汗を流していると、中学生の祐子が呼びに来た。

「紅子、熱があるわよ」

だが、いちいち子どもの病気など、構っていられない。

「寝かせておきなさい」

と怒鳴って、帰す。が、やがて、

「おかあさん、変なの。紅子が……」

「お医者さんに来てもらいなさい。そのくらいあなたでもできるでしょう?」

こうしてできあがった、たどたどしい女文字の、「いずみ寮コロニー計画書」に、厚生大臣と東京都知事の名前を載せて、提出が終わったのが、七月二十一日。その翌日は、結婚してうまくいかない寮生の相談に乗り、その翌日は、甲府で講演のため日帰りして、立ち通しで、クタクタになって帰って来ると、春子はいない。紅子が入院したという。

翌日、電話をかけて驚いたことには、待つ間の受話器に、キーキー叫ぶ紅子の声が飛び込んでくる。春子が出て、おろおろ声で、「とにかく、ひどいから、すぐ来て」と言う。築地の聖路加病院まで一時間以上、やっとたどり着いて、病室に足を入れると、二目と見られない腫れ上がって真っ赤な紅子が、裸でもがいている。

「あらゆる手段を尽くしてはいる。が、楽観できません」と医者は言う。検査もろくにできない。採血するにも、静脈が出ない。腕に触ってみると、ソーセージのようにカチカチである。ぼくは、傍らにあった椅子を取り寄せ、腰を下ろし、最悪の場合を観念した。そしてそのゼロの座標に立って、わずかでもできることを、できるときにしてやろうと決意した。ぼくでなくてはできないことを。父でなくては、牧師でなくてはできないことを。

「こうこ、くるしいか？　パパだよ。パパが、来たよ。安心して、静かに眠りなさい。眠れば、病気は良くなる……」

ベッドの上で、足をバタバタさせていた紅子は、薄目を開けて、ぼくを見た。「苦しいよう」と胸をかきむしる。ぼくはその胸に手を置いて、祈るように歌った。

「ねむい　おめめを　とじて　やすめば

「かみさまの　めは　わたしを　まもる」

それは、生まれたときから聞かされて、大きくなった彼女の子守歌であった。『こども聖歌集』という赤い表紙の小さな本をぼろぼろになるまで愛用してくれた。その紅子の耳もとで、日が暮れるまで、夜が明けるまで、静かに、静かにヴァリエーションをつけて歌った。繰り返し、繰り返し……。

おかげで、七月の末に予定してあったベテスダの集いも、石田君の代行で間に合わせてもらい、はるばる海の外から来た来客にだけちょっと会うことにした。一人は、米国オハイオ州のマスキンガム大学音楽部長ジョン・ケンドル。この人は、わざわざ日本へ鈴木鎮一のヴァイオリン教育を調べに来た。それがどうしてぼくに面会を求めたかというと、望月謙児という留学生の紹介である。この男は、ある所でぼくの聖書研究に出席し、才能教育第一回卒業式にぼくの隣に座り、「上富坂たより」に、ぼくがそれを激賞したのを読んで、米国で才能教育を宣伝し、一大センセーションを巻き起こしたのである。鈴木鎮一と一度も話したことのないぼくを、鈴木鎮一の最高の評価者として外国人に紹介したのである。

仕方がないから、丸の内ホテルまで行って、そこのグリルで朝食をとりながら、もとらぬ英語で語った。が、前夜、一睡もしておらぬため、耳はジンジンなるし、心もそこになかった。目をつぶらなくても、紅子の叫び声があちこちの壁から、まざまざと聞こえた。別れ際に言った彼の言葉、「お嬢さんの快復を祈ります」に深く謝して、また恐怖のたぐろする聖路加へと取って返した。付き添いが来ていた。知人に電話しておいた小さな扇風機も届いていた。苦しみを担う紅子へのせめてもの詫び、精いっぱいの贅沢であった。

その夜はやはり苦しんだ。が、前夜ほどではなかった。春子を休ませて、ぼくが看病した。付き添いが休むように勧めてくれたが、ぼくの歌がまだ必要だった。翌朝はまた、ヘルマンという男に会わねばならなかった。

ニューヨークで売春事情の著述をしているというサラ・ハリスとその夫君が訪ねて来たのも、そのころだった。根ほり葉ほり聞いてきたが、一度では事足りず、また次の週もやって来た。

プレドニゾロンが効いたのか、一週間経つと、紅子は熱も下がって、ベッドの上に起き上がり、寿司や桃を食べられるようになった。

「紅子、よかったね……」

頬ずりして喜び合ったが、あの怖ろしい死の影が、まったく消えたわけではなかった。

この年は、日本のプロテスタント教会にとって記念すべき宣教百年にあたった。秋には、東京都体育館を借りて、そこをどう満たすか、指導者たちは頭を痛めた。そこへ、前古未曾有の伊勢湾台風が訪れた。ベテスダは、苦しい中から、それでも一人の奉仕女を送った。が、つくづく組織のなさを嘆いた。

いずみ寮では、初めて、にわとりが卵を産んだ。特別なものではなかったが、朝日新聞が社会面を上から八段つぶして、それを報じた。売春更生者が村づくりに立ち上がったということが、そんなに喜ばれたのである。木下恵介という映画監督が撮影の出先でクイズに当たり、もらったテレビを、そのまま贈ってくれたその記事が、また七段載った。すると、朝日イブニングニュースが、一ページ全部つぶして、コロニーを報じた。それからあとは、もう憶えていない。久布白女史の言う、選挙にでも出たい人なら、うらやましいほどの宣伝なのであろう。が、ぼくにその暇はない。もしあったら、書いてくれなかったろう。

所長がしきりに勧めるので、一度、大手町の大蔵省関東財務局を訪ねたことがある。課長がいなくて、課長補佐が会ってくれた。

「キャンプ・ドレークはまだです。が、やがて返還されるでしょう。跡をオリンピックや自衛隊、それから住宅公団などがねらっています。お申し出があったことは上司に伝えておきます」と言ってくれた。

ひと月経って、それらしい書類をつくり、提出すると、

「先日の記録は、新聞をつけて局長に渡しました。この書類は部を通してください」と言う。

その足で、もう一つ下の浦和財務部へ行く。「大蔵大臣、佐藤栄作殿、国有財産払下申請」とある分厚い書類に一応目を通して、課長は、「正式に受け取ることはまだできませんが、とにかく……」といろいろな情報を流してくれる。防衛庁は、朝霞の町の建っているところ一三

万坪を、米軍から直接譲り受けた。地元の三町連合で運動場を作りたがっている。元の根津公園のところ。小学校も敷地の拡張をしたがっている。まだ、東の沼地のところは、だれもねらっていない。

その翌日、ぼくは満五十歳の誕生日を迎え、ベテスダの九人と深津の七人で、食卓に着いた。皆から祝辞として、一言ずつ忠言をもらうと、祐子の「新聞をトイレに持って行かないこと」がいちばん笑わせた。翌日のバザーの準備もあって、そうそうにお開きにした。が、石田君は十二時近くまで粘って、奉仕女のなっていないことをしきりに訴えた。ぼくはそれをどうしようもなかった。ベテスダはやっと五歳になったばかりだった。

その年の暮れは、生まれて初めて、予算獲得陳情というのをやってみた。婦人保護施設連合会から呼び出されて、全社協に集まり、若い男に連れられて、国会議員や報道陣、それも論説委員を説いて回った。忙しい季節に、ただテクテクと。ぼくはまだよいとしても、久布白先生など気の毒で、自動車が欲しいと思った。

ただ大勢でぞろぞろと、「宜しくお願いします」も、能がないから、行く先々で相手に効きそうな殺し文句を使っているうちに、こういう運動を常時やらなければ嘘だと気づき、翌年そうそう、全社協に「売春対策懇談会」を開くことになった。これが後に「婦人保護委員会」と改められ、常設されて、二、三年続いたろうか。とにかく、社会事業家と、少しものが言えるようになり、顔も覚えた。

一九六〇年という年は、何か不吉な予感のする年だった。まず、元日、三人の子どもを連れて、いずみ寮へ行ってみると、寮母が見えない。TSというスリに殴打されて、寝ているという。行ってみると、頬のあたりが黒あざになって、歯ぐきが腫れ上がっている。正月ぐらいいいだろうと、酒を買って来て飲んだ。それを寮母に咎められて、カーッとなったというが、威信のない話である。

婦人保護施設で、職員が収容者から暴行を受けることは、珍しくない。だが、どういうものか、ぼくはそれを一度も経験したことがない。いずみ寮について観察してみると、女同士でも、寮生が職員に向かって暴力を振るったという場合には、ただの憤りからではない。何かその背景に愛情のもつれが見える。だいたい、親しくなりすぎた結果と見てよい。職員を職員と思わず、自分の恋愛の対象としたときに、その思いがもつれると、どんなことでもしかねない。しまいには、首を絞めるところまでゆくのであろう。

TSに会って聞いてみると、恐縮しきっている。が、酔ったうえではない。そんなことではないと言う。入寮以来の寮生同士の同性愛が裏切られて、その復讐に寮母をねらった。その経緯《いきさつ》が歴然としてくる。また何をするかわからないから、相談所へ送り返し、寮母にもしばらく休んでもらう。休むも休まぬもない。この顔では、みっともなくて、人前に出られないと言う。「もう失格です」と、ひどくしょげ込んでいる。

元日からこれではいけないと思ったから、昼食のあとで新年の希望を語り合う。一人ずつ、今年は何がしたいか言わせてみると、なかなかしっかりした考えが出揃ったが、その中でも、洗濯がしたいという意見が目立った。これは、ハル姉という医務担当の奉仕女が合間を見て指導してきた洗濯作業が、ある人々に非常に受けたことを示すもので、その人々というのはいずみ寮としては、知的障がいのある人たちである。

ちょうど幼子が水にたわむれて喜ぶように、この人たちにとって水に手をつけることは大きな快感と見える。ほかの作業場で無為にたたずんで暮らす人々であるから、その人だけを集めて、洗濯をあてがってみた。狭い洗濯場のあまり設備もないなかで、屋外に釜炊き場などをこしらえて、薪も林の中から拾い集めて……。

初めは、自分たちのものや、せいぜい寮内のシーツぐらいを洗っていたが、だんだん発展して、職員のものも欲しがる、外の家庭からも引き受ける。そのうち干し場が要るといって、三メートル四方のやぐらを建てる、ペンキを塗る。何か隠れた原因がありはしまいかと考えていると、「原石」二号に載ったこんな言葉を思い浮かべた。

シーツが一〇枚も入る洗濯機が、
重たそうに音を立てていた。
白い石鹸の泡が盛り上がっている。

洗い子は、当然というように、
四人とも背を向けて、水を使っている。
もう水が温かくなった。
水の香りを知った微笑、
きれいになった手を眺める。
赤身が出て、皮膚が剝けている……。
手足を泥だらけにした畠っ子が、
裏戸から飛び込んで来た。
もうお昼か……
「やあ、おれもこの中へ入りたい」
そんな大きい体を？
「いいや、おいらの心をだよ？」

そうだ、彼女たちが洗濯を愛するのは、洗濯がすべてのものをきれいにするからだ。洗濯物といっしょに自分もきれいになりたいのだ。その心理作用が強く働いているに違いない。彼女たちは何かを洗いたがっているのだ。それならば、うんと洗わせてやらねばならぬ。みんなで改まって語り合うことはおもしろい。「今年から月に一度、全体協議会を開こう」

と言うと、やっと明るさがよみがえってきた。しかし、満二年経った戦いの疲れは、あちこちに目立ってきた。相談所長がそのことで、わざわざ寮を訪れて、忠告してくれるほどであった。思いきって寮長の交替を考えてみたが、年が足らず、石田友雄に寮長代理という役をつけ、寮母にも補佐をつけ、作業も調理も新手と取り替えた。一年志願女という一年だけ奉仕女の生活をしてみる制度が生まれたのも、この緊急事態をしのぐためであった。

ボルデルンで知り合った白洋舎の社長に手紙を書いてみた。すると、板橋の支店を紹介してくれた。そこの責任者に会って、洗濯作業場を作り、大々的にやる相談をした。すると工場を案内し、法規などを説明した末に、試験的に寮生を使ってみたい、と言いだした。良さそうな人を選んで通勤させたが、そこでは洗濯を機械がしてしまい、人間のする仕事はアイロンがけ。それのできる人となると、いずみ寮では、むしろ上部に属することになってしまう。結論としてオムツ・サービスが良くはないか、ということになった。そのために、三間×一〇間の作業場を設計し、それをワーク・キャンプの学生の労力によって、軽ブロックで積みあげることにした。

前にもちょっと触れたが、いずみ寮と学生のワーク・キャンプは、切っても切れぬ縁があった。建ってすぐ早稲田奉仕園が杭打ちに来てくれた。東京キリスト者学生ワーク・キャンプは池を仕上げてくれた。その受け入れのコロニー一舎のために、東京神学大学や国際基督教大学が動員された。二舎をやってくれたのは神大生だった。そして一九六〇年の夏は、それにフレンド、国立、井草、阿佐ヶ谷などの諸教会が加わった。安保反対闘争に疲れた若者たちが、奉仕による革命を目指した集まり、ディアコニア兄弟会なるものを結成した。

学生にさせられる仕事は、せいぜいブロック積みだった。それも曲がったり、材料を無駄にしたり、あとの始末がたいへんだった。いっそ専門職に頼んだほうが安くはないかという疑問も出た。しかしコロニー建設の熱意は一人でも多くの人に分かちたかったし、若者たちの生きがいと倫理のためにも、そういう場所が必要だった。

「こちらから費用を払っても、しなければならないPRを、向こうから費用自弁でやって来て、学んでいってくれるのだ。少しぐらいの犠牲は負わねばならない」

これが、われわれの言い分だった。

こうしていつのまにか、いずみ寮の周辺には、素人づくりの建物が数限りなく立ち並んだ。鶏舎、豚舎、印刷部、商品部、ブロック小舎、洗濯部、製菓部……。その材料を買って支払いをするだけでも、ばかにならない金が要った。それはすべて、コロニー後援会員の熱烈な寄金によって賄われた。われわれはこれを、将来の大コロニーに対して「小コロニー」と呼んだ。

18　ごめんね、紅子《こうこ》

〈一九六〇―六一年〉

「ちょうど、去年の今ごろだったね」と話し合っていると、元気に遊んでいた紅子の首にグリグリができた。近所の医者が来て、風邪だろうと薬を飲ませておいたが、熱が上がってきた。不思議がって切ってみようと言ったが、聖路加へ入れた。すると、すぐに熱は下がって、十日後には退院してきた。（まあ、よかった）と思う間もなく、また熱が出た。慌てて病院へ連れて行くと、熱が下がる。今度は十三日いて、帰って来た。医者が言うのに、

「去年と同じ病気です。膠原病、リューマチと違い、繰り返すうちに危険ですから、風邪のようでも、気をつけてください。学校へ行ってもよい。が、体操と当番は免除してもらうように」ということで、月に一度は通院しながら、学校へ通った。ほかの子なら、六年生だから私立の中学へとも考えるところだが、とてもその体力は紅子にはなかった。でも、それを苦にする様子もなく、朗らかで明るく、なんでもないときには勉強に身が入ると見えて、狭い家の奥の片隅で、小さな机を押さえて、何かしきりと書いていた。

その夏は、とうとう軽井沢の借家を返してしまって、名栗渓谷の果てに、人の住まない農家を借りた。水は冷たく、山は深く、人は純朴で、文明から隔絶された素晴らしい所だったが、

紅子を歩かせるには遠すぎた。

　そのころだったと思う。中学時代の級友がひょっこり訪ねて来て、英国産の中古車を置いていった。奉仕女にひとり運転できる人がいて、おもしろがって乗り回しているうち、気に入ってしまった。とにかく、茂呂に住んで、大泉の仕事をするのは、むかむかするほど時間を取られた。ことに日曜の午前中、両方で礼拝をするその間が一時間とないときなど、必死だった。見かねて、姉妹たちがタクシーに乗せてくれた。しかし、それも頼んでおけば高いし、探すには時間がかかった。だんだんコロニーのために飛び歩かねばならなくなるし、車が要るとエリザベト姉に頼んだのだが、彼女が買ったと言ってきたものは、フォルクス・ワーゲンはフォルクス・ワーゲンでも、ぼくが欲しいカブトムシではなくて、八人乗りのバス〔編者注＝型番により六人から九人乗りの普通車で、一般家庭で家族旅行に使用〕だった。どうにかなるだろうと思い、その車を思いきって買うことにした。タクシーやハイヤーの代金を寄せ集めても、相当な額になると思ったからである。三菱原子力の副社長が乗ったもので、その前は英国大使館員の夫人のものだったという赤い皮のシートの、濃緑の、そうザラにはない品の良い車だった。

　いずみ寮は、次々とワーク・キャンプが入って、洗濯作業場を作るのに大車輪だった。その費用を初め生業資金にあおごうとしたが、それは筋が通らぬと否決され、その代わり共同募金を斡旋してくれた。が、その年に間に合わず、東京都社会福祉協議会から借りた。聞き伝えて、ドイツの教会からも二万マルクほど助けてくれた。その積まれたばかりのブロックの中で、べテスダの日の礼拝が行われた。礼拝堂にしてもけっこう役立ちそうな、どっしりした建物ができつつあった。

七年経ったベテスダの、一七人に増えた奉仕女のかげには、一三四人の「祈りの友」がいたが、そのあらましが集まって、年ごとに変貌する主の憐れみの業に、みな目を見張った。けれども、もうとっくに帰っていなければならないエリザベト姉は、そこに姿を見せず、乱れ飛ぶ噂はきわめて悲観的なものであった。彼女から来た手紙は、「米国のミッションが再派遣を渋っている。前のような働きは望めまい」と報じていた。

彼女が日本へ来られる唯一の途は、われわれと手を切って、日本キリスト教団の命ずる他の任地へ宣教師として行くことであった。ぼくは一日、教団の事務所を訪ね、大村副議長と、このことについて相談した。そして、さらに大乗的な見地から、エリザベト姉を捨てることに決心した。固執して、まったく失うより、断念して、つなぐほうが、日本のためには賢明だと考えたからである。

さらに悲しいことには、青い顔をしてベテスダの日には微笑していたルツ姉が、ついに倒れた。めまいがして、動悸が激しいというので、病院で調べたところ、血小板が三分の一に減り、血圧が三分の二しかないという。徹底的に休養する必要が認められたので、ミチ姉と交替。分館で好きなことをして、しばらく仕事を忘れるように命じた。しかし、彼女の頭は寮生のことでいっぱいだったし、寮生も、近くだから訪ねて行く。元気が出ると、心理の勉強をしたり、老病者の家庭看護に出たりして、気を紛らしていたが、見ていられないとみえ、一年経つと、再びいずみ寮に戻って来た。しかし、彼女をそこへ再任したことは間違いだった。もうその能力はなかったのである。が、彼女から婦人保護の仕事を取り上げてしまうことは、さらに残酷だった。

茂呂塾はこの秋、創立二十五周年を迎えた。といっても、この四分の一世紀は、くすんだ、色さえないものだった。やるのか、やらないのか、やむなく続けていたと言ったほうが正しいかもしれない。

公道に面した二五メートルほどの土手には、芝は見えず雑草が伸び、いつ刈ったとも知れないヒノキが所在なげに並んでいた。その中ほどの入り口とおぼしき所には、ぐらぐらするコンクリートの柱が二本、うまく開閉したことのない木の扉を支えて立っていた。その一本に、注意してよめば「茂呂塾」と読める浮き彫りの木札が埋めてあったが、それもはずれかけていた。

九三五平方メートルのぬるぬるする借地の上に、三つの建物がおかしな角度に並んでいた。すぐ左手の木造スレート葺《ぶき》は、まったく「バラック」というにふさわしいもので、初めは下見板に防腐剤を塗ったものであろうが、その後塗り直した形跡はさらになかった。窓枠なども、ペンキの痕跡が隅々に見られるだけで、建具も開けたてのたびに、ガラスが落ちて来そうに緩んでいた。中へ入ると、不思議なことに床が波打っていた。腰板の押し縁や柱には、ところどころ弾丸の跡があり、壁は白かったが、天井は細い板が一度も塗られないまま、茶色に汚れて、垂れ下がっていた。

渡り廊下とも飛び石ともつかないブロックの上を渡って行く母屋は、さらに古く、さらに狭く、畳には薄縁《うすべり》が敷いてあり、板張りはニチャニチャしていた。やや建物らしいのは、左手の奥に隠れているブロック建ての二階家だった。白い壁に緑の瓦が映えて、外から見ては美しく、新しかった。が、一歩中に入ってみると、未完成で、天井もなければ、壁もブロックむき出しだった。

これを作るために、ぼくは上富坂教会の退職金を使い、足らないところを月賦で借りた。その月賦もようやく終わったので、次の五年をあてにして、同じ形のブロック二階建てを、倍に延ばそうと思った。そのためにはいよいよ最初の家を壊さなければならない。その土煙にまみれる仕事を、阿佐ヶ谷教会の青年会が泊まり込みでやってくれた。奉仕女たちもモンペに着替えて、作業をした。そのあとに上下一〇〇平方メートルほどの増築が完成して、二十五周年を祝うつもりだった。が、それは間に合わなかった。

未完成のままで、卒業生を呼んで、心ばかりの記念会をした。一日繰り上げて、十一月六日が日曜日であったから、九時から聖餐式、十時半から児童団、夜は元の塾生が五人集まって、カレーライスをつつっついた。みんな立派に成人して、一人は医者、一人は区議、一人は農夫、一人はガソリン屋、一人は印刷屋になっていた。母もまだ存命で、気は確かだったが、歩くことは難しかった。ぼくが背に負うて運んでやると、会場では行儀よく座っていることができた。

思い出はいつも美しく、花に花が咲いて、夜半に及んだ。

翌日、成子は学校の集団検診で引っかかったといって、結核予防会に呼び出された。その結果は実に惨めなものであった。奉仕女になると言い、医者になると言うこの十七歳の少女から、何もかも取り上げて、狭い家の奥に、ただひとり閉じ込めておかねばならぬ長い長い月日が始まったのである。

もう一人、ディアコニア（奉仕）に深く動かされ、労働に学問に、ベテスダを助けてくれた嶺尚《みねひさし》神学生も、腎臓を悪くして入院した。その所属教会の牧師から懇ろに将来を頼まれていただけあって、大きな打撃であった。そういう生命に関わる内臓疾患を抱いて奉仕に携わることはふさわしくない。しかし、それならば、だれがふさわしいのか。

コロニーのほうは、六月に施設長会議があったとき、かなり強い要望が集まって、今年こそはと、国も腹を決めているらしかった。ぼくも菅原会長を訪ねて、折り入って助力を乞うた。内閣の審議会で公式な議題として取り上げるからと、そこへも計画書を送った。ところがおかしなことに、東京都の課長は寮長会のあとで、「あれは難しいから、あきらめてくれ」と言った。腹が立ったので、その足で厚生省へ行って、どうなるのかと聞くと、課長補佐は、「そんなはずはない」と言う。すぐ都へ取って返して、民生局長に談じ込むと、「どこが難しいか、聞いてみましょう」とのこと。ぼくも家へ帰って、都がそれでは困ると手紙を書いておいた。

すると、七月に箱根・湯の花ホテルの婦人民生委員協議会で皆がぼくの顔を見て、「良かった、良かった」と言う。なんでも、東京都がついにおみこしを上げ、膨大な予算を組んだという。勇退した局長の置き土産だなと感激していると、十一月になって、これは都の直営でやるつもりだと言った。

役人仕事でやれるものなら、なにもわれわれが張り合うことはない。金も土地も人間も、あり余っているのだろう。しかし、そんなところへ、うちの子たちが行くというのだろうか。たとえ行ったところで、本当に一生いられるのか。まあ、お手並み拝見としよう。一つ肩の荷が下りたと思っていると、国家予算の段階で失敗してしまった。厚生省に聞くと、東京都が弱腰だったからという。それでは、何のために陳情して歩いたのか訳《わけ》がわからない。（これじゃだめだ！）と深刻に考え込まされた。

一九六一年は、何が何でもこのぼくがこの手で国家予算を勝ち取るんだと、武者震いした。正月から、埼玉県を見たり静岡県へ飛んだり、春子も自動車の運転を覚えて、社会事業学校に通い始めた。しかし、ぼくの健康はいよいよ限界に来たし、姉妹の中にも、肉体的に、精神的に後退する者が多かった。本態性高血圧症に悩まされるミチコ姉の四九四日に及ぶ入院生活が始まり、スエ姉の脱走が起こった。そして、力と頼むハル姉は、いよいよ洗濯作業場が完成したというのに、結婚を理由に退館した。

洗濯作業という高度に専門化した仕事を、われわれ素人がやれるか、だんだん疑問になってきた。仕方なく、板橋白洋舎に運営を委託することにした。ところが、白洋舎がオムツ・サービスをやるのは、沽券に関わるのか、羊群社という会社を作って、これにあたった。いずみ寮は、奉仕女をつけて寮生を送り込み、そこから一定の支払いを期待したのであるが、それができないということで、四か月で契約解除になった。

放り出された一〇〇平方メートルの工場を大胆にも引き受けて、ボイラー炊きから配達まで、汗だくになってくれたのは、兄弟会の山川宗計だった。あと一年で、早稲田大学の政治経済学部を出るこの美青年は、留年して、ディアコニア革命に踏み切ったのである。軽自動車を買い、運転免許を取り、オムツを積んで、団地へ乗り込み、お腹の大きな主婦をつかまえて、効能を説く。一年は黒字になるまいと言われたものを、ひと月で黒字にした。その熱情に動かされて、寮生たちも一心に働いた。ぼくもいろいろなものを買わされた。だれが名づけたか、「ゆりかご舎」という良い名前がついた。

共同募金会がお年玉葉書の寄付金を一〇〇万円くれたので、これにドイツからの「世界の糧」と「駅馬車運動」の寄金を加えて、今度は待望のパン工場を造ることにした。これには、カリフォルニア大学の男女学生が、わざわざ海を越えて、助けに来た。日本では関西学院大学生がこれに合流した。

「外国人といえば、チョコレートを出して、女を誘うものとのみ思っている、うちの寮生たちは、諸君を見て、あんなアメリカ人もあるのかと驚く。諸君が来てくれたことは、幾重かの意味で贖罪となった」

と礼を言うと、ものも言えぬほどびっくりして考え込んでいる学生もいた。

この中へ、エリザベト姉はどうどう独力で帰って来た。もうEUBと手を切って、一年の休暇を無限延長するだけだという。ドイツのベテスダも、アメリカの言いなりになっていない形勢が見えた。ぼくは、彼女の全力を「母の家」建設に集中させた。ほかの事業は、まだ日本でわかってくれる人がなくはないが、奉仕女のことだけはドイツに助けてもらわねば、いつも後回しにされてしまうからである。

日本キリスト教団も、何を感じたか、婦人献身者委員会というものを作って、聖和短大の送り出す宗教教育主事と、ベテスダや浜松にある奉仕女とを教規の中に入れようとした。ぼくも呼ばれて、幾回か尊い時間をこれに割いた。が、委員長は総会で議長に当選してしまい、いつのまにか招集しなくなった。宗教教育主事だけは教規に載ったようだが。

教会が長い堕眠から覚めて、周囲の社会に責任を感ずるというのも、このころからの世界的な傾向となった。「社会奉仕における教会の役割」という題目で、一九六一年ジュネーヴで、一九六二年ミュールハウゼンで、欧米の指導者たちが会議をした。ぼくにも、日本の事情を、と言ってきたが、貧しいものしか書けなかった。

日本でも、千歳船橋教会が教会の中に社会委員会を作って、何か継続的な助力をしようと、北森嘉蔵、隅谷三喜男などの知名人が茂呂を訪ねた。ぼくは、「教会の置かれた二キロメートルの見習い中の男子やお手伝いさんたちを慰労しても、良い仕事ではないか」と言ったが、彼らはベテスダを助けたいと言った。

阿佐ヶ谷教会も、青年会がワークに来たことから、そのリーダーが神大卒業後ベテスダに飛び込み、残った有志で後援会を組織して、涙ぐましい金を日々送ってきた。奉仕女に「祈りの友」があるように、この奉仕男にも督戦隊が必要だと思ったのであろう。ぼくはこのあたりから、日本にもディアコーンの制度が生まれはしないかと期待した。彼は、口で語るよりも、体で仕えたい、コロニーができたら、そこでほんものの牧人をするのだ、と本気で言っていた。

銀座教会も、鵜飼勇、杉原錦江、遠山千代子などの面々を繰り出して、奉仕の課題に意欲を示した。三原富美子、朝倉満千子などのヴォランティアが泊まり込んで手伝ってくれたのも、茂呂時代である。いよいよ盥《たらい》の水が少し動き始めたか、とうれしかった。

そこへ、年中行事の台風がやって来て、今度は伊那谷を流した。放ってもおけないので、トヨ姉ほか一名を喬木村に派し、お得意の幼児保育にあたらせた。ミヨコ姉は、母親の重病の看護に真岡へ帰り、第二回の祝福を受ける姉妹三名は、二週間の退修のために、山の家へ向かった。しかしぼくは、紅子の病気のために足止めを食ってしまった。

一九六一年の紅子は実に惨めだった。三月五日に母親に連れられて、卒業式に着るものでもと、買い物に行こうとしていると、熱湯をかぶった。火傷だからと、近所の医院に通っていると、疱疹《ほうしん》をもらってきた。あちこち赤くなったので、入院させたが、十日たらずで帰って来た。が、翌日の卒業式には、母親だけが代理で出た。成子は卒業式には出席できたが、お情けの見込み点だった。祐子も卒業だったが、だれも行ってやれなかった。三歳おきに三人そろったわが家の令嬢たちの光栄は地に落ち、前途は暗かった。

紅子は近所の中学校へ入った。これで病気ともお別れと願ったが、二日行ってぐったりし、四日休んで、また登校したが、学校に一日いることさえ忍耐を要した。ついに四月二十七日から九七日間という長期の入院を余儀なくされた。

この間に、ぼくも半月ほど床に就いたし、医者からは、いよいよ切るように命じられた。喉を越すものといえば、米の飯をミキサーにかけてどろどろにしたものだけ。紅子を見舞ってやれたのは、たった一回。それも、かさむ入院費の工面に病院当局と相談のため。

春子も牛込の社会学校へ通っていたので、あまり行ってやれなかった。週に一度か、多くて二度。聖路加は本当の完全看護だから、重態のとき以外は、いる必要もないし、いさせもしない。紅子も、入院当初の苦しみや痛みが去ると、ベッドの上に座って、絵を描いたり、本を読んだり、同患の仲間と行き来して、けっこう楽しそうに暮らしていた。が、どんどん退院が延びること、学校が遅れること、そして、この病がはたして治るのか、子どもながらに、迫りくる不安と闘わねばならなかったらしい。

八月一日、やっと退院を許されたときにも、プレドニゾロンはこれ以上使いたくないし、さればといって、やめればすぐに熱が出るし、医者としても、そろそろ放棄したかたちだった。聖路加でだめなら、よその病院へ、日本でだめなら、外国へ連れて行っても治してやりたいと思ったが、引き受けるところはなかった。そろそろ親も覚悟を決めねばならぬ時が来た。

「あのとおり、ほがらかですから、本人には何も言わないで……」

という医者の命令も、牧師のぼくとしてみれば、なんだか行き届かない気がして、親であるがゆえになおいっそう悩んだ。

（こうしていて、いいんだろうか。何か取り返しのつかない重大な時が過ぎ去ってゆくような気がしてならない）

家に帰って、無心にテレビを見、冷蔵庫を開いて、偉大な食欲を発揮している彼女を見ていても、不安は去らない。

そのうちに、医者の指令どおりプレドニゾロンを減してゆくと、苦しみ始めた。

「神さまのクソったれ！　いくらお祈りしても、治してくれない……」

ぼくは、彼女の胸に手を置いて、静かにゲッセマネのイエスを語った。

（みこころならば……、ただ、みこころならば……）と。

「ごめんね、紅子。このお父さんは何もしてあげられない……」

そして、不覚にも涙を見せた。彼女は、

「もう一度、病院へ行く……」

とささやいた。

寝台車を頼み、傍らに両親が付き添って、滑るように病院へ入った。こんなになるまで、なぜ連れて来なかったかと咎められ、ぼくの旅行は禁止された。しかし、薬を増やしたのだろう、危険はしばらく遠のいて、一三日で帰された。が、一一日後には、また入院しなければならず、今度は四日で帰された。紅子はプレドニゾロンを三〇ミリグラムもとりながら、車椅子で玄関まで送られる退院など、おめでとうではないと、はっきり知ったようである。秋の美しい日ざしの中で、自分がもし生きられたらと、はかない空想をメモにしたためた。

〈十代〉早く病気を直して、開進中学へ入学。ピアノと絵を習う。卒業して北園高校へ行く。英語や理科を一生懸命勉強する。聖ルカの短期大学へ行く。国家試験を受けて、受かる。

〈二十代〉とっても優しい看護婦さん。小児科を二年、産科を一年勤めて辞める。一五〇〇。生活学校へ半年行く。あと半年で自動車免許を取る。お料理や、お裁縫などを家でやったり、コロニーで手伝ったりする。国内のいろんな所へ旅行に行く。フランス語、英語、ドイツ語を勉強する。一年海外旅行に行く（二十七歳）。イギリス、フランス、ドイツ、スイスに行く。米国、メキシコにも行く、外国の社会保護や、孤児院〔児童養護施設〕などに行って勉強する。二十八歳で結婚する。子どもは男二人、女一人を産む。

〈三十代〉もしかしたら、コロニーの中に五〇〇坪ぐらいもらって、孤児院を建て、紅子の家も建てる。

子どもの名前　長男　神慈《こうじ》
　　　　　　　次男　研自《けんじ》
　　　　　　　長女　光《ひかり》（泉、ひとみ）

………

〈八十代〉　孫ができて、海辺に別荘を作って、絵や小説や本を書いて楽しく暮らす。八十五歳で死ぬ。

これを聞いて、みんな大笑いした。

彼女は、死については何も言わなかった。ぼくもそれを切りだす勇気は、なかなか出なかった。個室に入ったとき、彼女はトランジスタ〔ラジオ〕を欲しがった。けれども、ぼくは与えなかった。退院してからも、テレビを病室から取り上げた。迫りくる終わりまでの尊い時間を、作り話に笑いこけて過ごすのはあまりにも空しいからである。そして、あるとき、こんな話をしてやった。

「パパは厚生省へ呼ばれて、いよいよ今年こそ予算を取るが、本当にコロニーを引き受けてくれるかって、聞かれた。いよいよコロニーは実現する。そうしたら、その真ん中にきれいな礼拝堂を作って、その地下を納骨堂にしよう。そして、仮にだよ、パパが先に死んだら、その骨を、おまえがそこへ入れる。おまえが先に死んだら、パパがおまえの骨をそこへ納める」

すると、彼女は驚きもせず、目を輝かせて、この話を受け入れてくれた。ばかりか、ぼくが彼女の枕もとで、地図を広げていると、

「パパ、コロニーはどこにできるの？」

と聞いた。

「まだそれは決まっていない。どこか早く決めねばならないので、探している。信州の山奥か、北海道なら、うんと広い所が見つかるだろう」

と言うと、

「だめよ、根雪地方は。体の弱い人が行くんでしょう」

と言った。ぼくは明治の人間で、根雪という言葉を知らなかった。彼女の教科書を見ると、なるほど地図が白く隈どってあった。

「そうか、やはり暖かい所がいいか」

十一月一日になると、ぼくは登山者に化けて山梨県に入った。彼女は、自分が遠足にでも行くように、起きて弁当をくるんでくれた。天平《てんだいら》という素晴らしい公有地にたどり着き、リュックサックを開くと、いちいちマジックインキで内容を標記した、心のこもった弁当が出てきた。彼女と話すように、あれを開き、これを開き、食べ終わると、霧が立ち込めて、汗が冷え、ガタガタ震えた。

「紅子、ありがとうよ……」

と言いながら、ふんだんに包んであった紙を燃やして、暖を取った。真っ赤な紅葉と幾枚かの絵葉書が土産になった。その美しいおとぎの森を、紅子はコロニーの候補地と決めていた。

その年はどうしたものか、バッハの大作がそろって発売された。ヴェルナーの『マタイ受難曲』と、ヨッフムの『ロ短調ミサ曲』と、トーマスの『降誕祭聖誕曲』。そこで、『レコード芸術』が、村田武雄、服部幸三、遠山信二などと座談会をしてくれと言ってきた。レコードは各社の試聴盤を届けてくれたが、みんなステレオで、その装置はぼくのところになかった。しばらくレコードから遠のいているうちに、レコードのほうが進んでしまったのである。面倒だから、断ろうかと思ったが、「降誕祭聖誕曲」には、ぼくの訳詞が載っているし、責任もあるので、ちゃちなステレオを近所の電気屋の店頭から借りて来て、それを紅子の寝ている隣の部屋に運んだ。もちろん、病人に差し支えれば、茂呂塾へ運ぶことは、わけのないことだった。が、ふっと、この子にとって最後の助けとなるかもしれない、と考えたからである。

果たせるかな、紅子はこれらの音楽のもつ雰囲気を喜んだ。やかましかろうと、間の戸を閉めると、「開けておいて」と言った。遅いからやめようとすると、「眠くなるまで、つけておいて」と言った。そして、やがて来たりたもう聖子に想いを馳せ、最後に読んだものは『婦人の友』に松田智雄が書いた「ドイツの降誕祭聖歌のうつくしさ」だったし、息を引き取るまでうたってやった歌は、「ゆきはかろく（Leise rieselt der Schnee)」であった。

紅子は苦しみ抜いて、天父のもとに帰ったのである。ぼくの五十二歳の誕生日も待たずに……。

その詳細をここに書くことはすまい。そのことは、いずれ彼女の残した素晴らしい日記とともに、いつか別に発表しよう。とにかくわれわれは、いちばん忙しいときに末娘を病魔に渡してしまった。人の娘ばかり大切にしているうちに、自分の娘を失ってしまった。しかし、尊い紅子の苦しみは肥料となって、コロニーを養っている。

恐ろしいもの、それは、仔を喪った母熊であるという。われわれは紅子の遺骸を火に渡すと、その骨壺を抱いて、ものすごい突撃に転じたのである。そして、全国社会事業大会の議長団に推され、いずみ寮生と国会にデモをかけ、四十日後に、紅子の前にコロニー予算の成立を報告した。

19　霜知らぬ里

〈一九六二年〉

泣いてばかりもいられないから、一九六二年の元旦は、春子を促して旅に出た。旅といっても、たった一晩泊まりの房総半島縦断であったが、それでも二人きりで旅行するなどということは、ぼくたちにとっては初めての経験だった。

なぜ房総を選んだのか。きっと紅子の言葉が耳に残っていたからだろう。

「根雪地方はダメよ」

伊豆で生まれた春子なら、海といわれて、すぐ静浦あたりの漁村を思い浮かべるに違いない。紅子が少し良くなったら、いっしょにあの辺に連れてってやりたいと、本気で話していた。しかし、もう伊豆は開けすぎている。「高い」とぼくは賛成しなかった。

人のいない交通の不便な田舎へ、田舎へと、ぼくは地図をたどった。だから、磯くさい総武線を国電で千葉まで行き、煙をはく汽車に乗り換え、五井で、さらに、怪しげな気動車〈ディーゼルカー〉に乗り換え、単線軌道を揺れながら、養老渓谷をさかのぼってみた。車中は、正月だから、着飾った若者たちが五、六人乗っていた。が、われわれをじろじろと眺めるほど、ひなびた世界だった。このまま行けば、大多喜のほうへ抜けられるはずだが、さらに冒険して、筒森の官林のあるあたりを越えてみることにした。

なんという駅だったか、急にぼくは降りると言った。おもちゃのような気動車を降りると、駅前にあったたった一台のタクシーをつかまえ、「山を越えて天津へ出てくれるか」と聞いてみた。足を取られて困っていた若い男性を一人、途中まで同乗させて、古いクラウンは、水のない渓谷を登り、乾ききった畑の上を喘ぎ喘ぎ走った。日蓮のこもった清澄山も、東京大学の実験農場も、取るに足らないボケ山だった。天津へ下りて、荒波を見たとき、やっと救われたような気になった。運転手が着けてくれた町はずれの旅館が、どうにか一部屋空けてくれた。その畳の上に、ぼくは地図を広げて、首を傾げた。が、春子は、「このお醤油、おいしい」と、その名前をお手伝いさんに尋ねていた。

翌朝、宿を出ると、ぼくたちは小さな町を、写真に二、三枚写して、駅から房総東線を南へとった。冬だというのに、野には一面に花が咲き、空は抜けるように青かった。ディーゼルカーが、一つ残さず止まってゆく駅々のたたずまいは、三十年も五十年も昔の日本そのままで、江見の改札口にもたれていた高齢の女性など、そのまま古美術だった。

「やはり、いいねえ、房総は……」

うっとりとぼくはそう言った。春子はやつれて、見るに堪えない顔を初めてほころばせた。

千倉で降りて、白浜へ回ることにした。ただ、古い灯台があるというだけで、夏にでもなれば開くのだろうか、よしず張りの売店が四、五軒あった。そのうちの一軒が折よく開いていて、サザエを食わせてくれるというから、上がって待ったが、ひどいものだった。バスはでこぼこの道を、土煙を上げながら館山へ出た。ここには、いささかの思い出もなくはないのだが、駅前に、あられもない映画の看板などがかかっているところに用はないので、連絡の急行に飛び乗ってしまった。

千葉県は、珍しく三方を海に囲まれ、もう一方はこれまた、名だたる水郷。それでいて、水に不自由している。山が浅く、水を蓄えることを知らないからだ。東京からこんなに近いところにありながら、袋小路のどんづまりで、だれも開発しようとしない。それがかえって、われわれには良いのかもしれない。とにかく冬も霜が降りない。大きな道路も工場もできない。西に回った陽が差し込んでくる車窓のブラインドを上げて、見ると、内海はなめたようで、向こう岸が手に取るよう。三浦半島だろう。

一度見ておくようにと厚生省から聞いていた下総療養所に寄ってみる。なるほど、だだっ広い松林の中に、五百床の精神障がい者の村ができている。旧陸軍から受け継いだ、国立でも珍しいもので、われわれがコロニーを作ってしなければならぬある種のことは、すでに備わっている。迷惑だろうとは思ったが、和服姿の庶務課長に案内してもらう。五万八千坪の敷地に延べ四千六百坪の建物が並び、職員は一九〇人もいる。患者の描いた絵が異様で印象的だった。

社会局長がまた代わって、いずみ寮へ見に来られた。その翌々日、厚生省で、第一回小委員会が開かれた。コロニー予算を取るにあたって、特に熱心だった六名に集まってもらったという。全国婦人保護施設連合会の会長と幹事、全国婦人相談連絡協議会会長、全国社会福祉協議会の婦人保護委員長と主事、それにぼく。紅茶とケーキでも出しておいて、生活課長が言うことには、「今度は、都道府県を度外視して、直接法人を補助する。土地は国有地を斡旋する。迷惑だろうとは思ったが、大蔵省へは売春対策推進委員が発起人となって国民募金をするとまで言ってある。ここに事務所をおいて、時を移さず実行に入ってもらいたい」と。みんなきょとんとして、あっけにとられていたが、やがてめいめいにいろんなことを言い始めた。

ぼくが夢み、いずみ寮で実践し、やがて全国の会合で決議し、予算が取れたとなると、たった一一三〇万円でも、こんなにうるさいものかと、正直なところ嫌気がさした。しかし、今さら、放り出すわけにもいかない。ただ忍耐して、みんなと話を合わせている。一〇〇万坪の構想が一〇万坪になってしまい、そのうち一万坪でもできるだろう、というような話もちらほらする。「あまり詰めてしまうと、かえってコロニーなんか造らないほうがよい」と言ってみる。が、とにかくここまで来たことは感謝だと結んで、外へ出る。が、車に乗ると、無性に腹が立つ。

北村徳太郎元蔵相を訪ねて、国有財産払い下げの相談をしてみる。物腰の低い人で、ぼくを旧約学者として扱いながら、いろいろ良い知恵を授けてくださる。元日の朝日新聞に、富士山麓の首都計画を書いていた石原憲治教授を訪ねて、コロニーの並べ方を聞いてみる。

「まあ、どこだかわかりませんが、中央に管理部門がいるでしょうね。村なら役場みたいなものが。その周辺に、買い物したり用足しをしたりする中心街ができるでしょうね。食堂とか広場とかも、このへんでしょうか。そして、村の中を、ぐるりっとひと回りする道路があって、それに沿ってあちこちに居住部門が建ちますか。それを取り巻いて、農場とか牧場とか、山や林も要りますね。真ん中を、こう川が流れて……」

とうとうと口ばやに説明しながら、方眼紙の上にそれらしいものが描かれてゆく。ぼくはうれしくなった。しかし、その場所はどこなのか、それも決めないで頼みに行くぼくもぼくなら、相手も相手だ。取り留めない雲をつかむような話を、嫌がりもせず聞いてくれる。

そのうち、課長が代わった。何度目かの小委員会のあと、こっそりと、

「あした、先生、都合つきませんか？　館山までごいっしょしましょう」

と言う。館山に何があるのかと尋ねると、「旧海軍の砲台跡が空いている。嫌なら嫌で良いから、とにかく一度見てくれ」と言う。課長補佐が関財〈関東財務局〉へ行って見つけてきたものらしい。二月七日だった。座席の下からやけに暖房を効かすガランとした二等車に、四人向き合って、課長が十代のなかばから煙草を吸った話をすれば、委員長はそれに劣らぬ彼女の少女時代のおてんばぶりを披露する。駅の近所で、むし寿司を食って、タクシーを拾い、地図を頼りに砲台跡に分け入ってみるが、茨とススキで進めない。それをかき分け、かき分け、頂上まで登り、あたりを見下ろすと、美しい。けれども、たった三万坪しかない。つい考え込んでいると、あとの三人が、あれもこれもと、良さそうなことを数え上げて、ぼくにウンと言わせる算段らしい。

（海のみえる丘の上か……）

紅子の好きそうな、霜の降りない長寿の里である。ぼくは市役所へ回って、公図を写させてもらう。

「いつまでも大きな夢ばかり追っていると、せっかく取れた予算が流れてしまう。ここで決めてくだされば、国有財産払い下げはわれわれがやる。一億円ぐらいの金は、全社協が集める。先生は、中の運営をやってくだされればよい」

と、課長がたたみかけてくる。ぼくはとうとう首を縦に振ってしまった。

全国社会福祉協議会の婦人保護委員長はなかなかのやり手だった。長年、民生委員をやっていて、全国でも、婦人委員としては名の通った才物だった。何かの会議でこの人が口を開くと、眠気が覚める、そういう切れ味のいい人だった。主婦であり、胸に前科のある身で、よくコロニーを理解し、その実現に協力を惜しまなかった。

彼女に言わせると、「こんな間尺の合わない話ってあるもんじゃない。政府がおしるしほど補助金を出して、あとは法人でよろしくやれと言っても、できるもんじゃない。実際面はあなた任せるから、組織は全社協単位の婦人福祉協会というようなものでも作って、大々的に国民運動を起こさなけりゃダメ。民生委員が全国には一三万人もいるんだから、一人で一〇〇〇円出したとしても、一億三〇〇〇万円は集まる。あるいは、全国にある婦人団体をぜんぶ糾合して、新組織を作ってもよい」。これを聞いて首をかしげたのは、安田厳委員だった。

「そんな、だれがやってるのかわからんような団体で、この仕事ができるのかねえ」

と。元次官の一声で、課長も考えてしまった。

もっと滑稽なのは、参議院の予算委員会かなんかで山本杉議員が質問したことであった。

「コロニーのことはどうなりました？」

局長はびっくりして、予算が取れたばかりで、鋭意実現に努力している旨答えた。が、気味が悪くなって、あとで個人的に質問の動機を尋ねてみた。すると、「いえね、いずみ寮にやらせないというようなことを、ちょっと耳にはさんだものですから」と。これには慌てたと見え、潮の引くのを待って、ベテスダ一本に絞る肝を決めたらしい。ぼくは前年からの疲れが出て、倒れてしまった。熱が高く、心臓が苦しいのである。

この年、いずみ寮の構内に、また一つの新しいものが加わった。それは、製菓作業場四八平方メートルである。紅子の亡くなる前から、専門の技術者を一人入れて、細かい設備から器材までを立案させたが、いよいよ作業が始まると、これを運営する人が見当たらず、春子を引きずり出して、一台車をあてがった。やがて、ドイツ風の黒パンやクッキーを作り、あちこち配達するようになると、子どもたちまで駆り出されて、知っているかぎりの伝手《つて》に、これを売り歩いた。食べ物には明るい夢と喜びがあって、作っているだけで、女性らしい満足が味わえ、欲求不満がいつしか解けていった。

ところが、一年後に、この技術者の男を辞めさせねばならなくなった。あれほど言い聞かせておいたのに、いい年して、寮生に孕《はら》ませてしまったのである。あとは男を入れないで、奉仕女にやらせた。この男を入れる前にも、洗濯部を手伝っていた若い男に辞めてもらったことがある。銀行員が札束をポケットへ入れるようではだめだと教えても、教えても、この国柄と風潮に勝てないものらしい。

一九六二年四月一日から無給で寮母補佐をしてくれた本多ちえという老人も忘れられない。彼女は近藤鶴代などとともに日本女子大を出て、勤労婦人や乳幼児の中を歩き、岡山県児童課長で終わった婦人相談員で、いずみ寮を見学に来て、コロニーに共鳴し、その建設から手伝おうと飛び込んで来たのである。が、健康を害して退いた。それでも、多くの知友に説き歩いて、コロニー後援会を広めてくれた。話し始めると、いつ果てるとも知れないので、皆に敬遠されていた。

その紹介で、大阪のキリスト者婦人の間に、熾烈な募金が始まった。阪田京子姉などが、三年かかって一口二〇円を二万五千口集めてくださった。これには特にコロニー礼拝堂のためという指定がついていた。これを聞いて、東南アジア諸国のキリスト者婦人たちも、その国の最小の貨幣を持ち寄って、五四万円を加えた。さらに、ジュネーブの世界教会協議会もこれをリストに載せ、ニュージーランドが五〇万円送ってきた。これはみな、ただ一人のてんかんもちの人が食卓で希望を述べた、

「コロニーには、礼拝堂が欲しい!」

という発言の反響だったのである。

石田友雄が来て、イスラエル留学の志を述べたとき、片手をちぎられるように痛かった。しかし、この唯一の弟子を聖書学にささげることは、より切実な要求であると思い、「あとは心配するな」と、東京駅から送った。彼は、彼よりヘブル語がうまいという、結婚して一七か月の妻君を連れ、イスラエル政府に招かれてヘブル大学へ行った。あとに数名の兄弟会員が残って、半年がんばったが、続かず、ディアコニア兄弟会は解散した。

嶺尚も病院を出て、二舎に立てこもり、その教え子一人と日本福音共同体を組織した。日本最初のディアコーン集団のつもりだったろうが、あまりに空想的で、ものにならなかった。むしろこの男は、典礼学の本でもあてがっておくと、楽しい共同研究が味わえた。

石田が去ったあとの奉仕女の教育を手伝ってくれたのが、八木誠一だった。彼が三春台から三年通って辞めるとき、あとに推したのが田川建三だった。しかし、もう奉仕女になり手がなくなって、講師の必要もなかった。が、これらの面々には、聖書を共に語る喜びがあり、希望が感じられた。

奉仕女でいちばん手こずったのは、この年である。

真夏の深夜、眠りを破られ、駆けつけてみた茂呂塾二階の一室には、手首を切って血に染まった奉仕女がこんこんと眠っていた。ただちに救急車を呼び、ぐんなりした身体を病院に移し、胃洗浄を試みたが、時間が経っていて何も出ない。熱が上がってきたので、国もとの親にも知らせ、二晩付き添った。遺言は見当たらなかったが、最近の日記がひどく暗い。

「乳児室の仕事に行き詰まった。が、不名誉な退館はしたくない」というのが真相らしい。酸素とリンゲルが効いたか、三日目から手足を動かし、ものを言うようになった。六日目には、正気に戻って退院したが、ひどく恐縮している。館長の傍らにおいて、しばらく様子を見ることにする。

三、四日すると、もう一人の奉仕女が聖母病院から退院して来た。胃を悪くしたのだが、潰瘍も炎症もなく、すっかりカトリックに傾倒して帰って来た。一週間、家に帰って、来週から働くと言っていたが、次第に傾いて、とうとう退館してしまった。本邦奉仕女第二号で、個人的にも思い出の多い惜しい人だったが、恥も外聞もなく、憑かれたように、カトリックへ行ってしまった。かつて祝福したそのとおりに、ぼくは心を鬼にして呪咀した。

その夜、慰めるもののように、秋山ちえ子の一行がテレビや焼肉をどっさり持って、いずみ寮を訪れた。ドイツにあるベテスダからも、コロニー建設を大々的に支援するという理事会の決定が入った。母の家本館も、土地を買い、ベテスダの日を期して、いよいよ定礎の銅板が埋められた。暑い日で、理事長もめまいを起こしてしまわれた。

一九六二年度のために取った予算は何も決まらないまま、どんどん日が経っていった。建築士は気が気でないと見え、やんやと催促する。いったいこの年度の予算というものは、その年度内に使ってしまわねばならぬのか、それとも繰り越しができないのか。よほどの理由がなければ、繰り越しは難しい。とすれば、年度内に竣工しなければならないのか、それとも着工していればよいのか。それにしても、砲台跡の山地を測量することぐらいは、もうしなければなるまい。ところが、国有財産の払い下げには、たいへんな手間がかかる。千葉財務部では、今年は勘弁してくれと言う。冗談じゃない、総理まで行こう、と課長はすごむ。ようやく折れて、地元の市長の同意書をつければ、と言う。が、その地元が、市長の交替でてんやわんや。日本に一つ、世界にも例のない売春婦のコロニーを受けたものやら断ったものやら、判断がつかない。翌年の五月になって、福祉事務所長がいずみ寮を視察し、七月一日付で、市長の同意書が出るという始末。

(どうせ、なるようにしかならないんだ)

ひとり、やきもきしても始まらない。(厚生省がついていて、これなら、予算なんか何度でも繰り越しできるんだろう。ぼくの知ったことではない)と、太っぱらに構えたいのだが、根が気の小さい男で、モジモジしてしまう。こっそり、建築士を連れて、砲台跡の双子山に潜入してみる。とても家の建てられる平面などはない。何でもいいから、収容人員一〇〇人として、一人あたり四坪半、そのほかに金があり次第いろいろなものが欲しい。作業場、診療所、娯楽室、礼拝堂、職員宿舎……。

建築士は石原博士に頼んだのだが、彼は外遊のことなどあって、後輩の岩井要に下請けを頼んだ。彼は、妻君を通してベテスダのことを聞かされていたので、喜んで、この難事業にあたってくれた。といっても、このインドネシアの大統領みたいな男、決して笑顔は見せない。始終こっちがにこにこして、ご機嫌を取っているような始末。でも、よくやったものだ。土地も測れず、金もそろわぬうちから、空中楼閣みたいな図面を書いて、三年近く待たされたり、急がされたり、とにかく形ができたのである。

「先生みたいな人、初めてです」というわけだ。

しかし、もう夢ではない。ぼくがひとたび良しと言えば、そこに支払い義務が生ずるのである。金はあるのか。まだ何にもない。あるものは国庫補助金一一三〇万円だけ。あと、コロニー後援会として集めてきたものが一二〇万円ほどあるはずだが、いわゆる小コロニーに使ってしまって、残っているものは赤字だけだった。全社協も頼むに足りないとすれば、自分で募金計画を立てねばならない。(コロニー後援会を強化して、もうひと踏ん張り、募金の鬼になるのだ) と力んでみるが、その片端から健康が崩れ落ちる。高熱の中で聞こえた言葉を詩に書き、電話で久布白オチミ後援会長をこしらえ、一〇万部の趣意書を印刷して、これを暮れゆく年の全国にばらまかせたが、だいぶ残してしまった。

この戦いの中に、労せずして一三〇〇万円のコンクリート建てが出現した。これはことごとくドイツからの寄金で積み上げられたもので、その隅の首石はワイシェーデル元館長の遺言である。

「このまま日本の奉仕女を放っておいては、彼女たちは全滅してしまう。私の葬儀には、花を飾らず、その費用を日本へ送ってやってくれ」

これには、ドイツのベテスダに属する七〇〇人の奉仕女たちが奮起した。毎週終わりの晩禱には日本のために献金し、毎月一度は礼拝献金もこれにあてた。不用品を集めて競売会を開き、降臨節にはローソクを売り、寄付金付の郵便切手を扱い、年に一度の遠足も返上した。東独の姉妹まで、わずかの小遣い銭をことごとく返上し、隠退した老姉妹たちも手仕事をした。これを聞いたベーテルの看護婦や患者の間からも、スイスの山奥の奉仕女からも、「土地を売ったお金です」、「海外旅行をやめて、手足の不自由に四十年耐えた感謝です」、「癌で死を待つ身です」と、数えきれないとりなしが実を結んで、三階半、三五四平方メートルの本館が建った。

「とても、もったいなくて入れません」

ある姉妹は泣いていた。ぼくはワイシェーデルの写真を抱いて、館長室に入った。七、八〇人の来賓が新しい砦を祝福してくださった。

が、遅すぎた。この中でも、退館者が毎年一人ずつ現れた。入館者はほとんど絶えてしまったときに……。

20　死の陰の谷間

〈一九六三年〉

一九六三年は、ぼくの生涯のうちで、おそらく最も惨めな年と言ってよかろう。母の家が建って、みんなそちらへ越してしまったあとのガランとした茂呂塾に、成子と祐子を留守番にやり、二軒に分かれて正月を迎えた。成子はやっと健康を取り戻し、予備校に通っていた。

「成子さんといっしょに食事をするのは嫌！」と泣き出したという地方出の保母を預かって……。

奉仕女のうちでも、保育園に関係のある者は、大泉の家へ行かずに、茂呂塾に残りたがった。しかし、奉仕女が母の家の共同生活から離れて暮らすと、だらしなくなりやすいので、それには賛成しなかった。その代わり、運転免許を取らせ、小さな車を一つあてがった。大泉と茂呂の間をバスと電車で通う不便は、だれよりもこのぼくが体験し尽くしていたから。

保育園はそれで良かったが、児童団はがら空きになってしまった。茂呂塾の根源であるこの妙な名前の事業は、法人の定款にも明記されず、予算もなく、手伝ってくれる者も少なかった。やむを得ず、まだ若い、うちの子どもたちが、受験生の身空で指導を買って出た。初めて祐子がオルガンを弾き、大慈が説教したとき、その板についているのには驚いた。

電話その他で、どうも用が足りないため、子どもと両親が入れ替わることにした。成子と祐子と保母一人が一二〇番地に移って、ぼくたち夫婦と大慈が茂呂塾へ入った。母はいよいよ手がかかるようになったので、寮生を一人つけた。六年ぶりで古巣へ戻ってみると、万事不便なことが多かった。靴一つ脱ぐにも、新聞一つ取るにも、何か思うに任せなかった。寄付したということはこんなものかと悲しく感じたことも、一再ではなかった。

年度がもう終わろうとするころに、厚生省から初めて国庫補助金交付決定の文書が届いた。それも、厚生省から東京都に問い合わせ、東京都は七つの婦人保護施設に希望を聞き、いずみ寮が応募したというかたちで、厚生省に推薦した。厚生省は、いよいよ細かい計画を出せと言う。測量もしていない土地の上に、四五一坪、九棟の建物を並べ、三五六三万円と書いて出す。情けないコロニーだ。が、これでも、最小限より一三〇〇万円も多いのである。

そのときおそらく、「かにた婦人の村」という名前が決まったのだと思う。「婦人の村」ということは、予算が取れた直後から、厚生省の出す文書に書かれていた。が、その頭に何とつけるか、課長に聞くと、「かずさ」という。が、あすこは上総ではない。安房である。安房とかけば、人が「アホウ」と読むだろう。「それじゃ、かわそうだから」と、いろいろ地名を、大きいのや小さいのやをあげた末、地図にやっと載っている小川の名前を取って、「かにた」とした。これなら、だれも文句は言うまい。

交付決定をしておいて、慌てて予算繰り越しである。年度内に完成しなかった理由をこしらえろと言う。第一候補地をどこに選び、第二の候補地をどこに選び、それがみんなだめだったと作文するのである。しかし、作り事はすぐばれる。渋々していると、「まあ、いい」と言ってきた。大蔵省も見抜いていたのだろう。

国庫補助金はそれでいいとして、あとの金はどうなるのか、何の目当てもない。推進委員が先に立って国民運動を起こすと言ったのだから、菅原委員長に相談に行く。すると、「話しておくから、Mに頼め」と言う。M電器へ行くと、会長秘書を通じて二週間後に断ってくる。たった五千万円をである。そうしておいて、こともあろうに、『文藝春秋』に、「昔の吉原は良かった。ああいうものが要る」と書く。悔しいから、反駁の投書をする。が、載せてはくれない。

朝日新聞を呼んで、「いよいよ予算は流れるぞ」と脅す。と、トップから八段の記事を二回出してくれた。この投石は、次々に波紋を描いて、ジャパンタイムズ、ザ・ヨミウリ、サンケイ、キリスト新聞と、年度替わりの全国にこだまし、ついにＮＨＫ教育テレビが友松円諦とぼくとを一時間対談させた。

この一連のキャンペーンの効果は大きかった。二か月のうちに、一千人以上の人々から三百万円の寄金が寄せられた。その中には、学校や会社でカンパしてくれたものや、一円玉ばかり貯めていた人や、「オーバーを買うのをやめました」などというのもあって、感動させられた。とうとう朝日新聞社はその年の「明るい社会賞」に、われわれを選んだ。しかし、そのころには、ぼくは完全にのびていた。

三月二十六日、予算理事会をベテスダに招集した日であった。

「もうそろそろ、皆さま、おそろいです」と言うのに、ぼくは館長室でみぞおちを押さえたまま動けなかった。印刷物にミスを発見した秘書が、理事会の前にそのことを報じた。それがいけなかったのかと心配した。が、そんなことではない。まれにみる激痛で、二階の姉妹の部屋に移され、ベッドの中で海老のように身体を曲げたまま、一時間ほどうなっていた。秘書に代理させて、理事会はなんとか切り抜けた。

四月一日、ちょうど二十五年になった茂呂塾保育園長を主任保母にゆずったら、謝恩会をするという。起きて出て行ったが、何も食えない。その晩から、完全に床に就いてしまった。それでも、十一日の聖木曜日には起きて、六人の洗礼式と聖餐式をつかさどり、翌金曜日にも一人の洗礼と一〇〇人の聖餐をした。そして、東京ＹＭＣＡの復活祭早天礼拝に呼ばれたり、バッハ合唱団の連続ゼミナールに「十五歳のバッハ」を演出したり、東京教区の社会委員長などというお付き合いをしたりしているうちに、完全に物が通らなくなってしまった。吐き続けである。

こうなると恐ろしいので、有無を言わず入院、すぐ開腹手術と運ばれたのだが、順天堂で福田教授が執刀して、胃を五分の三取り、十二指腸を切除するのに四時間かかった。だが、何とか生き返って、退院してきた。が、その翌々日から、痛みと熱。解熱剤は効かず、どうにも我慢ができなくなった。その途端、自然排膿。お腹の真ん中の縫い合わせた所が一部分開いて、ぬるぬる、ぬるぬるぬるとクリームのような色をした膿が、とめどなく噴き出してくる。これで熱は下がり、楽になった。……と、寝室の電話が鳴って、厚生省の課長がうれしそうに、館山からの同意書が届いたと言う。ふらふらと電話器を握り、アーアーと応えるだけ。ぼくはとても行けないから、秘書を代理に千葉財務部の手続きを進めるように頼む。

少し元気になったので、気分の良いとき机に向かって、いずみ寮の歴史をまとめてみる。（もう一度、これをやれと言われたら、はたしてやれるだろうか。ひょっとしたら、今が死に時かもしれない）と、思ってしまう。いずみ寮の五周年は、遠くに過ぎて、この歴史を載せるはずの機関誌は出ぬまま、何号か溜まっている。焦ってもどうにもならない。合併号で遅れを取り戻すだけだと、初代の寮母を相手に、あのこと、このこと思い出してはまとめていると、春子が倒れる。大慈が腰にエプロンを締めて、「マスラオ家政夫会からまいりました」と笑わす。

膿も出なくなったので、ガーゼの詰め替えもやめて、穴を閉じた。その翌々日には、急に熱が出て四〇度を超す！　そのどさくさの中で、母の看病をしていた寮生が飛び出す。そのことをめぐって、元寮母と春子が対立する。やむを得ぬので、夏休みの娘二人を母につける。大慈がポンコツ旅行に出て、怪我をし、運ばれて来る。母が七十八歳の人生を閉じる。起きて、納棺と葬儀だけしてやる。また、三八度前後の熱が出る。そのとき、元寮母であった奉仕女が脱走！

そこへ、ある理事から手紙が届いて、競輪益金の配分を受けることに対する反対、コロニー建設に対する反対、もし断行するならば別の組織を作って、とまで書いてある。ベテスダの部内は急に動揺する。

「フカツ先生のご病気はみこころかもしれません」と。第三回祝福式は取りやめ。このとき厚生省から電話が入って、館山市から来いと言うが、「行けるか」と言う。どうも良い話ではないらしい。

「死を決して行きます」と答えはしたが、さて、どうしてこの身体を運ぶか。

館山の市役所へ着いてみると、助役が、「三万坪ということは聞いていない。市議会は三千坪で通してある」と言う。彼らの頭には、たかが社会施設など三万坪も要るわけがないのであろう。よくある悪質の事業屋と間違えられたのかもしれない。美名を掲げて国有財産の払い下げを受け、あとで転売して巨利を企む。事を分けてコロニーの趣旨を説明する。が、どうしても承知しない。とうとうしまいに、

「どうしても三万坪と言われるなら、私が市議会を騙したことになるから、降ります」と言う。「降りる」ということは、要するに、先の同意を取り消すということである。そうなると、こちらは弱い。だからといって、三千坪ではどうにもならない。「帰って、厚生省とも

相談してみます」と、一応、宿へ引き上げたが、眠れない。妻も秘書も、熱が出はしまいかとびくびくしている。

おっとり刀で課長補佐と係長が館山に向かう。さんざん押し問答をした末、頭を抱えて帰って来る。要するに、戦時中、砲台建設を名目に軍が一反二〇〇円程度で買い上げたものだから、元地主は買い戻したい。が、それは許されない。ついては、市が観光に果樹園でも作る計画を立てようとしているところを、われわれに先取りされた。ここは一歩退くより仕方がなかろう。同意を徹回されれば、まったく払い下げの可能性はなくなる。

熱が出る。三九度五分、何を飲んでも下がらない。ついにブレトニゾロンが処方される。紅子と同じだ。

館山を捨てて、ほかの候補地を考えてみる。が、ない。コロニーを造るなということなのだろうか。

「その礎を据える人は長子を失い、

その門を建てる人は末の子を失う」

というヨシュア記の言葉（六章二六節参照）が脳裏をよぎる。コロニーを計画した日に紅子が発病し、コロニーの予算が取れたときに紅子を天に送った。コロニーの土地を買うために、ぼくが病み、コロニーが完成した日に、ぼくは死ぬのかもしれない。そうしたら、だれがこれを運営するのか。

そのとき、よく代理をしていてくれた柿沢澄夫が会いに来て、辞めると言った。この男こそ、ぼくと一緒にコロニーへ行くと信じきっていたのに。

（この状態では、とても責任のある任務は果たせない。コロニーもベテスダも、みなお返ししよう）と考えた途端、幻の中でMYが現れて、おぼつかない足取りでこちらへ歩いて来る。恨めし気な顔をして。

（そうだ、ここで白旗を掲げるのはまだ早い。万一コロニーを投げ出して、ぼくの生命が残ったら、何のかんばせあって、MYの前に出られよう。「ぼくの命が危なかったから、あの約束は果たせなかった」と言えるだろうか。息をしているかぎり、後ろへは引き返せない。だれが何と言おうと……）

そして、妻を呼んで、その覚悟を告げた。昔、『十八史略』で習った諸葛孔明を引いて。もしぼくが死んでも、葬儀を出さず、喪を秘めて、「いま寝ています。代役で……」とやってしまえ。そしてコロニーができたら、開所式にそれを発表して、あとはお前がやれ。やれないことはない。紅子とおれがついている。そう言い終わると、熱が下がった。起きて千葉まで出向いて、「都合によって三分の一だけ払い下げを受けたい」と言うと、案外すらすらと話はまとまった。

脇に体温計をはさみ、氷枕を携えて、妻の運転する車で、いくたび館山へ往復したか。人には秘めていたが、いつ、どこで終わってもよいと肝を決めていた。よく、ぼくが自前で車を乗り回しているのを悪く言う人があるが、あの中古車がもしなかったら、コロニーはとうていできなかったであろう。

この情勢の中でひとりとどまって、深く決意し、女の身を軽んぜられながら、大会社、大銀行を説き回ってくれたのは、ミチ姉である。彼女も、しかし思い余って、いくたびぼくの前で涙を見せたか。

「聖書の真髄」の放送以来、ずっと追って来た朝倉満千子の骨折りで、「コロニーへの参加」という立派な募金趣意書ができ、最後の追い討ちをかけて、その年を閉じたとき、国有財産の払い下げは完了し、建設会社との契約も署名するばかりとなった。

(ああ、とうとうコロニーはできる)

ぼくは、湯船の中で目を閉じて感謝した。この厳しい試練を与え、この激しい闘志を燃え立たせてくださった方に。


一九六四年の元旦、久しぶりでいずみ寮に出て、この喜びを分かとうとした。例により、新春の希望を一人ずつ聞いてみた。が、糠《ぬか》に釘というか、実に低調だった。彼女たちにとって、コロニーなんかどうでもよいことのようだった。

「コロニーなんかできても、あたい行かないよ。そんなとこに行くやつはばかだ」

こんな陰口すら耳に入った。「大風呂敷」とのみ聞いていた寮長の夢が次第に現実性をもってくるにつれ、だれが行くか、だれが残されるか、差し迫った問題となり、それが不安を醸しているものらしかった。

このことは、寮生ばかりでなく職員についても言えることだった。何年もかかって、とうとうここまで来たのだから、もうひと辛抱と考えそうなものだのに、ここへ来て、脱落者が目立った。これはどういうことなのだろう。あれほど忠実に、寝ているぼくの代役として厚生省と館山市と千葉財務部の間を駆け回った秘書の奉仕女は、三月三十一日限りで退館すると言い出した。血にまみれた身体を担いで病院へ運び、夜を徹して脈を測ってやったこの姉妹が見事な新生ぶりを示していると喜んだのも、ぬか喜びか。

「己を捨て人を愛することは、私にはできません。イエスに対する思慕なんて、とんでもないこと。外に出て、そこにある幸福、取るに足りないものでも、それに生きたいのです」

と言う。何と言っても、聞かない。仕事はきちんとするのだが。

やはり無理だったか、その晩から熱が出た。三九度……三九度七分……三九度三分……。そして、ある朝、ぼくは死にかけている自分を発見した。心臓が詰まるような苦しみで目が覚めたのであるが、手足は凍ってまったく動かず、呼吸も脈拍も止まっている。まぶたは重く閉じて、どうしても開かず、くちびるも痺れて、石のよう。

（ハルコ……ハルコ……）

必死に呼ぼうとするが、まったく声にならない。彼女はぼくの傍らに少し離れて、寝ているはずであるのに、どうすることもできない。

「愚か者よ、今宵、なんじの命とらるべし」というルカ伝の言葉（一二章二〇節参照）がひらめいた。

（一九六四年一月六日――顕現祭――の未明にフカツ・フミオ死す……）か。

そのとき脳裡に浮かんだのは、コロニーの山でも、紅子の顔でも、家族のだれかれでも、寮生のMYでもない。土橋美和子と飯塚光喜のことだった。夫に倒れられて三人の娘を育てあげねばならぬこの心の弱い婦人と、視力を失って伝道に志し失敗した青年を、このまま残してゆくのは心もとない。静かに、静かに深呼吸を繰り返し、やがて指先が動くようになると、傍らの窓をついて外気を入れ、心臓の痛みを手のひらでもみながら、小一時間かかって、自由を取り戻した。が、この恐怖は長い間ぼくから去らなかった。

一週間経って、まだ熱は三八度五分あったが、エリザベト姉を病室に呼んで、三つのことを頼んだ。土橋の娘たちに奨学金をこしらえてやること、飯塚一家をいずみ寮に受け入れること、あと三千万円の募金を完遂すること。しかし、彼女はひどく不機嫌だった。

「三年かかっても、できるかどうかわからないことを、ひと月でするんですか？」

そう言いおいて立ち去った彼女の後ろ姿に、ぼくは合掌する思いだった。しかし、偉い人もあるものだ。グスターフ・ノルティングという西独デトモルトのキリスト者事業家がこれを聞いて、私費で印刷物を作り、切手を貼って、日本の奉仕女事業を助ける運動を起こした。彼はほとんど毎月五〇万円ほどのものを、何年となく送ってくれた。そのおかげで、コロニーは壊滅を免れたようなものである。

ぼくは一月二十四日、ふたたび順天堂病院へ、膠原病の疑いで入院させられた。先に紅子があの苦しみに耐えたことを思うと、ものの数ではなかった。

「パパ、初めて？　も、ちょっと足を前に出して……」

ぼくの目がかすんで、見えなくなったとき、彼女が優しく手を引いて、導いてくれる。死の陰の谷が慕わしくさえあった。

血沈三五ミリのほか、はっきりした材料もない。「膠原病と断定するのはまだ早い」と言われて、病院を出て来ると、山川宗計が面接を求めてきた。この男がぼくのところへ来る時といえば、洗濯作業の運営で金が足らなくなった時と相場が決まっているから、腹に力を入れて、十五分だけと言うと、今度は少し様子が違う。

「……フカツさんのそばで、何かやらせてくれませんか？」と言う。

彼らはぼくを決して「先生」と呼ばない。これは石田友雄に言いつけた。「『さん』でいこうや」が効いたのである。「先生」と呼ばれなければムッとする、既成教会の牧師の通念をぶち破りたかったからである。

それはそれでよいとして、言葉遣いの乱暴なこと、目上の前で足を組むことなどでは、この男を連れて行って、ちょっと恥ずかしい思いをした。が、芯は、なかなか思いやりのある回転も速い部類だった。沖縄の血をひく関西育ちのぼんぼんで、早稲田大学に入ったころから、早稲田奉仕園に出入りし、いずみ寮の初めからワーク・キャンプに来ていた。一九六〇年の安保闘争には、早稲田の主流を率いて力を出し尽くしたが、残った虚無感に耐えかねて、ディアコニア兄弟会に参加し、その陣頭に立った。あと一年で卒業というとき、学校を休んで、いずみ寮洗濯作業部（ゆりかご舎）の責任を取り、夢中で二年やったが、仲間と交替、大学に戻って、この春は卒業するという。その間にワーク・キャンプの仲間の古田允子と親しくなり、ぼくに結婚式をさせたほどである。

「大学を出るんだから、予定どおり就職したらどうか」と言うと、それが嫌なのだと言う。その気持ち、わからぬことはない。

「しかし、ぼくはそんな値打ちないよ」

尊い一生を大学で二年落第してオムツを洗い、さらに三年、ぼくのそばにいたいと言う。変わったやつだ。その返事がきょうもらえれば、さっそく妻君を近所の高校の英語の教師にでも売り込むと言う。自分の給料は、あてにならないから。

「それならば、いずみ寮じゃなくてコロニーだよ」と言うと、「さっそく二人で館山まで見に行って、高校の教師の欠員もあたってみたい」と言う。「そうまでしなくても、二人でコロニーの仕事をしたまえ」と言うと、目を輝かせて喜んでいた。さっそく四月一日から、茂呂の一二〇番地を一部屋空けて、茂呂塾の二階で執務をしてもらう。コロニー開設の準備万端から。

もう一つ、ほほえましかったのは、弘前の牧師の紹介で、一人欲しかった栄養士が、三人も来てしまったことである。とにかく、コロニーができても働く人はあるまいと言われていたときで、

「なあに、うちには奉仕女がいる」

と、口では答えていたものの、歯が抜け始めたようにどんどん落ち、残っている者も、ほとんど用に堪えなかったころとて、若い短大卒なら、何にあててもよかろうと、あるときに入れておいた。これに、恵泉短大園芸科卒の作業指導員も加わって、「コロニーの四姉妹」と愛称されながら、ベテスダを、急に花が咲いたように明るくした。

この六人に、春子とぼくが加わって、コロニー職員会を組織した。そして時間をかけて勉強し、コロニーとは何か、婦人保護とは何か、あらためて考えてみた。自己紹介などするときには、テープに入れたいような美しい方言が飛び出した。半分しかクリスチャンではなかったが、差別を感じないように、無用な宗教色はできるだけ剝ぎ落として、お互いの胸にある熱いもので語り合うことにした。そこに、やがて生まれた「かにた」の独自の哲学が胚胎したのである。行き詰まった形だけのキリスト者や奉仕女に、コロニーまで通せん坊されることはなかったからである。

とはいっても、一九六四年には、ベテスダも久々で二人の入館者を迎え、二回あいだの抜けた第九回着衣式を行った。また、ぼくの病気で延び延びになっていた第三回祝福式を、恵まれた大磯の退修の後に、盛大に執行した。嶺尚が、やっと健康を取り戻して、館長補佐という任務に就いた。いずみ寮も茂呂塾保育園も、都下の優良施設ということで、天皇誕生日には御下賜金を受けた。

しかし、ぼくの家庭では、たった一人の男の子が精神の安定を失って、親に心配のかけどおしだった。その指導に関して、春子とぼくの間で、しばしば意見がくい違った。しかし、ぼくは、父親が厳しく言うぐらいのことで、これがくい止められるものではないと感じた。

「大慈が地獄に落ちるのなら、おれも一緒について行く」

それよりほかに、道はなかった。春子は心配しすぎて、頭の髪が丸く抜け落ち、耳なりとともに、激しいめまいに襲われ、ゲーゲー吐き続けた。

21 主よ、われら立つ

〈一九六四―六五年〉

コロニー予算は二度目の繰り越しをしなければならなかった。今度は役人も作り事を並べる必要はなかった。一月、二月、三月と異常の降雨量が測候所の記録で証明され、三か月だけ延期できたからである。六月いっぱいで建設を終わり、七月からは収容を開始するということになった。しかし、四五度以上の傾斜地をブルドーザーでならし、そこに四五〇坪の家を建てることは、そう簡単にはいかなかった。

いかなかったからこそ生き延びたようなものの、もし予定どおりに運んでいたら、こちらが首を吊っていただろう。毎月五〇〇万、七〇〇万という金がどんどん出て行くのである。それに対して、入ってくるものといえば、いくらでもない。この次は何をあてるか、その次は何でごまかすか。ついつい、あてもない約束手形を切ってしまう。そして、その日が来ると、どうしようもない焦慮に駆られる。新聞を見ると、今月の倒産は何百件などと報じている。よくもわれわれが生き延びてきたものだと不思議になる。

「もう二度とこんなこと……」

妻はたしなめるように言う。

「ウン、わかってる。がね……」

「いずみ寮の時も、そうだったでしょ？　もう金輪際って言ったくせに……」

「ひどい亭主をもったと、あきらめるんだな」

いったいぜんたいどのくらいの金がかかったのか。一億円足らずである。国有地二万九七六二平方メートルを立ち木といっしょに払い下げた価格が四四四万円。その整地にかかった費用が九五四万円。そこへ、一〇〇人を収容するための居住棟六、食堂一、浴場一、作業場一を軽量鉄骨で、延べ一四九一平方メートル、三四〇三万円。一人一万円という備品がはみ出して一五九万円。これだけなら、五〇〇〇万足らずですんだはずである。ところが考えてみると、足らないものだらけ。まず水がない。海の中へ突き出した島のくちばしのような半島で、掘っても、掘っても、水脈らしいものにあたらない。とうとう一二〇メートルでやめて、地下水槽に溜め、屋上に上げ、全施設に給水するのには一文も見てない。同じように、流れ出す水のことも計算してない。何よりも困ったのは職員の宿舎である。これには補助も何もない。初めは、ばらばらにマッチ箱のようなものを建てるつもりだったが、それだけの平地がない。仕方がないから、上へ積み上げることとなり、三階建、鉄筋コンクリート五五五平方メートルを設計した。が、それやこれやで三〇〇〇万円が飛んでしまった。あと、事務雑費や設計監理料もばかにならない。礼拝堂のために、と寄せられたものも、取っておかねばならず……。

これをどうやって賄ったか。今思い起こしても、頸筋が寒くなる。国から出たものは、たった一一三〇万円だけ。それも、補助金だから、完成払い。だから、いちばんあとまでお預け。あまりにかわいそうだと、国が間に入って、取ってくれた各種の助成金が一九〇二万円。あとは、ことごとく自前の寄金である。そのうちでも、ドイツで集めたものが圧倒的に多く、二八二四万円。国内は、オリンピックと不況が祟ったか、わずか七一四万円。あとは、社会福祉事業振興会にお百度踏んでの借金である。だが、その借金はだれが返すのか？　まるで、あてのない冒険である。厚生省の課長がついて行ったからこそまとまったようなものの、相手もあきれて、

「こんな多額の融資は本会としては初めてでございます」

と、ジーッとこちらを見ている。

日本基督教協議会青年委員会が斡旋して、エキュメニカル・ワーク・キャンプというのがやって来た。六か国、三三名の男女学生が、四週間、勤労奉仕をしてくれるというのである。が、泊めるところがない。福祉事務所の次長をしているお坊さんがお寺の本堂を貸してくれた。主人役として山川夫妻を駐在させ、礼拝堂建設予定地の地ならしをやってもらう。

彼らは、ただ黙々と働くばかりでなく、地域に証しも立てたい、と言う。変な証しなどで、あとでわれわれが入って仕事をするのに邪魔にならなければと思ったが、どうしてもというので、小崎理事長をはじめベテスダの主だった面々と、定礎式を兼ねて、館山市に乗り込み、会

議室を借りて、現地委員会というのをやった。市側も、市長、助役、課長、議員、区長、福祉事務所長など、ずらりと並ぶ。その前で、ベテスダとは何か、「かにた婦人の村」とは何か、エキュメニカル・ワーク・キャンプとは何か、わかりよく説明しなければならない。

ところが、これが大受けで、世の中には崇高な志の人もあるものだ、今時の青年には珍しいということになり、いざ皮膚の色の違う学生が田舎の町に現れると、天から降ってきたような歓迎ぶり。市長夫妻が食事に招いたり、一緒に写真を撮ったり。これで、地元民のうるさい「木はおいらによこせ」、「水はこっちへ流すな」という雑音はピタリとやんでしまった。

石田夫人がイスラエルから帰国して、キブツに働く日本青年を募集したが、この勇敢な若者たちも一週間、コロニーで力試しをさせてくれと言い、お馴染みの早稲田奉仕園も一週間、六五人で押しかけると言う。おかげで、車で登れるほどの道が山頂までつながる。

もう解散したはずのディアコニア兄弟会の残党が、埴谷安弘を中心にして、「かにたワーク・キャンプ準備会」なるものを編成し、秋に来たいという。コロニー四姉妹を半数、受け入れ側として派遣する。そのころには、居住地の一つが雨露をしのげる程度にできていた。

十二月半ばには、いわゆる第一期工事、国庫補助の対象となっている四五〇坪が完成する。急いで写真を撮り、竣工届を出し、国に請求書を突きつける。

その前に、全国の婦人相談所にいる心理判定員五〇名を館山に集めて、「婦人保護長期収容施設収容者判定事務打合会」なるものが開かれる。替わったばかりの生活課長が、だれに教わったのか、神妙な挨拶をしている。

「一時は、国が……とも考えたのでございますが、公務員がいたすことは、冒瀆であると存じまして、信念をもってやっていただける方にお願いすることになりました」

続いて、前日転任してきたばかりの課長補佐が、係の草案した「運営要綱」を読み上げる。それによると、婦人保護長期収容施設に収容される者は、①知的障がい者、②精神病質者、③精神病寛解者、とある。委託者は都道府県知事、受託者はぼく。東京四〇、神奈川一〇、北海道一〇、兵庫六、大阪五、愛知五、福岡五、と定員が割り当てられ、協議書は一月末日までに厚生省へ提出のこと。さらに七枚の書式が十六頁の記入要領とともに付録されている。東京都の相談所長が立って、その説明を始める。

(なんだか、ぼくの周りを、みんながぐるぐる回っている。きのうまで、物乞いのように、既成の法律の間をたらい回しされていたが、きょうから、ぼくの思うとおりに法律と役人が回ってくれる)

夢み心地で、遠くの窓枠を眺めていると、「フカツ・センセイ」という声がした。最後にぼくの番で、「かにた婦人の村の運営」と題する二十分ばかりの講演をするのである。ぼくは、よく練ってきた原稿をそのまま朗読し始める。

「よくコロニーという言い方をするのでありますが、これは今世紀の初めに、ドイツのボーデルシュヴィンクという牧師が……」

ざわついていた会場が静かになるのがわかる。山川君がカメラを構えて、こちらをねらっている。

「そこに、一貫した信念のようなものが流れています。それは、何びともこの世に生を受けるかぎり、まったく無用の存在というものはあり得ない、ということであります」

場所は、静海荘という千葉県職員組合がもっている旅館。そのせいか、県からも市からも、世話やきが多勢来ている。

会が終わると、翌日は、参会者一同で、かにた見学。続いて、われわれは市役所で記者会見。「逃げ出しませんか?」「何をやらすんですか?」「地元の感情は?」などと、無作法に、ひなびた駐在員たちは尋ねる。友だちのように、ぼくはフランクに答える。

市長が紹介した家具店に立ち寄り、初度調弁など発注し、帰ってみると、寮生のMYが歩行器につかまって歩いた、という電話が入っている。三度目の定《じょう》の目《め》で、後任いずみ寮長が決まる。東京神学大学からも、かにた志願者が二人面接に来る。藤巻三郎も九年の確執を解いて、ついに上京するという。そのとき嶺尚はまた病院へ入り、そこから「辞める」と書いてよこす。看護婦との結婚に踏み切ったらしい。あれほど独身主義をかざしてきた男が。

一家そろって、どこへも行ったことがなかったから、一九六五年の正月は、犬まで連れて、「かにた」で迎えることにした。いざ出発という段で、ドイツの「世界の糧」からの送金が届いていないという。ぼくだけ残らねばならなくなった。が、一日遅れて、汽車とバスで「かにた婦人の村」にたどり着くと、大晦日とて職員は一人もおらず、広い山腹に一〇棟の家々が点々と立ち並ぶその一軒から、鈍い光が漏れてくる。遠くから口笛で合図をすると、犬が飛んで来て飛びついた。これがぼくの家なのである。

電気も水も、第二期工事が完成するまでつなげない。「戸の建てつけが悪い」とか、「ガラスが薄い」とか代わる代わるに、先に到着した連中が言いつける。が、これがみんな、ぼくのものだと思うと、落ちている木切れ一つ、釘一本、拾いたい気持ちである。

「まだ、引き渡しが終わったわけではないから、何にも手をつけてはいかんよ」と言い渡す。が、知らぬ間に、村の端から端まで歩いてしまう。

「食堂は素晴らしいもんだねえ」

合掌の高い天井から、丸いグローブが垂れ下がって、中央の柱がラワンながらにドッシリと美しい。

「居住棟は、まるでユース・ホステルか何かのようね」

中央の吹き抜け天井が広々した気分を与え、畳一枚のベッドながらにプライバシーがある。一階あり、二階あり、一人用、二人用、三人用と、配置にバラエティーがあって、おもしろい。

「保育園の子どもでも連れて来たら、かくれんぼを始めるわよ」

大人でも、いたずらに柱をつたって、降りてみたいような構造。非常階段を上がったところで靴を脱ぎ、三つのベッドの間に食卓をしつらえ、持って来た食料を並べて、飢えを満たすと、大急ぎでベッドに潜り込んだ。なかなか良い寝心地である。

「茂呂なんかよりいいわね？」

「バカ、比べものになるか」

犬は夜じゅう、自衛隊のサーチライトに吠え続けた。便所はまだ使ってはいけないと思って、外へ通った。朝日がまともにあたる、暖かい元日、あり合わせの残材を使って、コタツを組み、寮母室の畳の上に置くと、まねごとのように雑煮が載せられた。食べ終わると、茶碗も箸もお茶でゆすいで、そのままそこに伏せた。

犬が催促するので、散歩に出た。双子山の妹山と姉山の間に、清水が湧くのを発見した。さらに山道を行くと、姉山の麓に、グリム童話に出てきそうな深い森を見つけた。ひと足ごとに、人間は花や草の名をよんだ。犬は縦横無尽に草むらを駆けめぐり、舌を赤く垂れて、ぼくを顧みた。次の日、かにたの小川をさかのぼって、その果てるところまで歩いてみた。なかなか凝った岩や苔があって、ツイジの上に用水池が静まっていた。孟宗の竹やぶに腰を下ろして、いっとき、水の面を眺めた。

翌日、春子に促されて、髭《ひげ》を剃り、布団屋まで交渉に出た。その翌日、思いを残して東京へ戻ってみると、山ほどの手紙がぼくを待っていた。中に、大泉ベテル教会の役員の文句が入っていた。四日でも、東京を離れられたことは恵みだった。

二月八日に、いわゆるコロニー四姉妹を館山に移住させ、二〇〇枚の布団づくりを指令した。小島広志のアトリエへ行ってみると、大きな荊の冠ができていた。二月二十五日には、歩けないMYが退院して来た。都はとりあえず二〇名の入所者を決定して、国に送った。全国からは七〇名のケースが集まり、厚生省で審査会にかけた結果、第一次に五五名がパスした。どれもこれも、かわいそうなケースばかりだった。

「お願いできますか？」

「いいですよ、どんな人でも」

と、ぼくは答えるのだが、生活課の連中が心配して、だいぶ差し戻してしまった。

いずみ寮では、お別れを兼ねて、東京見物のバス旅行を計画した。新寮長が案外、寮生にうけて、万事よろしく仕切ってくれた。定員を三〇名に減らしても、いずみ寮を持続する理由は十分感じられた。

この日の前に、どうしても奉仕女の配置を決定して、発表しなければならなかった。一五人の奉仕女のうち、だれがコロニーへ行き、だれが残されるかは、彼女たちにしてみれば重大な問題だったのである。十年、夢に描いたコロニーができたのである。もし行けるのなら、心備えもしたいし、読んでおきたいものもある。なぜ、いつまでも不安な状態で放っておくのか、と訴えてくる。

ところが、半身不随のようなベテスダにとって、これをどう両分するかは、そう簡単な事柄ではない。散々考えた末、いずみ寮をまったく新しいものにすること、母の家をミチ姉一本に絞ること、その二つの見地から、かにたへは、疲れたベテランの姉妹を五人回すことにした。しかし、そう説明するわけにはいかない。でも、安心したのか、送り、送られる者として、互いに祝福し合っていた。ただ一人、母の家にいるのが嫌だからと、コロニー志願を申し出た若い姉妹はがっかりしていたようだが。

奉仕女も医者もあきらめてしまった成子は、心理を目指したが、それもはずれ、日本社会事業大学へ入っていた。そこで知り合った鹿児島の青年が学校を休んで、一年だけ、かにたで働きたいと言い出した。ぼくはその無謀をたしなめたが、熱心に語るところを聞くと、既成の社会事業のあり方に、学問的にも実践的にも大きくつまずいていることがわかったので、内地留学のつもりで許可した。これで、さしも憂えられたコロニー人事一八名もおおかた決定した。あとは現地で用務員を探せばよかった。

三月二十五日を期して、「全員現地集合」という指令を出した。その引っ越し前の慌ただしいときに、掛井五郎の彫刻を見に、近代美術館へ寄った。サン・パウロでその夏開かれる世界ビエンナーレに、日本を代表して出展される色とりどりの美術作品が、ぎっしり並べてあった。その中を、急いで通り抜け、ただ一人、彫刻界を代表して選ばれた掛井五郎の十五点ほどの小品の前に立ち止まったとき、胸の中からじゅっと湧き出てくる共感と歓喜には、言いようのないものがあった。
「アダムとエバ」
「ヨブ」
「時みてるマリア」
などにもまさって、イエスがしゃがんで、土にものを書いている
その前に、所在なげにたたずむ裸の女（ヨハネ伝八章から取った
ものだろう）。これにはまいった。人がいなければ、盗んで、か
にたへ持って行きたいとさえ思った。

一九六五年三月二十五日、大泉から出るフォルクス・ワーゲン・バス〔編者注＝型番により六人から九人乗りの普通車で、一般家庭で家族旅行に使用〕と、環状七号線の路上で落ち合って、荷物をいっぱい積んだ、ぼくの車は一路、久里浜へと走った。こちらは春子とぼく。向こうは、エリザベト姉、シノブ姉、ミサオ姉、ヨウコ姉、それに歩いては行けない寮生のＭＹと、その介添いのＳＴａ。後ろに気を配りながら走っていたつもりだが、横浜の市内で見失った。散々捜したあげく、久里浜に来てみると、先に着いていた。そこで、初めてあいさつを交わしたり、握り飯を頬張ったり。フェリー・ボートで金谷に渡り、鏡が浦まで来て、車を停め、ＭＹに指さしてみせると、湾の向こうの山腹に点々と白く、かにた

の家々が映えていた。

「ワーッ」

着いてみると、山川夫妻も来ている。吉峯道生はきのう来たという。そのうち、吉川夫妻が現れ、新婚旅行の鞄を開く。みんなに、それぞれ落ち着く先を指定して、ぼくたちは、まだ職人がガタガタやっている管理棟へ入る。紅子の骨壺と写真を抱いて。

一週間、若い連中と唄ったり語ったりしていると、四月一日、兵庫県から五人入った。山川の運転でぼくが駅頭に迎えたが、顔を知らない。五人つながって歩いている婦人があったら声をかけてみようと、きょろきょろしていると、見紛う方もない顔色の悪い一群が、それと同数の男女に守られて、改札口を出て来た。

「兵庫から？　よくいらっしゃいました」と微笑みかけるが、当の本人たちはぼそっとしている。車に乗せ、余りの人をタクシーに乗せ、「お子様もごいっしょでしたか？」と、うっかり言ってしまうところだった。一人は身長が一メートルそこそこである。ギクッとしてしまった。

車が走っている間も、口では軽やかな会話を取り交わし、賑やかに笑ってはいた。が、内心、(やっていけるのか)という不安が去らなかった。そしてその不安は、その晩、広い食堂に集まって、食事のあと、歓迎のゲームをしたそのとき、ますます大きくなっていった。まったく笑いを忘れてしまった奇怪によじれた人間。

「あいつら、ほかって、くるんか?」

と言われて、出て来たという。本当だろうか? 本当だろう。

三日置いて、東京から一七名、岩手から一名入った。それから、ほとんど毎日、長野二名、福岡五名、静岡二名、佐賀一名、岐阜二名、群馬一名、北海道七名、山形二名、と増えてゆき、最後に、神奈川が三日続けて、一人、二人、三人と連れて来た。なぜそんな手間のかかることをしたのか、あとでわかった。大変な人ばかりだったのである。連れて来た人はみんな捨てるようにして、後ろも見ずに走り去った。納得していない者も多かったので、帰ると言ったり、飛び出したり、仲間を脅したり、食べなかったり、目が離せない。

その中で毎朝、職員会を開いて、先手、先手に回り、初めての復活祭を盛大に執行した。山頂の広場に十字架を立て、荒けずりの祭壇に、オスターツォフ〔編者注=編み込んだ生地の甘いパンで、復活祭用だったが、日曜日用となり、今では毎日パン屋で売られている〕を盛り、ぼくがタワーで司式をすれば、奉仕女が、「主は死につながれ」を縦笛で吹いた。マグダラのマリアの物語が語られ、力いっぱい歌った一同は、広い広い木立と草むらの中に、幸運の卵を求めた。

そんな日でも、帰ると言ったままハンストを続けている収容者があった。あまり衰弱してからでは……と、職員をつけて、送り返すことになった。吉川八郎がその役を買って出ざるを得なくなった。牧師の身で、復活祭を放棄して。

遅れていた大阪から三名入った。付き添いが六名ついて来た。空いている寮舎に泊めようとすると、顔を見合わせ、旅館へ逃れた。NTVが一日取材に来て、一日置いて、いよいよ開所式である。

一九六五年四月二十六日、月曜日、南房総の朝は早く白み、オリンピックの古手だというべッドは、心地良い眠りを与えてくれた。ぼくは最良の健康で目覚めると、施設長室に入り、いつものとおり、その日の黙想にたっぷり浸った。七時半の朝食は、その日だけ、めいめいのところですませた。食堂棟は式場にされたからである。打ち合わせは前夜のうちにすんでいた。朝早く坂道のズリをならしに、作業員が入っていた。

前日から市内の旅館に泊まっていた課長補佐は、九時前に姿を現した。殴り書きの草稿にも、孔版刷りの資料にも、よく目が通されていた。二人は、二つの会場の下見をして回った。そこへ東京第一陣が繰り込んで来た。みな記章をつけて、待機する。

その朝七時二十分に、小崎理事長は夫人とともに、大崎の宮家にお迎えに上がり、八時二十分の両国発で、一八名の来賓とともに館山に向かう。館山駅では、駅長が先導して、市長の車に案内し、あとは七台のハイヤーに分乗。これは山川宗計の役目だった。かにた到着で、ぼくが出迎え、ひとまず施設長室でお茶をすすめ、奏楽とともに食堂棟に入る。ただで借りてきたパイオニアの最高ステレオが、ブランデンブルク協奏曲四番の二を静かに奏で終わる。榊原監事が開会の言葉を言い、続いて小崎理事長が式辞を述べ、おもに奉仕女のことに力点を置く。

そのあと、ぼくが経過報告を読む。コロニー運動の初めから……。三笠宮は訥々《とつとつ》とわれわれの関係を語り、研究と実践とは両立しがたいのに、と結ばれた。石原、岩井両建築士と坪沼社長に感謝状が贈られ、あと祝辞が六人続いた。厚生大臣の祝辞は、社会局長が代読。国会議員として市川房枝、売春対策関係からは菅原通済。この二人は、資金の手伝いができなかったことの申し訳を言っていた。千葉県知事の代理は真弓夫人がやった。館山市長も市議会議長もきちんとしていた。あと、祝電、祝文の披露があって、閉会となった。ブランデンブルク協奏曲四番の三の楽しい解放感の中を、五五人の来賓は構内の見学に出て行った。多勢のカメラマンが行く先々でシャッターを切った。

管理棟の会議室には、中村屋の主人以下、白衣を着けて待機していた。立食会のつもりだったが、みんな座ってしまった。殿下を正面に案内すると、その両側に知事夫人と市長が座って、話がはずんだ。ここでは、松原一彦、久布白オチミ、大浜英子、秋山ちえ子などの諸氏が喜びの声をあげた。県の課長が「殿下の部下でした」と言えば、市の所長もそうだったと言い、知事夫人の父君は殿下の先生だ、などと、田舎町は一人の皇族で沸いた。

そういえば、家並みに日の丸の旗が掲げられていた。平素、泥田のような道に砂利が敷き詰められていた。殿下も、この仕事に関心をもっておられたから、まんざら利用されたとは思っておられまい。市長も、イチゴだか海老だか、見事な土産を差し出して、満悦だった。玄関前には、職員と収容者一同が並んで、歌をうたった。

「主よ、われらたつ、
手に、手を、とりて……」

車は何台も何台も、急な坂道を下って行った。あとに、大きなほとぼりが残った。
それを吹き払うように、風がつのり、何もかも押し流すように、驟雨《しゅうう》がやってきた。

とうとうコロニーはできた。
しかし、コロニーはできなかった。
すべては、
これから、である。

1970年代の「かにた婦人の村」外観

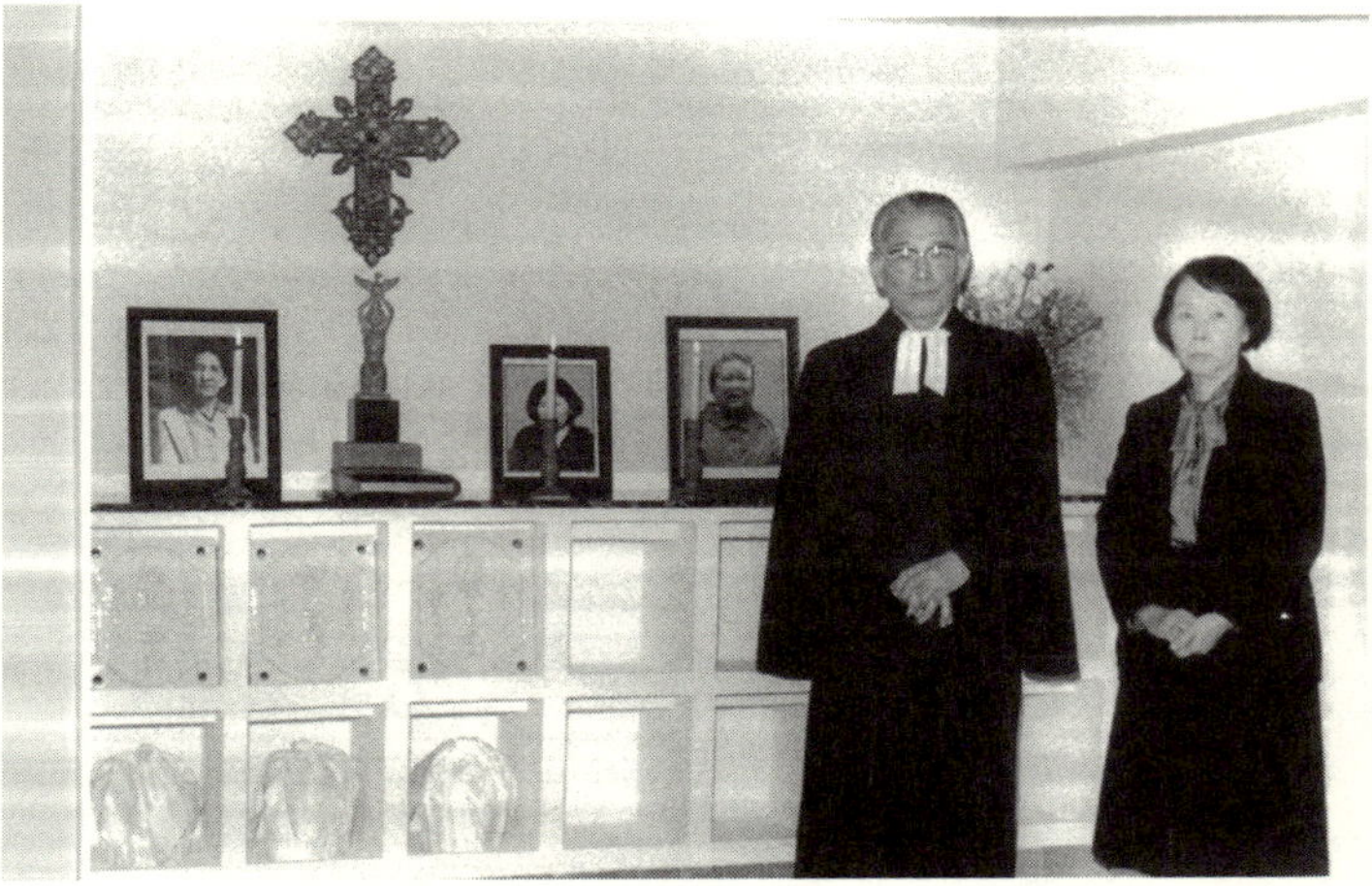

完成したチャペルの地下につくった納骨堂で、妻とともに

コロニーとして誕生した「かにた婦人の村」

――創設者深津文雄牧師の夢の実現――

「かにた婦人の村」二代目施設長　天羽道子

はじめに

「かにた婦人の村」は、売春防止法による婦人保護施設の中で、全国唯一つの長期施設として一九六五年四月一日に創設された。

まず、その創設の原点を創設者深津文雄牧師の思想と、若き日より抱き続けられた夢の中に求めていきたいと思う。

一　深津文雄牧師について

一九〇九年十一月二十二日、福井県敦賀町の日本基督教会敦賀伝道所で、牧師深津基一・隆子夫妻の次男として誕生。しかし三年後に三歳年上の兄を亡くし、その翌年、妹の誕生の折に母を産褥熱で失い、さらに小学校五年、十一歳で父を亡くして、妹と二人孤児となられた。旧満州大連において。

一九二七年、大連第二中学を卒業し、明治学院神学部予科英文科に入学。グレゴリ・バンドでバスを歌い、木岡英三郎先生に師事し、教会合唱団バッハ・コアイアに入り、秀でた才能を発揮。また、四重唱団をつくって活躍。

英文科から神学本科（日本神学校）へ。この神学校三年間に抱かれた疑問が、生涯をかけた「イエスの追求」となり、畢生《ひっせい》の課題とされた。そして、後年、「底点志向者」としてのイエスにたどり着き、それを追う日々であった。

一九三三年、神学校卒業後、教職を辞退し、既成教会に入ることを拒み続け、牛込教会長老のまま自宅で聖書講義。翌年三月、東京大学の石橋教授の下で旧約学を専攻。

一九三五年、板橋区茂呂町（現・小茂根）で茂呂塾日曜学校を始め、茂呂塾保育園として、まもなく創立七十年〔編者注＝二〇〇四年時点〕を迎えようとしている。

一方、三七年より日曜学校新校舎建設資金を得るため、東亜伝道会宣教師の助手となり、普及福音上富坂教会（文京区）を再開し、四一年に按手礼を受け、正教師として上富坂教会牧師となる。「これこそ人知の外にある摂理というほかない」と、上富坂教会を十八年間牧会。

この間、一九五〇年に「日本聖書学研究所」が始まり、奉仕女（ディアコニッセ）運動も起こり、五四年、「ベテスダ奉仕女母の家」の誕生となった。

しかし、ここで、三重苦を克服したヘレン・ケラーとの出会いをあげなければならない。一九二九年明治学院在学時代に、全盲で日本最初の女子大生となった斉藤百合に頼まれて、その書記となり、後に斉藤が起こした陽光会、さらに盲女子高等学園の仕事にも関わり、一九三七年四月二十九日、ヘレン・ケラー来日の機会に講演会を開き、その講演の結びの言葉に深く感銘し、「それまでの利己主義を恥じるとともに、生涯必ず、弱い者の味方になろうと誓った」と、後年までしばしば述懐している。

「この中に、目の見える方がいらっしゃいましたら、どうか目の見えない人のお友だちになってください。この中に、耳の聞こえる方がいらっしゃいましたら、どうぞ耳の聞こえない方のお友だちになってください……。これまでの人類の文明は、強い者が弱い者を踏み越えて進むことによって築かれてきました。けれども、それは前進のようで前進ではありませんでした。やがて、その強い者も弱くなり、越えられたからです。これからの文明は、強い者が弱い者の手を取って、二歩ゆくところを一歩進んでも、それは後戻りのない前進になるでしょう。」

――ヘレン・ケラー――

「既成教会に入ったらイエスに従うことはできない」と、牧師になることを拒み続け、しかし神の摂理と受けとめて、上富坂教会での牧会を始めた。そして、やがて、そこから「いと小さく貧しき者」に仕える道――コロニーへの道――が展開した。

ここまでたどってきて筆者が深く深く思うことは、「神は一人の人を用いて、みこころをなされた」ということであり、まさに、この世に生を授けられたときから始まった道は、コロニーへの道であり、その備えの道だったと思えてならない。

深津文雄先生は二〇〇〇年八月十七日、九十年九か月の生涯を閉じて、帰天された。

二　「かにた婦人の村」創設前史

1　「ベテスダ奉仕女母の家」の誕生

一九五四年五月二十三日、奉仕女志願者四名の着衣式が行われて、「ベテスダ奉仕女母の家」が発足した。埼玉県加須市にある日本基督教団愛泉教会において、館長深津文雄、指導姉妹としてドイツのウッパータールにあるディアコニッセン・ムッター・ハウス・ベテスダから「愛の泉」の働きに派遣されていたシュウェスター・ハンナ・レーヘフェルトと、シュウェスター・エリザベト・フォリンガー。上富坂から始まった奉仕女運動ではあったが、無からの出発で、母体となる母の家（建物）もなく、「愛の泉」のドイツ宣教師であり、東洋英和で保育を教えておられたゲルトルート・キュックリヒ先生のご好意で、施設内に新築された診療所を拝借しての出発であり、ここに三年お世話になった。

奉仕女とは、ドイツ語ではディアコニッセ。一八三九年、ドイツでフリートナー牧師によって再興されたプロテスタントの社会救済に奉仕する女性である。その起こりは、イエスが、神の国の福音を説くとともに、苦しんでいる人々を助けるために弟子たちを遣わされたことにある。初代教会で七人の奉仕者が選ばれた意義もそこにあるということであるが、フリートナー牧師の再興により、今日ドイツをはじめ世界中に、国によって形態の違いはあるが、数万人が奉仕女の働きについている。

二年後、一九五六年十月、深津館長から茂呂塾が寄付されて、「ベテスダ奉仕女母の家」は社会福祉法人となる。

2 「婦人保護施設いずみ寮」創設

一九五六年五月二十一日、第二十四回国会で売春防止法が成立。二十四日に公布され、二年後に全面施行。

この法の成立については、明治時代にすでに始められていた廃娼運動に、キリスト教婦人矯風会と救世軍が深く関わり、血を流すほどの闘いのあったことは銘記されなければならない。このキリスト者の闘いの後を受け継ぐことこそ、奉仕女の取り組むべきことではないか――「日本に生まれた奉仕女」――ということは、日本独自の問題を奉仕女独自の方法が解決するということでなければならない。日本独自の問題といえば、売春ほど大きなものはない。しかも、日本人自ら、それに気づかない、それほど大きいのである。気づいたところでどうすることもできない。それを否定する倫理が、日本にはないのである。――「教会こそ、これを否定すべきである。しかし、教会は、おのが清さにほこり、この大いなる汚れに目もくれようとしない」と館長深津は述べ、全面施行に際しては、東京都の委託による「婦人保護施設いずみ寮」を練馬区大泉学園町に開所した。

「どんなに肉体的に破れはてた人でも、親切にお友だちになって、その人の中に残されている才能を引き出し、たとえ能力がなく、社会に戻ってゆくことの困難な人でも、末長く世話してあげることのできるような愛に満ちた温かい施設が必要である。」

この思いの中に始められた「いずみ寮」であったが、直ちに発見したことは、彼女たちは落ちて（転落して）重くなったというより、むしろ重いから落ちたのだということ。それならば、なにも急いで、短期間に社会復帰を強行しないで、どこか広い所で、長期にわたり、じっくりと人間改造のやれる所が必要なのではないか。それを仮に「コロニー」と呼び、実現を目指した運動が始められた。

3　久布白落実先生とコロニー後援会

「いずみ寮」開設にあたっての恩人久布白落実先生が、開所式には出られなかったからと、二か月後の六月六日、ほか三人の方々と来訪。寮生たちとの懇談の席で、「わたしたちは、身も心も弱いから、助け合って、一生きれいに暮らせる村をつくりたい。先生はお顔が広いから、ぜひ国会のほうにも働きかけて、私たちのコロニーを実現するようお助けください」とのＭＹ

さんの訴えに感動し、「何事も、人だのみでできるものではない。そう思ったら、今日、自分で始めなさい。足もとの第一歩から。わたしが、きょう種をまくから、これを育てなさい」と、テーブルの上で財布を逆さまにして出された五二円が献げられて、コロニー後援会が発足し、その日から「小コロニー」と称し、敷地内で次々と農耕、土木、養鶏、養豚、洗濯、製パン、印刷などの作業が展開した。そして七年後、コロニーが実現した。

三　「かにた婦人の村」の誕生

「コロニーというのは、昔からのぼくの理想なのである。上富坂で、茂呂で、いや、もっと以前から、いろいろな人の世話をした。けれども、それはうまくいかなかった。要はコロニーがないからである。ひとり社会に生きるには弱すぎる人を、清く、たくましく、活き活きさせる場所がなくてはならない。それは狭い、しばらくの施設ではなく、広い働きのある永住の地でなくてはならぬ。それを上富坂に求め、大泉に見いだそうとしたが、ここ大泉でもダメだ。もっと広い、汚染されていない土地へ行こう。そこを乳と蜜のしたたる所にして、生まれたばかりの嬰児のように洗い直そう。長い時間をかければ、きっとできる。生まれながらの売春婦ってありえないのだから。」

一九五九年八月、十万坪のコロニー試案を東京都に提出。六一年十月、全国社会福祉大会でコロニー決議がなされ、十二月、予算獲得のため街頭行進をし、国会に陳情、六三年十一月、館山の地、戦時中旧海軍が使用していた双子山砲台跡の国有地九〇〇三坪の払い下げを受け、六四年一月、工事契約。

この年七月から十一月にかけて、六組のワークキャンプが組まれた。九か国の青年三十四名によるエキュメニカル・ワークキャンプ二十五日間をはじめ、その労働奉仕の遺産は今に残り、またそのメンバーの来援は今も続けられている。

静かな内海を見下ろす、広い丘の上にパラパラと、まず六棟の居住棟——家庭的な生活を望んで、一棟十七名の準小舎制がとられ、今日のグループホームの先駆けとも思われるが、この六棟については九年目から自治の生活が営まれている。そして大食堂、浴場、小作業棟、事務棟の十棟が建てられて、一九六五年四月一日の開所を迎えた。

「人間、地上に生を受けているかぎり、無用な者は存在しない」との信念をもって始められた村には、門もなく、塀もなく、テレビもなく、また禁酒禁煙。しかし、集団生活に必要な日課と、最小限の約束以外に規則はなく、できるかぎり一人ひとりの主体性を活かすことを目指した。

なぜ門も塀もないのか、なぜテレビもないのか（週一回のビデオ教室はあるが）、なぜ禁酒禁煙なのか、なぜ規則は少ないほうがよいのか。一人ひとりがそれまでの悪習を断ち切って新しくなるため、生まれたときの清純さを取り戻すためである。信じ得ぬときにも、なお信じ、その信頼関係を築くためにも。

恵まれた自然環境の中で、美味しい食事、美しい歌・音楽・絵画・作業・共同作業・行事など、それに、ゆっくりしたリズムの中で一人ひとりが、確かに活き活きと、しかも誇りをもって生きている。

「コロニーをコロニーたらしめるのは死ではない。コロニーをコロニーたらしめるものは生である。それも生きていればよいのではなく、活き活きとしていなければならない。」

こうして始められた独自性の強い村は、施設というより、強い絆で結ばれた共同体の意識が強い。全員が「村づくり」の参加者なのである。

今日、建物が初期の十棟が二十五棟に増えた。一つの作業が誕生することで次々と作業棟が増え、一九八二年、長年の念願であった納骨室付き教会堂も建った。一年四か月かけた村人全員の手づくりで。作業棟のほとんどもワークキャンプや村人たちの労働によるもの。お金が乏しいことにもよるが、かえって、そのことによって得るものも大きい。成し遂げた喜びや感動。そして生まれた絆。

現在作業は八班——衣料Ⅰ、Ⅱ（不用品のリサイクル）・農耕・家事・陶芸・製パン・洗濯・家事（調理・掃除・高齢者棟家事）——これらの作業は自分たちの生活を分担してつくりだすものとなっている。どの作業班に属するかは、まず各人が選択することになっている。

創立後の変化の二つ目は、長期施設として当然のことながら、高齢化していること。二十代から八十代にかけた平均年齢も六十三歳を超えた。初年度に入所した人が三分の一を占め、また年齢的にも、入所期間からも現状は長期から終生施設へ移行している。実際三十八年前に看護棟が一棟増えて、「かにた婦人の村」としては内外に向かって、すでに長期から終生へ――「終の棲家」であることを表明してきた。ことに村の人たち（利用者）にとっては、安心していられる「一生の家」となっているのである。

ただ、今日、婦人保護事業の中で、「終生施設」が認められるのかどうか、行政との間の厳しい問題に直面していることを付け加えておきたい。

いずれにせよ、この業を引き継ぐ者たちが、創設の原点に立って、その精神が活き活きと継承されていくことこそ、最も大きな課題と言える。

（「ホーリースティック社会福祉研究」第九号〔二〇〇四年十二月〕より）

編者あとがき

一九六九年に出版された本書を再版することができ、「今」を生きる多くの方々に読んでいただけることを感謝します。

本書は深津文雄自身が書いているように、「子どもたちにでも話しているように、気楽に」(一一頁)、様々な労苦に溢れ、なおかつ道なかばの「コロニー」建設の経過を書き残したものです。再版での表記改訂でも、その文体が損なわれないことを願っています。

「かにた婦人の村」建設は、売春防止法という刑法が施行されて、行き場のなくなった女性に、同じ「人」として伴走するために、深津を中心とした小さな群れの中で「意思」が生まれ、その熱意は次々と、人々の心と意思を繋げていきました。このダイナミズムは読む人を巻き込まずにはおかないでしょう。

そして現在、「困難を抱える女性支援法」が施行された翌年、本書が再版されました。

この福祉施設は、日本では唯一、全都道府県から入所者を迎えています。弱い立場に置かれることになった女性に対する法的な枠組みが大きく変わった今、現施設長をはじめ職員やヴォランティアの中で再び「意思」が形成され、行政をはじめ多くの支援者、そしてこの施設のリスタートに加わりたいという思いもかけないほどの多くの賛同者を得て、宿舎を新築し（本年二月竣工）、さらに人生のリスタートを目指す入所者の活動のための施設を建築しようとしています。

時代はこの間、大きく変わり、深津のコロニー建設の意思は、時代に即して「翻訳」されなければ、本人も落胆するでしょう。けれども、「翻訳」されるべきものは時代を超えて確実に私たちに語りかけています。ともどもに、「人として生まれて、価値のない人はいない」もの同士として、伴走し合い、支え合って社会を形成したいと願います。

編者は生前、研究分野において重複する幸いを得ました。本書の四一頁から四三頁までに訳されている「まぶねのかたえに」は、深津本人の幾つかの訳詩をへて、『みことばをうたう』（改訂版、二〇二〇年）のコラール21に収められています。

――深津先生、先生のバトンを受け継いだ方々に連なることが許されました。今後もより多くの方々と連なっていくことを願って、拙文を書かせていただきました。――

最後になりましたが、ご多忙の中を実際の編集作業を引き受けてくださった「いのちのことば社」の長沢俊夫さんに心より感謝いたします。

二〇二五年二月

菊地純子

深津文雄（ふかつ・ふみお）

1909年、福井県敦賀町の日本基督教会敦賀伝道所で、牧師深津基一、隆子の次男として誕生。3歳の時に兄を疫痢で亡くし4歳の時に妹が生まれるも、母を産褥熱で亡くす。5歳の時に父が再婚。その後、父の仕事の関係で国内や台湾、旧満州などを家族で転々とする。11歳の時に父親がチブスで亡くなり、妹と二人で他家に預けられた。

1922年、大連中学校に進学。YMCA少年禁酒軍に参加、酒の害を説くキリスト教婦人矯風会林歌子の講演を聞き、影響を受ける。

1924年、三好努牧師から受洗。

1927年、明治学院神学部予科英文科に入学。明治学院入学に伴い、東京市外高田町四つ家に借家し、母妹とともに牛込教会に出席、日曜学校教師を務める。

1929年、高田本町に移り、盲女子の教育と保護を目的とした陽光婦人会の創設者、全盲で日本最初の女子大生となった斉藤百合の書記となる。

1933年、神学校を卒業後、牛込教会長老のまま自宅で聖書講義をし、翌年、東京大学の教授石橋智信に聴講を許され、旧約学を専攻し、日本宗教学会会員となる。

1935年、板橋区茂呂町に移住して、茂呂塾日曜学校を始め、翌年、校舎を建築。

1937年、東亜伝道会宣教師の助手となるが、そのかたわら普及福音上富坂教会を再開。

1940年、教会合同準備会に列席。

1941年、国策により日本基督教団が成立。按手礼を受けて正教師になる。

1942年、春子と結婚。

1954年、奉仕女4名の献身によって、「ベテスダ奉仕女母の家」を創設し、館長に就任。

1956年、茂呂塾を「ベテスダ奉仕女母の家」に寄付して社会福祉法人格を取得。

1958年、東京都委託による婦人保護施設「いずみ寮」を練馬区大泉学園町に開設し、寮長に就任。コロニー運動を開始する。

1961年、三女紅子を膠原病で亡くす。

1965年、千葉県館山市に、婦人保護長期収容施設「かにた婦人の村」を開設し、施設長に就任する。

1980年、朝日社会福祉賞を受賞。

1985年、「かにた婦人の村」敷地内の山頂に「噫 従軍慰安婦」の碑を建立。

1998年、妻春子、召天

2000年、「かにた婦人の村」管理棟の自室にて、長男大慈と長女成子に看取られ、召天。享年90歳。

新版　いと小さく貧しき者に

2025年2月20日 発行

著　者　深津文雄
編　者　菊地純子
印刷製本　日本ハイコム株式会社
発　行　いのちのことば社
〒164-0001 東京都中野区中野2-1-5
電話 03-5341-6922（編集）
03-5341-6920（営業）
FAX03-5341-6921
e-mail:support@wlpm.or.jp
http://www.wlpm.or.jp/

ISBN978-4-264-04547-2